本书受到国家社会科学基金青年项目"总体国家安全观理论基础的构建路径研究"（项目批准号：20CZZ014）与武汉大学政治与公共管理学院共同资助

珞珈政管学术丛书

省级外事工作的现代化探究

Exploring the Modernization of Chinese Sub-national Diplomacy

刘天阳◎著

中国社会科学出版社

图书在版编目（CIP）数据

省级外事工作的现代化探究／刘天阳著．—北京：中国社会科学出版社，2024.1

（珞珈政管学术丛书）

ISBN 978-7-5227-3158-2

Ⅰ.①省⋯ Ⅱ.①刘⋯ Ⅲ.①省—地方政府—外事管理—研究—中国 Ⅳ.①D827

中国国家版本馆 CIP 数据核字（2024）第 044304 号

出 版 人	赵剑英
责任编辑	郭曼曼
责任校对	王 龙
责任印制	王 超

出　　版	中国社会科学出版社
社　　址	北京鼓楼西大街甲 158 号
邮　　编	100720
网　　址	http://www.csspw.cn
发 行 部	010-84083685
门 市 部	010-84029450
经　　销	新华书店及其他书店
印　　刷	北京明恒达印务有限公司
装　　订	廊坊市广阳区广增装订厂
版　　次	2024 年 1 月第 1 版
印　　次	2024 年 1 月第 1 次印刷
开　　本	710×1000　1/16
印　　张	15.75
插　　页	2
字　　数	227 千字
定　　价	85.00 元

凡购买中国社会科学出版社图书，如有质量问题请与本社营销中心联系调换
电话：010-84083683
版权所有　侵权必究

《珞珈政管学术丛书》
出版说明

自2013年党的十八届三中全会提出"国家治理体系和治理能力现代化"的重大命题以来,"国家治理"便成为政治学和公共管理的焦点议题。相比于"政府改革""政治发展"和"国家建设","国家治理"是一个更具包容性的概念,也是内涵本土政治诉求的概念。改革开放以来尤其是近十年来,中国在此领域的自觉追求、独特道路、运作机理和丰富经验,成为中国政治学和公共管理研究的富矿所在。对此主题展开自主挖掘和知识提纯,是政治学者和公共管理学者义不容辞的责任。

武汉大学政治与公共管理学院由政治学和公共管理两个一级学科构成,每个一级学科的二级学科较为完备,研究方向也比较齐全,形成了颇具规模的学科群。两个一级学科均学术积累深厚,研究定位明确,即始终注重对政治学和公共管理基本问题的理论探讨与实践探索。从内涵上讲,不管是政治学,还是公共管理,探讨的问题都属于"国家治理"的范畴,也无外乎理念、结构、制度、体系、运行、能力和绩效等不同层面。在此意义上,持续探索国家治理现代化的理论与经验问题,也就成为学院人才培养、科学研究和学科发展的主旨。

对社会科学学者而言,专著相比于论文更能体现其长远的学术贡献。对科学研究和学科建设而言,代表性著作和系列丛书更是支撑性的评价维度。为迎接武汉大学130周年校庆,更为了集中呈现学院教师十余年来学术研究的最新进展,激励老师们潜心治学、打磨精品,同时也为了促进学院的学科建设，推出有代表性的学者和作品，学院经讨论后决定启动《珞珈政管学术丛书》出版计划，并与长期以来与学院多有合作的中国社会科学出版社再续前缘。经教师个人申报，学院教授委员会把关，2023年共有十份书稿纳入此套丛书。

这套丛书的内容，大体涉及政治学、国际关系和公共管理三大板块。既有国内治理，也有国际关系；既有经验挖掘，也有理论提炼；既有量化研究，也有质性研究；既有个案呈现，也有多案例比较。但大都围绕国家治理现代化的重大现实议题展开，因此初步形成了一个涵盖问题较为丰富的成果集群。需要说明的是，这次的丛书出版只是一个开端。《珞珈政管学术丛书》是一套持续展开的丛书，今后学院教师的学术书稿在经过遴选后，仍可纳入其中出版。相信经过多年的积累，将会蔚为大观，以贡献于政治学界和公共管理学界。

学者靠作品说话，作品靠质量说话。这套丛书的学术水准如何，还有待学界同行和广大读者的评鉴。而从学术角度所提的任何批评和建议，都是我们所欢迎的。

武汉大学政治与公共管理学院院长

刘伟

2023年8月24日

序　言

史伯在《国语·郑语》中指出："夫和实生物，同则不继。以他平他谓之和，故能丰长而物归之。若以同稗同尽乃弃矣。故先王以土与金、木、水、火、杂，以成百物。"在史伯看来，作为简单重复的"同"无法构成有机复杂的物质世界。只有一种元素同另一种元素相配合才能求得矛盾的均衡和统一，只有"不同"才能"和"，只有在"不同"中产出和谐，才有事物的健康发展。

和异于同。《左传·昭公二十年》中有一段更精辟的比喻，阐释了"和实生物"的精妙。文中记述，齐景公从打猎的地方回来，晏子在遄台随侍。景公和晏子展开了一段关于"和与同异"的经典争论。景公问晏子和同之别，对曰："异。和如羹焉，水火醯醢盐梅，以烹鱼肉，燀之以薪，宰夫和之，齐之以味；济其不及，以泄其过……先王之济五味，和五声也，以平其心，成其政也。声亦如味，一气，二体，三类，四物，五声，六律，七音，八风，九歌，以相成也。清浊，小大，短长，疾徐，哀乐，刚柔，迟速，高下，出入，周疏，以相济也。君子听之，以平其心。"

在中国的政治哲学中，"同"虽然似乎可以在短期内带来"有效"的治理，但从事务的长期发展规律看，它的单一性、排他性、非反思性不合乎人类的思想规律。从长时段看，短期内似乎有效的决策往往会落入长期的失效，沦入"由时入失"的颓境。对此，在《左传·昭公二十年中》，晏子有更为精辟的比喻："若以水济水。谁能食之？若琴瑟之专一，谁能听之？同之不可也如是。"

中国的"和"思想并非指对立者的结聚，而是相异者的相成相济：有了对方，才有了自己。在过去的十几年间，笔者求学海外，多与西方学人探讨中国的执政哲学与体系逻辑。一些西方学人往往困于对中国现象的"一分为二""对立辩证"的机械性思维偏向，纠结于"同"与"不同"的一元二体观念，而难以体验中国文明深层的那种"得意而忘象"的非逻辑性特质。在大部分西学人士看来，联邦与州市的关系是在一种稳定的权责分明的环境中博弈而生的。由此，在他们看来，中国国际关系中的中央与地方，要么是同于一体如现今之治，要么是分崩离析如军阀混战的痛苦年月。这种思想偏好下对中国政治的解读就是给理解中国之治套上一件不合身的"紧身衣"了。

在很多西学人士的概念里，世界是由极点或端点所构成。端点之间有本原有离散，对立统一则是其内在生长的结构驱动力。但是，中国人中庸含糊、持经达变的文化更讲对待统一。在对待统一中，每一方都不一定以对立为前置设定才可发挥作用，更不一定以一方替代另一方的绝对同化而为统一的实现方式。如果看中国的太极文化，就可以发现，异质元素可以相互容忍，在互补融合、相异相成以及相互转化中获得凝聚与和谐。这一对待关系的中心呈现的不是极化与对抗，而是无极与多元间的易变，是系统与无限中的中节律动。

当今世界转入大争之世。寰宇失序，道德大废，并大兼小，力功争强，胜者为右。在这样的环境之下，重回中国的"和实生物"的理念世界实为难事。但是就因于此，我们才越发需要做这一尝试。路虽难，行则将至。这本书融合了笔者对中国周边外交、地方外交与整体外交的思考，尝试探寻作为独特个体的地方政府如何塑造自己的国际身份。这本书不在意"同"的问题，而是关注"和"之所依的六律八风，甚至水火盐梅。笔者相信，同化带来短暂的一致，但会埋下长久的离散的种子。反之，和合的过程是艰难的，但它是基于对每一个微小个体的智慧与个性的尊重，是理解中国外交与中国之治所必需的底层观察。

本书以中国地方外事发展的客观需要为现实起点，结合地方政府的内生视野与央地关系以及国际关系的外部视野，阐释对外系统中地方对中央的独特价值，揭示"一带一路"济五味、和五声的内化逻辑。理解中国的整体外交是一项艰巨而庞大的历史工程与使命。笔者在本书中仅仅关注了这一庞大复杂现象的局部与底层状态，以期立足地方外事发展的客观需要，最终建构具有中国视角的地方外事理论，推动中国内生性外交理论的形成与创新。本书也引证了大量的海外文献，以此解构"国际化"外交理论，形成中西对话，连接关系思维与理性思维，形成和合模糊与机械清晰的居间风格。

本书的写作历时五年。笔者与宋瑶博士的前期调研与分析为本书搭建了坚实的研究基础。前期调研横跨老挝、越南、泰国等主要湄公河沿岸国家，走访当地主要国际机构，深度访谈当地公职人员、学者与一般民众，并形成了一系列研究报告。如若没有这些田野调查所带来的一手数据作为经验材料，本书的分析将不过是空中楼阁，经不起科学的审视，更无法贡献于中国的外交现代化道路。

本书无意于给中国外交勾画某种机械性范式、模式或框架。这是因为如果读者通读本书就会发现，本书最终将中国外交的现代化道路视为一种"超范式"。换言之，我们难以就某种静止的框架对它进行框定。在我们试图用某种框架或者范式对它进行架构之后，它总是最终又从这单一的解释框架或认知形态中溢出，跃出这一解释"器皿"的边界。中国外交的生命力在于它的灵动、韧性与浑全。取王夫之《船山思问录》中一语："遇方则方，遇圆则圆，或大或小，絪缊变化，初无定质；无已而以圆写之者，取其不滞而已"。本书将通过省一级的中观视角，从边地外交出发，论证中国外交如何超越点状、线性与二维平面思维，实现整体、辩证与和合思维。

是为序。

目 录

第一章 引言 / 1
 第一节 全球化、现代化与中国外交 / 1
 第二节 国际地方外事研究的兴起背景 / 7
 第三节 研究问题 / 9
 第四节 分析框架和案例选择 / 11
 第五节 主要观点与理论探索 / 14
 第六节 章节安排 / 16

第二章 理论背景与研究评述 / 18
 第一节 中国外交现代化的两条轴线 / 19
 第二节 非国家行为体的崛起 / 25
 第三节 平行外交研究 / 31
 第四节 地方外事与云南 / 39
 第五节 已有研究的局限性 / 45
 第六节 小结：省级外事工作的再认识 / 48

第三章 地方外事的比较视野与分析框架 / 50
 第一节 地方视角的一般性框架 / 51
 第二节 地方视角的比较范式 / 58
 第三节 小结：走向中国地方外事的道路自觉 / 62

第四章 结构性条件 / 65

第一节 地方行为体的入场 / 66

第二节 内部结构条件 / 69

第三节 外部结构条件 / 84

第四节 小结：省级外事研究的跨尺度结构 / 102

第五章 施动性条件 / 104

第一节 基建合作 / 108

第二节 经济联系 / 116

第三节 社会资本 / 121

第四节 外部承认 / 128

第五节 内部认可 / 135

第六节 小结：地方政府的国际施动性与规范影响力的形成 / 149

第六章 "一带一路"视阈下国际关系参与者的轨迹比较 / 152

第一节 内陆边境 VS 东部沿海 / 153

第二节 比较省级外事研究与分析框架 / 154

第三节 "一带一路"与地方政府 / 155

第四节 权威 / 156

第五节 动机 / 161

第六节 手段 / 165

第七节 海陆复合型省份的国际身份 / 173

第八节 小结："一带一路"倡议下省级外事工作的竞争与协调 / 177

第七章 结语：走向协同外交 / 180
    第一节 研究内容回顾 / 182
    第二节 结论与理论创新点 / 184
    第三节 中国范式的有形与无形：协同外交 / 188
    第四节 现代性与超越现代性 / 193
    第五节 对周边外交的现实启示 / 196
    第六节 对全球外交的启示 / 198

主要参考文献 / 201

后　记 / 238

第一章
引 言

第一节 全球化、现代化与中国外交

党的二十大报告指出："我们全面推进中国特色大国外交，推动构建人类命运共同体，坚定维护国际公平正义，倡导践行真正的多边主义，旗帜鲜明反对一切霸权主义和强权政治，毫不动摇反对任何单边主义、保护主义、霸凌行径。"党的十八大以来，以习近平同志为核心的党中央不断深化党对中国特色大国外交的规律性认识，形成了习近平外交思想。毫不动摇坚持党的全面领导，推进中国特色大国外交，事关国家外交事业继往开来与中国特色社会主义前途命运。在外交理论研究与实践中，学术工作者需要以习近平外交思想自觉武装头脑，在解放思想、实事求是、与时俱进、求真务实中深入探究中国外交的理论特征，为习近平总书记提出并倡导的中国式现代化道路作出实际贡献。

时代特征决定国际政治总格局。党的十九大报告指出，世界正处于大发展大变革大调整时期，世界多极化、经济全球化、社会信息化、文化多样化深入发展，全球治理体系和国际秩序加速变革。针对世界面临的不稳定性不确定性突出这一特征，习近平总书记于2020年首次作出"世界进入动荡变革期"的重要判断。习近平总书记指出，进入新时代，国际力量对比深刻调整，单边主义、保护主义、霸权主义、强权政治对世界和平与发展威胁上升,逆全球化思潮上升,世界进入动荡变革期。在党的二十大报告中,习近平总书记进一步指出,当前,世界百年未有之大变局加速演进,新一轮科技革命和产业变革深入发展,国际力量对比深刻调整。我国发展面临新的战略机遇的同时,世纪疫情影响深远,逆全球化思潮抬头,单边主义与保护主义明显上升,世界经济复苏乏力,局部冲突和动荡频发,全球性问题加剧,世界进入新的动荡变革期。

在这一国际环境下,三点变化尤其突出,并构成了本书的研究动机。第一是美国对华"新冷战"图谋以及霸权政治对世界发展的威胁。自特朗普政府上台,美重拾"美国优先"战略,煽动对华"新冷战"。拜登政府延续了前任的对华竞争政策,并通过美、英、澳三边安全伙伴关系,美、日、印、澳四方安全对话以及民主峰会等新同盟策略加大在安全与经贸和科技领域的对华全面竞争力度。从特朗普政府到拜登政府的一系列政策构成了对华结构性全方位的遏制战略,导致中国周边地区动荡不安,成为中国外部环境的最大风险。第二是逆全球化思潮上升,全球经济治理与经济合作的碎片化危险加大。民粹主义、孤立主义和种族主义等政治思潮合流,与全球贸易体系的两极化和碎片化相互强化,加深了国际秩序的分裂危险与经济治理机制的弱化。美国不断压迫东盟国家选边站,提出阵营化的印太经济框架、遏制中国"一带一路"倡议发展的"重建美好世界"计划(B3W)以及"全球基础设施和投资伙伴关系"倡议(Partnership for Global Infrastructure and Investment,PGII)。第三是国际秩序深刻调整与大国关系持续转换。中国的经济总量在未来十年有望进入超越美国成为世界第一大经济体的临界期。同时,中国正在追近美国在亚太地区的主导地位。美国主导的世界经济政治秩序需要转变以适应新的国际关系转化。但实力对比的变化必然引发相应规则秩序调整,国际规制权和话语权之竞争必然越发激烈,这不可避免地引起以美国为首的西方国家的普遍焦虑。同时,国际秩序出现了多种可能性并存的复杂发展态势,牵动着大国关系的复杂演进。

关于世界进入动荡变革期的时代内涵的阐释，是习近平外交思想对国际体系转型过渡与中国发展历史交汇期相互交织的阶段性特征做出的深刻判断。和平与发展是时代的应然追求，国际风险与挑战是我们面临的实然状态。围堵期与机遇期并存，要求我们努力构建新发展格局，在克服国际风险中完成民族复兴大业。由此，能否牢牢抓住机遇、有力应对围堵是我们这一时期的决定性外交任务。抓住机遇是因为全球化依然是世界发展的大趋势。应对围堵是由于在这一宏大趋势下，逆全球化、半全球化或全球裂化不断出现，对全球化造成冲击、扭曲或间歇性中断。实现这一双重任务就需要我们以中国式的现代化带动全球更高水平的全球化新时代。

习近平总书记在党的二十大报告中完整阐述了中国式现代化的本质要求：坚持中国共产党领导，坚持中国特色社会主义，实现高质量发展，发展全过程人民民主，丰富人民精神世界，实现全体人民共同富裕，促进人与自然和谐共生，推动构建人类命运共同体，创新人类文明新形态。可以说，中国的现代化道路从多个方面深刻改变了世界发展的趋势与进程：中国的现代化道路为全世界的发展中国家及人口规模巨大的发展中经济体，创造了一条开放、多元、不以对人或自然的剥削为基础的、综合而可持续的和平式现代化道路。基于此，中国式现代化道路是一条人类文明新形态的创造之路。作为中国式现代化的全球思想精髓的人类命运共同体为世界上那些既希望加快发展又希望保持自身独立性的国家和民族提供了更优选项。

围绕习近平总书记关于中国式现代化的论述以及习近平外交思想的内涵，中华人民共和国成立后中国外交的现代化逻辑经历了毛泽东时期的"革命外交"，邓小平时期以改革开放与中国特色社会主义现代化为标志的和平外交转型期，再到以习近平人类命运共同体与新时代全面建设社会主义现代化国家新征程为核心的外交变革期。这三个主要时期的外交逻辑转型都以中国现代化的道路演变为内在驱动。第一个时期是"革命外交"时期，中华人民共和国刚刚成立，中国对现代性的探索首先是对政治独立性与自主性的建构。这一时期的国际环境主要表现为冷战格局之上的半全球化，即美国和苏联分别建构自身的"全球化"空间，但两种全球化之间又互相排斥，形成壁垒与阵营。中国在"一边倒"与"一条线"战略下，寻求在两种"全球化"之间铺就自身的政治现代化道路。第二个时期是改革开放以及冷战结束之后，美国主导了当时的全球化模式与进程，形成了以美国为规则制定主体的单一全球化。面对当时的国际环境，邓小平同志清醒把握大局，指出和平与发展是时代主题，改变原来认为战争的威胁很迫近的看法，改变过去我们所奉行的"一条线"战略，通过以改革开放为路径的经济现代化带动政治现代化改革，形成了中国式现代化的"器物"基础：只有"富起来"才可能实现十几亿人民向美好生活的现代性转型，才可能有资源去关注精神世界与自然，才可能有资本去要求与建设和平。这一时期，在西方现代化的一元模式之下，新的现代化形态逐渐显露，中国式现代化逐渐成为一门显学。第三个时期是随着中美间大国博弈局面的成型，新时代中国特色大国外交重新面临更为复杂的半全球化风险，或者更确切地说，一种"全球裂化"的风险，即全球治理碎片化、政治集团部落化、贸易规则与产业逻辑失序化。

在"全球裂化"的动荡变革期，全球呈现出三种主张。一是回到以美国为规则主体的一元现代化模式。二是在第一种主张无法实现的情况下，进入到一种以美西方为主体，核心产业链与供应链自足，并将中俄等国排斥在外的"半球化"。三是中国主张的主体多元、规则民主与多种现代化道路并存的开放式全球化。因此，现代国际关系关于现代化道路的核心矛盾在于美西方"半球化"规制下的"差序现代化"与中国的人类命运共同体理念下的"等距现代化"之争。笔者前文谈到的"机遇期"是指人类命运共同体理念下的"等距现代化"在广大发展中国家与非西方国家具有广泛的需求土壤。所谓"围堵期"是指"差序现代化"采用各种方式对抗、遏制与打压"等距现代化"在全球的扩散与发展。

什么是"差序现代化"？费孝通先生提出过中国社会的"差序格局"，指社会结构关系首先发生在亲属关系、地缘关系等社会关系中，并以自己为中心像水波纹一样推及开，越推越远，越推越薄且能放能收，能伸能缩的社会格局。这样的关系用以描述和分析中国的乡土社会是非常妥帖与深刻的。但是，如果将差序观部分地用于国际关系则可能加深全球发展的不平衡、不平等，即强势一方固守自我中心主义的思维，基于地缘政治逻辑与身份亲疏，推动一种霸权式的全球现代化，同时导致其他文明现代化样态的边缘化。并且，在"差序"范式中，一旦处于中心地位的现代化样态与外围的新生现代化样态产生矛盾，强势一方则有可能"收回"其"另类"现代化得以发展与实现的核心资源，如关键技术、材料与能源等。相反，"等距现代化"则强调现代化是一个民主场域，每个国家、每种文明都有建立自身现代化路径的权力。

"一带一路"倡议是实现"等距现代化"的重要尝试，也是推动构建人类命运共同体的重要实践平台，但是，逆全球化加剧、中美关系遇冷与新冠疫情的全球大流行等对"一带一路"的发展环境构成重大冲击，对中国推进广大发展中国家共同优化自身的现代化道路构成重大挑战。本书的研究动机在于：如何在"机遇"与"围堵"并存的国际环境下，最大限度地克服后者，把握前者？那就需要开辟拓宽中国外交的另类途径，充实外交场域里的"次敏感"主体（即，不直接关涉国家主权、位于国家层级之下、身份更为灵活且以低政治领域为主的外交行为体）并推动其在整体外交中的影响作用。这种下沉策略有助于形成一种"轻灵"外交。所谓"轻灵"表现为三种特征。

第一是弥散性。国家的外交权是一种传统的权威性权利，其贯彻的是政权或制度的意志力，基于命令方式而具有深入性。地方政府在开展外事活动的过程中则更多呈现出一种网络化结构，外交活动下沉而与地方行为体交织在一起，形成一张覆盖地方社会的外事权力网络，当不同的地方角色获得同样的外事权之后，也会基于自身需求展开同行竞争，推行自己的全球公共产品。第二是遮蔽性。传统意义上的外交权贯彻的是国家的意志力。这种权力是直接的、强制的。但随着外交现代化进程的推进，外交越来越强调多元与融合，并在向地方赋权的过程中实现了"隐身"，或者说外交活动的地方化、低政治化使国家外交看不见了，但外交权力的隐身并不意味着权力的消失，而是指国家外交本身以及国家权力的行使有时不再被权力对象明确意识到。第三是非均衡性。传统上，国家是行使外交权利的唯一主体。传统意义上外交权的主体具有单一性。而随着地方主体开展外事活动的出现，外交主体逐渐具有多元性，主要包括地方政府、企业和其他主要社会机构等。权力主体多元就意味着权力主体在一些方面存在异质性，也就意味着这里隐含了一个更深层次的问题，即外交资源在多元主体之间的分配问题。在传统意义上，因为国家掌握了绝对的外交权，其他主体完全处于弱势，因此形成了国内外交资源的不均衡分配格局。实际上，一旦国家将部分外交资源与空间分配给地方层次，一个多层次"外交场域"的形成将不仅使国家政府受益，也会使地方政府、企业、社会机构等行为主体受益。

综上所述，中国式现代化的内在需求形成了中国外交的现代化转型动力；而面临国际环境变化的巨大压力与风险挑战，中国需要以一种更"轻灵"的方式应对变局，推动外交现代化转型。本书聚焦"轻灵"外交形式中的省级政府。推动次国家单元与层面的对外活动，加深省级政府开展、参与外事活动的灵活性与整合性，有利于平衡中国的外部压力，丰富新时代大国外交的理论特征。中国外交的现代化是中国式现代化的重要外部保障，而省级政府外事工作的现代化是国家外交现代化的必由之路。

地方政府参与对外事务是指在中国对外关系展开的进程中，地方政府外事管理部门，设立专门对外联络的地方企事业单位，与设置在地方、主要依靠地方政府管理，但有服务国家对外关系战略意义的部门，根据法律规定和各自的职能，参与国家对外关系发展。2015年3月发布的《推动共建丝绸之路经济带和21世纪海上丝绸之路的愿景与行动》明确指出，在推进"一带一路"建设的过程中，中国将充分发挥国内各地区的比较优势，实施更加积极主动的开放战略。这说明地方政府不仅仅要履行中央安排，还要提高自主性，单独制定适合于自身区位特点的对接方案（任远喆，2017）。

从而，中国的地方外事工作现代化集中反映了中国外交思维的辩证性，注重宏观布局与统筹兼顾，强调对外工作的协调性和实效性。辩证统筹性反映在中国特色大国外交的两个层面。第一是坚持党中央对外事工作的集中统一领导，在此基础上，充分发挥地方主动性、积极性。第二是全方位、多层次、宽领域的外交布局，决定了地方开展对外交往的实际运行结构。两个层面之间的互动互构形成了地方开展外事活动的内在机制的结构性基础。

本书从地方政府的外事活动出发，探究联邦制和单一制下的地方政府/省级政府的外部参与行为（如跨社会经济、安全和能源领域）。与国家政府的外部活动相比，地方政府开展的外事活动"在功能上更具体、更有针对性，而且往往具有机会主义和实验性特点"（Keating, 19）。

第二节 国际地方外事研究的兴起背景

1992 年，弗朗西斯·福山（Francis Fukuyama）在其颇具影响力的著作《历史的终结及最后之人》（*The End of History and the Last Man*）中预测，随着冷战的结束和欧洲的快速一体化进程，民族国家的力量将衰退。自 20 世纪 90 年代以来，主权和民族主义等都随着经济相互依存关系的加深而面临调整（主权让渡）或削弱（国际主义提升）。在全球贸易中，随着跨国公司的发展和资本的自由流动，民族国家作为企业和市场之间仲裁者的核心地位正在削弱。区域合作和一体化机制的激增进一步弱化了民族国家对全球事务的垄断。正是在这一背景下，国际外交舞台上出现了一批新的行动者，民族国家不再是唯一的参与者。

民族国家地位的相对衰落受到了当时国际关系学界的极大关注。作为自由主义流派的两位重量学者，罗伯特·基欧汉（Robert Keohane）和约瑟夫·奈（Joseph Nye）认为，除了民族国家的外交活动外，还有两种外交互动形式：跨政府关系和跨国关系。对于结构新现实主义者，民族国家有义务在制定外交政策之前就具体议题与国内的利益相关者进行讨论，而这一协商或博弈过程会将国内政治最终投射到对外决策之中（Posen，1986；Walt，1990；Snyder，1991；Evera，1999）。"国内政治"理论家（innenpolitik theorist）强调国内要素的优先性，认为国家的对外议程应由国内各层利益攸关方来协调决定，包括政党、经济组织和社会精英等。

除了非国家行为者之外，世界各地的各级地方政府在部分独立于其国家政府的跨国活动中变得越发活跃。这种现象被逐渐概念化为"平行外交"一词。早期关于平行外交的研究多以美国和加拿大为对象（Atkey，1970；Leach，Walker，Levy，1973；Holsti，Levy，1974；Roff，1978）。20世纪80年代，越来越多的平行外交研究开始侧重于欧洲次国家实体的对外活动。这一时期平行外交也逐渐走出描述性研究的局限，而从现实走向理论，从理论反哺现实。

值得指出的是，尽管大多数与平行外交相关的工作侧重于西方联邦体系中国家以下各级政府的外部能动性分析，但这一趋势在21世纪初逐渐改变。这是由于21世纪初越来越多的平行外交学者的研究兴趣开始转向非西方的单一制与权威型国家。传统上，平行外交理应是联邦制的西方体制才会出现的，怎么可能出现在单一制或权威型国家呢？学界开始试图挑战这一应然性假设，去探究平行外交内在的经验丰富性与动态性。

在非西方的单一制巨型国家里，中国是一个不可忽视的关键案例。然而，关于中国省级外事工作的学术研究发展较晚，在国际上也更为稀罕。这很可能归因于一种刻板印象，即在一个自上而下的权威体制下，各级政府几乎不可能成为国际关系中的独立行动者（Perkins，1966；

Schurmann，1971；Barnett，1967，1985；Garver，1993）。既然不独立，最多就是"被动"参与，何谈平行外交？尽管如此，一个不争的事实是，自中国改革开放以来，各省份一直在主动自发地寻求外部经济和安全利益，并在此过程中建构自己的国际身份。早些时候，关于中国地方对外活动的著作数量有限，倾向于在中央省级关系框架内进行背景分析，而不是呈现中国各省份对外交往的全貌。此外，目前的中国省级外事工作研究还存在一定的地理偏见：研究者一般偏向于调查富裕沿海省份的外部互动，而没有呈现内陆边境省份的重要性。基于这些发现，我们就需要回到三个更根本的问题：为什么要研究中国对外活动的地方性？中国的省级外事系统是否存在某些"平行"特征？它们又是如何运作的呢？

第三节　研究问题

首先，为什么要研究中国对外活动的地方性？笔者在开篇论述了百年未有之大变局下中国所处的国际环境特点，其中机遇期与围堵期相互叠加。中国是否可以成功崛起，实现中华民族伟大复兴，其核心之一在于我们能不能顺利渡过围堵期、抓住机遇期。为了应对双期叠加的时代难题，笔者认为，在外交领域，很重要的一条解决路径就是外交资源的下沉与外交结构的弥散化，其重中之重就是大力推动发展省级外事工作，形成网络化、系统化与开放式的"轻灵"外交模式。这种轻灵化、弥散式的新型外交需要更好地发挥地方政府在对外活动中的自我能动性与积极性。中国外交的地方性研究是我们挖掘地方政府开展外事工作能动性的重要工具与必要路径。否则，我们将无法理解地方政府的自我能动性是如何被调动与建构起来的；我们将难以深入解读中国地方政府在与海外同级或国家政府交往过程中是如何保持独立视角、满足自身需求，并在此过程中实现国家利益、巩固国家意志的；我们也将难以充分解释地方政府的外交视野是如何在自上而下、自下而上、由外而内与由内而外的多重向度中形成的。进而言之，不能就这些困惑给出答案，我们就难以领悟中国次国家政府外交的现代化道路，更无法全面把握中国外交的现代化特征，以及由此为外部保障的中国式现代化了。

那么，中国的省级外事系统是否存在某种"平行"特征？实际上，我们无法给予一个非此即彼的回答。说不存在是因为传统的平行外交研究只承认在联邦制下，地方政府具有平行外交能力。在权威型与单一制体制的国家中，地方政府只能配合。然而，笔者认为，在单一制体制下，尽管地方政府需要配合中央，在国家统筹下进行对外活动，但是这不妨碍地方政府具备与发展地方的自我能动性，以及国家对这种地方能动性的培育。因此，笔者更倾向于一种广义上的平行外交观，而非狭义上的概念认知。在狭义认知上，平行外交只存在于特定政治体制。在广义上，平行外交所需要的地方能动性与国家赋权并非必须和特定政治体制绑定。由此，笔者认为，某些"平行"元素的存在可能推动了中国外交体系的地方性发展。对此，笔者将在本书中先分析平行外交的一般性特征。换言之，需要满足哪些条件特征，我们才会将一种外交形式称为平行外交。从而，借助对现有文献的归纳总结，提炼出相应的一般性分析框架。通过在中国背景下检验这一框架中的各项条件要素，笔者探究中国省级外事工作的地方性内涵与特征。进而，我们回到笔者前文提出的第三个问题，在一般性基础上解释中国省级外事的特殊性：如果中国外交中存在某种"平行"特征，那么它们是如何在中国背景下运作的呢？

鉴于现有研究的偏好与局限，笔者主要关注中国边境省份如何成为国际关系参与者的问题。具体而言，笔者将从国内和国际两个角度来分析省级国际行为者，即省级政府作为国际活动参与者的固有特征。为了呈现这些特征，笔者将着力分析促使云南省人民政府开展跨境活动的国内经济与政策法律情况，评估中国的外部地缘政治和地缘经济环境，分析外部环境如何影响中央在外事权上向地方政府下沉，分析云南如何将其被赋予的权力转变为经济和政治工具以激励邻国的合作积极性，分析云南与邻国在贸易、投资和非传统安全等领域的具体合作，阐释云南省人民政府与其他地方政府在对外交往上的差异性与共同性。这些分析旨在论证中国外交的"地方性"是否存在以及如何存在。

与民族国家一样，地方各级政府并非铁板一块。相反，地方政府可能包括一些超越国境的区域功能和一系列追求自身外部利益的次级行为者。地方政府毋庸置疑必须接受中央的指令，但是与此同时，当我们对这些指令的地方接受者（各省的地方决策机构与官员）进行微细探究。他们对所在政府的外部议程与外交政策的落实和调试上会产生具体而深刻的影响，留下自身的"印痕"。以本书重点分析的云南省为例，负责对外事务的副省长是省级政府对外活动的关键决策者与首要执行者。省级领导班子与外事相关地方机构构成了一个地方外交的中观场域。这一省级平行外交场域包括了由省长或副省长牵头并由相关省级部门负责人组成的领导小组。这些小组包括省委外事工作领导小组和云南省澜沧江—湄公河次区域经济合作协调小组办公室等。此外，还有一些隶属于省委或省政府的对外决策参与部门，包括云南省人民政府外事办公室、云南省商务厅、云南省发展和改革委员会、云南省对外经济与贸易合作厅、云南省投资促进局、云南省经济合作局、云南省国家安全局，云南省人民政府侨务办公室，以及省国际区域合作办公室。

第四节　分析框架和案例选择

无论是在联邦还是单一体制背景下，很少有概念框架能够完全解释次国家各级政府/省级政府的国际角色与行为逻辑。考虑到平行外交研究中早期分析框架的局限性，本书将提出了一个四维度一般性分析框架。这个框架适用于解释或甄别地方开展外事活动的能动性构成及施动形式。通过将云南的案例放在这样一个框架中剖析，本书提出的一般性问题（中国外交中是否存在某种"平行"元素）可以得到解决。考虑到这些维度在中国的背景下缺少讨论，因此本书将用单独一章专门对这一理论化分类加以阐释。

进而，本书将阐释云南在国际关系中的角色扮演与行为逻辑。此外，本书将分析中央政府如何激励云南省的能动性与主动性，既从国内视角揭示云南开展外事活动的政治机遇，又从外部视角厘清环境制约。中国的周边环境复杂多端、不断变化。跨国区域化发展迅速。国际组织要求中国实行内部改革，域外大国在中国周边区域的外交竞争不断加剧。这些国内外的复杂环境元素相互交织，既是云南积极开展地方外事工作的意识与能力养成的使能条件也是制约条件。本书将讨论云南如何建立激励机制，促进周边合作，并最终获得邻国对云南的国际身份认可。

本书的案例选择遵循了两个标准。第一个标准是与新疆、西藏和广西相比，云南的跨境联系更加牢固、全面。在现有研究中国省级外事工作的文献中，对云南的关注度也是最高的。第二个标准是调研数据的可获得性。与云南省相比，西藏、新疆等边境省份的数据可获得性较弱。云南省为研究人员提供了相对开放、便利的数据获取渠道，便于进行一般性学术研究。

中国外交的地方性研究是我们挖掘地方政府开展外事工作能动性的重要工具与必要路径。进而言之，本书将中国省级政府的经验与实践和西方的经验与理论进行对话，从而产生新的理论理解与提升，以期反哺我们的外交实践，丰富全球对中国外交的理论理解。因此，本书不应仅限于服务中国读者，还应面向海外读者。考虑到潜在读者对象的广度，笔者有必要对本书的主要调研地加以简述。

云南省总面积39.41万平方千米，占全国国土总面积的4.1%，居全国第八位。云南有四个邻省，东部是广西壮族自治区和贵州省，北部是四川省，西北部是西藏自治区。云南省由16个地级行政区组成，可分为8个地级市和8个自治州。第七次全国人口普查结果显示，云南有

4720.9万人，居全国第12位，其中近40%是少数民族。这一人口学特点使云南成为中国民族种类最多的省份。云南人口较多的少数民族包括彝族、白族、哈尼族、傣族、苗族等。其中一些民族属跨境民族，比如傣族、壮族、苗族、景颇族等。云南西部与缅甸接壤，南部与老挝和越南接壤，边境线长4060千米。泰国和柬埔寨也可以通过陆路或湄公河到达云南。因此，云南是一个文化、民族与地缘的交汇处。

这一地理条件使云南成为"天生"的国际焦点。这在云南的跨境投资合作中尤其明显。云南是湄公河沿岸国家在华投资的首选目标。大湄公河次区域经济合作机制（Greater Mekong Subregion Economic Cooperation，GMS）是一项涉及湄公河流域6个国家的区域一体化方案。方案实行仅一年后，云南在吸引外资方面就取得了明显发展：湄公河沿岸国家对云南的实际投资激增至过去9年实际投资的两倍（云南年鉴，1994）。泰国和缅甸资助的项目数量分别增加到23个和39个，其中大部分集中于工业和服务业（云南年鉴，1994）。至今，东南亚对云南投资的中坚力量依然是GMS成员国。

自20世纪90年代中期以来，云南省对外投资的前三大目的地也都是湄公河次区域国家。它们共获得了云南对外总投资的84%（云南年鉴，2010年）。老挝是云南对外投资的最大单一接受国。2000—2006年，云南省向老挝橡胶种植业投资72.56亿美元（云南年鉴，2001—2006年）。2010年，云南省还批准投资了老挝首都万象中心的那琅湖大型项目。2008年国际金融危机期间，云南对邻国的直接投资势头持续高昂。2009年，云南对湄公河周边国家的实际直接投资增至2.7亿美元，与2005年相比增长了10倍（云南年鉴，2006—2010年）。

需要指出的是，云南与周边的经济互动也产生了一些负面影响。云南是非法毒品从金三角地区流入中国的最便捷通道，也是中国一半在册吸毒人员的居住地。正是在这种背景下，云南省与邻国政府和地方组织在境外罂粟种植地区开展了替代种植，还开展联合禁毒运动。此外，云南边境地区的稳定偶尔受到缅甸北部少数民族武装团体与缅甸武装部队之间的冲突影响。在地区冲突调解过程中，云南与缅北民族冲突所有相关派别进行了接触，缓解了地区局势。中央还授权云南省为流入难民提供必要的人道主义援助。

第五节　主要观点与理论探索

本书以云南省为例，探索中国省级外事工作的现代化特征。以往关于中国各省份参与外事活动的研究主要依赖于央地框架，且易受地域性偏见的影响。笔者改进现有框架以更好地反映地方行为体的国际行为逻辑。笔者建构了国际行为体的四个维度（动机、机会、能力与存在），以涵盖更多非西方的政治制度的地方外事研究。通过对国际行为体属性框架进行分析，笔者对平行外交理论进行了"中国化"改造，提出了协同外交范式。协同外交呈现出四个现代化特征。一是党政统筹的现代化，即央地关系在省级外事工作上以授权和协调为主。笔者立足推动地方政府对外交往合作的客观需要，强调中央和地方在对外工作中的互补性价值。二是多元立体的现代化，即地方政府对于国际机遇的把握和对外交往能力的建设都体现出较强的主动性与能动性。换言之，充分发挥地方主动性、积极性不仅仅是国家大外交的产物，也是整体外交的重要能使条件。三是同行竞合的现代化，即地方政府之间进行同行竞争、模仿与合作，最终形成一个有机的、蕴含内在张力的整体外交网络。四是和平发展的现代化，即地方在对外交往中的工具（如基础设施建设、扶贫治理与经济合作）不仅仅服务于国家的政治意志，而且服务于发展主义与和平主义的区域化道路。

此外，基于分析框架的再构，笔者还分析了省级政府如何通过参与"一带一路"建设成为国际关系行为体的过程。笔者揭示了在不同国际背景下，国家外交的弥散化和省级对外行为体的多元化共同发展了在"一带一路"框架下的省级外事系统的运行逻辑。另外，笔者剖析了粤港竞争和云桂竞争中的省际模仿策略与比较优势转化策略，揭示了地方参与外事工作的动机形成机制，发现了广东在对外交往中表现出强烈的全球主义和重商主义偏好，而云南则带有较强的地区主义色彩和稳边导向。

就学术价值而言，第一，笔者对中国与周边国家的平行外交进行了系统化与中国化的理论建构，创建了四个层级的中国地方外事理论框架，并以此框架研究中国各省份是否以及如何通过参与"一带一路"建设转型为积极有为的国际关系行动者。这一理论尝试将有利于建构具有中国视角与中国范式的周边地方外交理论。研究立足中国外交现代化的客观需要，解构"国际化"外交理论，推动中国内生性外交理论的形成与创新。此外，研究通过重塑西方现有平行外交概念工具、逻辑体系与方法，改造其自身用以认识中国及非西方单一制国家的理论前提，促进地方外交理论范式的多元化发展。

第二，笔者通过扩大对准同性研究的地理范围，以囊括更加多样的非政府或准政府行为体，以及更加多元的政治体制形态。现有平行外交研究过度关注联邦体系中的地方政府，笔者为单一制国家的平行外交提供基础分析，以期理解中国地方政府在国际关系中所具有的施动性与主体性。迄今为止，相比于国家外交，学术界对中国省级外事活动的理论兴趣相对较小。本书对云南的国际影响力生成与运作逻辑的探索可以进一步丰富人们对于中国边境省份外交活动的理解。更重要的是，由于中国的政治权力结构高度集中化，学术界一般假设中国边境省份既没有实质上的"外交空间"，也没有外交资源来参与国际关系的建构。但实际上，中国的省级单位能够获得一定程度上的对外事务权。但这种对外权力的使用受到中央规制，并且需要与中央的整体战略协调一致。中央政府有能力随时借出或收回任何地方授权。

第三，笔者通过省级"平行外交"策略逻辑分析提出省际模拟理论，以补充省际竞争的传统视角。与传统省际关系的政治经济学视角不同，本书解释了跨省竞争行为为何不总是遵循差异化的逻辑（指的是地方行动者利用其比较优势作为一种平行外交工具来服务于不同的地方利益），而是遵循模仿和替代的逻辑。这在本书关于云桂之争和粤港关系的分析中分别表现出来。笔者认为，差异化、模仿和替代等运作逻辑之间的不协调耦合，往往不完全有利于一个内部连贯的整体战略的实现。广东和云南在"一带一路"建设中一直尝试加深本省的"印记"，从而分别淡化来自中国香港和广西的外部影响。笔者通过"跨省模仿"的视角进一步框定这种关系。模仿是指省级实体在扩大外部影响时，为了获得相对于国内同行的比较优势而采用的一种模仿策略。笔者认为，省际模仿竞争策略（包括制定重复性政策和采用同质化的地缘政治定位等）是由中央"规制"地方实体的顶层设计和自发的、自下而上的、地方层面的区域影响力争夺而形成的。我们需要对此问题加以重视，防范省际模仿带来的战略资源消耗、区域统筹难等问题。

第六节　章节安排

本书对平行外交理论进行批判性阐释，从而发展出一种既有自主性（基于中国的地方外事经验）又有容受性（批判性吸取现有平行外交理论成果）的中国地方外事理论，以更好地解释中国省级政府的能动性，揭示其内在策略逻辑与行为路径。笔者以中国周边地方外交发展的客观需要为现实起点，以云南省级外事工作为实证分析重点，阐释中央和地方在对外发展中的互补价值和意义。具体而言，研究由九个部分组成，除第一章引言外，以下分别加以介绍。

第二章首先讨论了中国的外交现代化与省级政府参与外事活动的现代化道路。进而，第二章对平行外交相关文献进行了系统性评述，指出以往研究在理解省级政府的国际行为方面存在的局限性。

第三章结合国际行为体属性理论提出了一般性概念框架，用以回应目前国际学术界对于中国"平行外交"的观点，并初步解释了中国省级政府参与外事工作的复合属性。同时，通过国别比较分析，第三章为本书的实证分析提供了一个比较性的背景框架。

第四章讨论了云南国际能动性的结构性条件。具体而言，讨论了哪些内源性结构条件触发或推动了云南省积极参与、开展外事活动，比如沿边开放、在边境管理上的央地分工等。第四章还讨论了哪些外源性结构条件为云南创造了外部机遇，比如地区主义的不断发展，国际贸易规则的对内压力与域外国家竞争，等等。

第五章论述了构成云南国际行为体身份的施动性资本。本章从多个方面分析云南外事工作的施动性资本。第一是经济资本，由基建政治与经济外交等手段构成。第二是社会资本，涉及对跨境民族关系的利用与建构。只有具备了相应的经济与社会资本，省级政府才具备成为国际关系行为体的能力与实力。第三是本章基于建构主义平行外交理论提出次国家国际行为体的"符号资本"这一概念，涉及体制内与国际社会给予次国家行为体国际身份的认同。

第六章比较了云南、广西、广东与江苏的地方外事工作的差异，开拓了基于中国背景的比较平行外交理论。本章通过分析各省的外事工作竞争策略，强调省际竞争在推动平行外交方面发挥了关键作用。在一定程度上，云南和广东的对外活动分别由其与广西和香港的内部竞争所驱动。通过比较广东和云南对战略工具的选择利用，本章还揭示了广东与云南的对外行为偏好。最后，本章分析了江苏作为海陆复合型省份的对外活动特点。

第七章提炼上述几章的观点与论证，总结协同外交的基本特征与内在逻辑，进而揭示了中国省级政府外事工作的现代化道路，讨论如何以省级政府外事工作现代化推动中国式现代化。

第二章
理论背景与研究评述

　　平行外交是西方理论与政治现实的产物，因此不能简单套用于对中国外交系统的分析。但同时，平行外交理论亦有其独特价值：它是众多外交学理论中最关注地方角色与地方视角的一种理论。因此，笔者认为，如果我们可以提取出平行外交理论的一般性工具价值，从而帮助我们更有效地去辨识与剖析中国外交中的地方政府的身份认知与行为决策，将不失为一种有意义的学术探索。本章将从中国外交现代化的内在逻辑谈起，阐释本书之所以将平行外交作为分析工具的背景动机。中国外交现代化具有两条关键线索，一条是机构专业化与理性化；另一条是外交行为体的多元化与弥散化。这两个外交转型是内部与外部环境变化的结果，是中国政治现代化转型与国际社会在后冷战时代结构性演变的共同反映。关于外交行为体多元化与弥散化研究的短缺促使笔者重新审视平行外交理论的工具性价值。平行外交可以帮助研究者挖掘地方对外行为体的内生动机与行为逻辑，勾勒其能动性内涵与边界。如果我们无法论证中国省级政府在对外活动中的个体理性，以及这种个体理性是如何融入总体政治的统一性之中的，那么我们就无从谈起省级政府外事工作的现代化问题。

　　随后，笔者探讨了近半个世纪以来平行外交研究的发展。关于这一现象的学术著作起初主要关注美国和加拿大，后来涵盖了欧洲大陆等其他地区。在现有研究中，笔者认为有三类文献深刻影响了对中国边境省份的平行外交研究：第一类研究探讨民族国家这一组织范式所面临的挑战；第二类研究分析国际关系中非国家行为体的出现；第三类研究关注全球的平行外交理论与实践，其中也包括中国。本章将重点评述这三方面的学术成果。现有研究对地方政府参与国际关系提供了开拓性的阐释，但其局限性亦不可忽视。首先，与其他非国家行为体相比，省级政府所进行的对外互动较少被分析。其次，平行外交研究大多基于西方国家的案例，对单一制国家的次国家政府对外议程的分析还不够充分。最后，关于中国平行外交的绝大多数学术探索都是在传统的央地关系框架内进行的，并且大多关注的是经济条件较好的东部沿海地区，而不是西部边疆地区。考虑到这些局限性，本章旨在发现中国边疆省份是不是也具有国际关系行为体的一些综合特征，从而挖掘中国边疆省份的国际行为体属性。

接下来，笔者将首先论述中国外交现代化的内在逻辑，从而我们才可以对为什么引入平行外交作为理论与分析工具有一个初步概念。然后，我们对冷战后次国家行为体兴起的国际背景进行论述。中国外交现代化的多元化转型正是在这一国际背景之下形成的。之后，笔者追溯了平行外交研究的演变：从 20 世纪 70 年代，平行外交研究自美国与加拿大兴起，到 20 世纪 80 年代和 20 世纪 90 年代在欧洲的发展，再到世纪之交扩展到更多的非西方国家。另外，笔者也将梳理相关中国周边外交文献，作为补充性讨论以拓宽本书的理论对话范围。

第一节　中国外交现代化的两条轴线

关于中国外交现代化的论述很多，但中国社会政治的现代化一直是中国外交现代化的根本。我们谈到的中国外交现代化转型，其实就是中国社会与政治现代化转型的需求。因此，国内现代化进程是理解中国外交现代化转型的关键环节。中华人民共和国成立后，经历了从毛泽东时代、邓小平时代到习近平新时代的三次重大现代化转型。三次转型是一体的、连贯的，但又分别体现了不同的时代化内涵与思想逻辑。

具体而言，毛泽东时代是以地缘政治为基础、政治安全化为工具、主权独立为首要目标的现代化阶段。从中华人民共和国成立后到1956年中国共产党第八次全国代表大会召开，毛泽东等党和国家领导人沿用了列宁的"帝国主义与无产阶级革命的时代"的论断，认为当时的世界正处于"战争与革命的时代"中（李慎明，2004）。进入20世纪60年代，受美苏核大国威胁等因素影响，强调"世界大战不可避免"（杨倩，2003）。"战争与革命"的时代论断要求当时的外交现代化服务于国家对生存安全威胁的应对，防范外部军事打击，建立国际统一战线。面对生存威胁，这一阶段的中国外交体现出比较强烈甚或激进的一元化特征。"总体的公"占有绝对优势，而地方之"私"必完全让位于治天下的国家。故此，外交系统结构相对单一，地方政府基本缺少进行对外活动的空间。

随着世界进入"和平与发展"时代，中国的外交重点从地缘政治转向地缘经济，以经济现代化推动政治现代化，以部分领域的去安全化为改革开放创造空间。进入20世纪70年代末，邓小平同志指出："现在世界上真正大的问题，带全球性的战略问题，一个是和平问题，一个是经济问题或者说发展问题"（邓小平，1993）。发展经济成为国家现代化的首要路径。为了实现经济快速发展，中国强调对外利用和平的国际环境，超越以意识形态划分敌友的冷战思维，采用和平方式解决国际争端，比如1982年党的十二大提出的不结盟的独立自主和平外交政策，1996年开始逐步提出的"新安全观"，等等。这一时期，邓小平同志在会见日本首相与英国代表团时都曾指出，中国式现代化的切近目标是在20世纪末实现四个现代化，建立小康社会。为了推进以经济发展为中心的现代化过程，中央开始赋予地方政府更多的外事权与外交资源，激活地方政府的对外能动性。这一阶段的现代化不是以总体否定个体，而是，个人之"私"与地方之"私"开始更多地得到国家的承认。地方政府开始纷纷投入到对外活动之中，主动通过对外交往谋求自身利益，发展地方经济。从20世纪80年代到90年代，广东和云南依托中央政策，结合自身地缘或产业特点，积极发展地方外事工作，为本省的经济发展寻找外在支点。

进入新时代，国家安全面临的威胁从"内忧型"转换为"内忧外患交织型"。各种安全因素相互叠加、耦合和演化。为与国家安全威胁变化相适应，维护国家安全的手段也由经济发展为主调整为基于开放的安全发展，形成新发展格局。在"安全与发展"的时代主题下，以习近平外交思想为指导的新时代中国外交现代化蕴含了三层安全化的战略逻辑。第一层是"元安全化"，即以总体国家安全观为核心，对传统安全与非传统安全各个领域的实在与潜在威胁进行综合分析与应对，从而实现全面安全。这不是对某一问题或单一威胁对象的安全化，而是将分散于各个领域的看似离散的不同问题联系起来，从而寻找构成这一网络化威胁集群的结构根源与主要矛盾，并针对这一原点制定联动性的应对措施。第二层是"积极（去）安全化"，即在承认安全化的两面性基础上，选择性地施用，以强化其积极效应，避免或弱化其消极效应。积极效应是指安全化可以大大提升对资源的调集能力与分配效率、对事件的处理效率与措施强度等；消极效应指安全化导致的"例外状态"会破坏民主过程，造成社会伤害。第三层是"协调（去）安全化"，即在总体安全观框架下各种安全化与去安全化手段同时或迭替施用，最大化促进积极影响，防止或弱化其消极影响。

随着时代的变迁，中国外交现代化的内涵不断丰富，逐渐将上述两个主要历史时期的现代化内核加以整合，形成了更为完整的外交现代化路径。一方面，由于前文提到的安全需求的提升，中国政治与外交开始重新强调毛泽东时代政治现代化的方略特色，突出统一性与政治权威成为这一时期中国外交现代化的关键构件。在霸权主义盛行、全球陷入结构性震荡，区域部落主义上升的背景下，独立自主的政治权威是现代化的基础和前提，而中国共产党领导构筑的独立自主国家则是中国外交现代化一直以来的基础性要素。另一方面，统一性的增强并不意味着开放性的削弱，相反，不开放反而更不安全。因此，中国提出的"一带一路"倡议本质上是一种更深层次的外交弥散化：推动激励地方主体更积极地嵌入到大外交的格局系统之中，通过充分激发地方主体自身的外交能动性，充分实现地方主体自身的国际身份建构，达成国家的总体外交目标。因此，"一带一路"背景下的省级政府外事工作的开展强调一种更高层次的外交，一种"有效"外交，而非简单僵化的对权利的赋予或收回。

　　因此，新时代中国特色大国外交是对中华人民共和国成立后外交现代化尝试的一次路径整合，综合了政治与经济，平衡了安全与发展，形成一种面对当下国际环境更有效的外交方式。有效外交具有强烈的发展导向，承认和理解党中央是外交配置资源的决定性机制，同时深刻认识到地方政府在整体外交中不可或缺的作用，采取顺应中国式现代化道路的以国家为主体、中央和地方双轮驱动的大外交模式。在此机制中，国家充当政治导航者，领导协调外交外事活动，次国家单元发挥补充辅助功能，推动外交格局按照国家认为的最优方向前进。更准确地说，央地协调的有效外交应当是内部有机（中央与地方的互补价值），结果有效（外交成效符合国家预期），既是中国现代化所强调的国家自主性和国家能力在外交原理上的反映，也是解决超大国家条件下应对各种国际风险与围堵的制度优势所在。

　　上述有效外交、双轮驱动的核心就在于政治功能细分。众所周知，理性化、专业化与分工细化是现代性的重要特征。西方传统的现代性与官僚化理论虽然不能完全适用于中国，但无可否认，中国外交现代化的一个事实上的重要特征就是技术官僚的兴起。通过加强管理者或行政者的职业身份识别，中国的现代外交系统逐渐形成自身的形态。就此，笔者列举两种表现。

　　中华人民共和国成立后，中国外交部门领导人的更替体现出专业化与职业化转型。根据12位中国外交部部长的身份背景，我们可以将其分为三代。众所周知，第一代外交部部长周恩来、陈毅与姬鹏飞都是职业革命家出身，率兵打仗，久经战场。其中，周恩来和陈毅是共和国的开国元勋，都不同程度上领导了党的社会主义革命。并且，周恩来和陈毅都是在分别担任国务院总理与副总理的同时兼任外交部部长。因此，外交工作的部门领导也是党的核心决策的关键制定者和参与者。从人事组织角度看，党的核心统筹工作与外交部门的具体工作之间似乎并没有在实质上进行明确切分，而依然以高度一体化的结构方式运行。

第二代的四位外交部部长（乔冠华、黄华、吴学谦、钱其琛）普遍没有军事背景，早年都以学生身份秘密加入了中国共产党，从而以地下党员的身份为中国的革命事业做出贡献。除乔冠华因故没有升任其他职务外，黄华、吴学谦与钱其琛在结束外交部部长任期后，升任国务院副总理。吴学谦和钱其琛还是中央政治局委员。值得注意的是，不同于第一代外交部部长，第二代外交部部长并不同时担任国务院副总理。这意味着具体事务部门与统筹决策核心之间的分工越发明确。

自1998年以来的五位外交部部长构成了第三代。五位外交部部长都具有精英大学教育背景，然后成为职业外交官。相比于前两代外交部部长，第三代的技术型官僚特征更加明显。在卸任外交部部长后，唐家璇和杨洁篪升任国务委员，级别同副总理，但排名靠后。这进一步说明，与周恩来等第一代外交部部长相比，第三代外交部部长在担任专业性部门一把手期间不再直接参与党的核心决策制定。核心决策机构与具体事务部门之间的职责分工越来越明确，外交人员的专业化与职业化趋向明显加强。与此同时，党的统领作用不断强化，加强了对外交系统的全面领导，建立了中央国家安全委员会，统筹制定安全、外交等领域的核心决策。

在国家层面与部委之间，国际事务的参与者逐渐分散化，形成系统性的决策网络，使得外交部的工作必须统筹兼顾很多其他相关部门的关切与诉求。外交部传统上是中国以对外事务为核心与导向的政策执行机构。但需要注意到，中国"外交跑道"上的角色在不断增加，赛道上的关系亦变得越来越复杂与丰富。只需看看外事工作会议的与会主要政府机构就可以看出，外交队伍的规模与涉及部门的广度几乎前所未有，涉及中共中央对外联络部、商务部、文化和旅游部、全国人民代表大会外事委员会、国务院新闻办公室、中央军委联合参谋部、最高人民法院、最高人民检察院、驻外大使馆、各省外事办公室，以及各主要银行，等等。这些平行赛道上的众多角色在党中央的整体统筹领导下构成了最笼统意义上的"对外系统"。每一个专门性机构似乎都有理由成为该"系统"中的一部分。

前文所谈到的专业化与多元化基本反映在国家部委这一层。这构成了国家层面自党中央到专业性国家机构的一条"系统"纵轴或中轴。中国各地方政府构成了一条"系统"横轴，也是外交现代化非常重要的一条线索。那么，外交的现代化又是如何体现在次国家政府或地方这一层面的呢？只有把握了横纵两条线索的外交现代化，我们才可以较完整地把握外交系统的现代化道路。如果将地方作为一种现代性个体来分析，那么就需要论证地方（即本书具体关注的次国家政府）在"系统"中是否具有主体自我的意识，在与国外政府或社会的互动中是否具备主动性与独立性。进而我们才可以明白，中国外交系统的横轴运转，是仅仅依靠地方对中央的服从，还是也包含了地方的对外交往以及由此而实现的整体外交利益？如果是简单的命令——服从关系，那么我们无法视之为一种现代性关系。但如果，整体之"公"（国家的全球利益）是借助地方之"私"（地方的对外需求）而实现的，那么这种承认地方个体性并以此为路径的外交模式，这种非线性、替代性与间接性的"央—地"外交运行关系就具有了现代性的鲜明特征。本书的中心目的之一就是要论证中国省级政府在外交场域中的个体性与能动性。但在具体分析之前，笔者要为本书分析的核心对象——次国家行为体在外交领域的兴起背景做时代要素与文献梳理。进而，我们可以从学理上引出对平行外交的讨论，并通过对平行外交相关文献的总结，为本书理论结构的提出做一定铺垫。

第二节 非国家行为体的崛起

本节旨在回顾国际关系研究中以国家为中心的研究路径所面临的挑战。这些挑战提供了一个整体的历史背景，从中包括地方政府在内的众多非国家行为体制定了自己的对外议程，平行外交趋势逐渐上升。接下来笔者将讨论导致民族国家不再是唯一的国际行为体的三个主要因素：冷战的结束、全球化的加速和区域化。

一 冷战的结束

古典现实主义者认为，民族国家往往是排他性的国际行为体。然而，美国和苏联之间的关系缓和部分导致了所谓的"高政治"和"低政治"之间的区别模糊不清（Manning，1977）。国际行为体不再局限于民族国家，次国家国际行为体在数量上的激增、在规模上的扩大，远远超过了过去任何时期；他们开始履行过去从未履行过的国际关系职能（Huntington，1973）。

这种现象在新自由主义者中也被广泛讨论。例如，罗伯特·基欧汉和约瑟夫·奈就揭示了"跨国关系"（transnational relationship）在这一时期的出现。"跨国关系"是指"不受中央政府外交政策机构控制的接触、联盟和互动"（Keohane，Nye，1973）。在"跨国关系"的网络中，全球范式被调整为由民族国家与无数个作为非民族国家的跨国行为体所构成的一个整体。这个观点得到了西翁·布朗（Brown，1974）的赞同，他进一步指出，全球社会存在着"多头政治"，即"民族国家、次国家群体和跨国特殊利益和社区将成为全球社会的一部分，并争夺着人们的支持和忠诚"（Brown，1974）。

冷战期间，美苏关系不断变化，缓和与对抗叠替出现。当美苏缓和关系结束，双方都开始重新提升国防预算，并放松核军备控制。在这一背景下，有学者认为民族国家在全球体系中仍占首要地位，另有研究则主张全球经济和跨国机构的发展将最终永远取代国家的主导地位（Ruggie，1986）。这场辩论从20世纪80年代末开始，当时非国家行为体在国际事务中变得更加突出，而冷战的结束则增加了民族国家的数量。

在冷战后的几年里，尽管少数学者，如约翰·米尔斯海默（1990）重申了民族国家在无政府国际体系中作为"看守者"的作用，但更多的西方学者认为民族国家不再占有主导地位。他们认为，资产阶级宪政秩序是社会秩序的最高阶段，幻想其他体制国家在世界范围内的必然衰落（Fukuyama，1992）。一些学者认为，尽管巴尔干半岛在南斯拉夫解体后发生了大规模暴力事件，但欧洲正处于经济和政治一体化的进程中，民族国家作为国际行为体已经开始衰落（Wunderlich，2008）。一些学者甚至断言，民族国家不再是全球冲突的中心，也没有能力解决国际冲突，因为冷战后的冲突主要是由文明体的互斥，而非商业或意识形态的力量所导致（Huntington，1996）。

二 全球化的加速

全球化是削弱国家中心主义研究路径的第二种力量。尽管"全球化"这个术语每天都在被使用，但它并没有一个得到普遍认同的定义。一些经常被引用的定义将全球化描述为一个过程，这个过程"体现了社会关系和交易的空间组织的转变，这种转变通过其广度、强度、速度和影响来评估，包括产生跨洲或地区间的活动、互动和权力行使的流动和网络"（Held等，1999）。全球化意味着"一个加速的过程，这一过程中的流动性力量涵盖越来越广阔的全球地缘空间，以及这些空间之间日益加强的一体化和互构性"（Ritzer，2016）。还有学者（例如，Luard，1990；Rosenau，1997）将全球化简单描述为导致现有社会结构发生根本性变化的过程。

在经济相互依存但政治依旧动荡的全球环境推动下，20世纪90年代，诸如主权和民族主义等规范乏善可陈。因为保护主义与民粹主义的崛起、全球政治的混乱状态、全球化的退化与深度重构，今天的全球局势似乎已于20世纪90年代大相径庭。然而在20世纪90年代，"战后世界市场的非个体力量在被金融、工业和贸易中的私人企业所整合，而不是被政府的合作决定所整合，世界市场的非个体力量变得比国家更强大，尽管社会和经济所产生的最终政治权力应归属于国家"（Strange，1996）。民族国家作为企业和全球市场之间的"中间人"的角色，由于跨国公司的蓬勃发展，以及商品、投资、个体和信息的无边界交流而黯然失色。

在20世纪90年代末，全球化的支持者与质疑者之间的争论愈演愈烈。前者认为，全球化将过去完全由民族国家掌握的知识公开化，从而影响了民族国家的权威，尤其是在外交事务中。然而，一些学者对此提出了异议，他们认为现阶段的全球化既不是新的也不是独特的，而只是资本主义经济长期发展的一种延续（Sachs，Warner，1995）。例如，用学者尼克·比斯利（Nick Bisley，2007）的话来说，"全球化并没有对现代国家实践的政治和道德主导地位提出根本挑战，相反，它提供了有助于稍微加强国家的国际地位的环境"。比斯利进一步指出，如果民族国家失去了荣光，来自苏联、东帝汶和巴勒斯坦的人们就会把国家当作一种"过时"的政治统治体系。

三　区域化

区域化的趋势进一步打击了民族国家在国际关系中的作用（Baylis，Smith Owens，2008）。以建立区域合作和一体化机制为目标，区域化不会制约全球化。相反，区域化在某种程度上可以解决全球化带来的问题与危机，从而进一步刺激全球化的良性发展（Baylis，Smith，Owens，2008）。例如，第一波区域化浪潮发生在拉丁美洲国家，它们试图采取进口替代政策以摆脱经济全球化带来的对初级商品出口的过度依赖。然而，引起学者们更多关注的是第二波区域化浪潮。

第二波区域化浪潮被称为"新地区主义"，起源于20世纪80年代末，其背景是美国的经济影响力从占世界经济产出的1/3下降到1/4、国际贸易急剧繁荣、跨国公司在商业和政治上不断发展（Keating, 2000; Schirm, 2002; Grugel, 2004）。与之前的地区化浪潮相比，"新地区主义"产生了更大的全球影响，导致为促进和平与社会经济合作而建立的地区合作机制的数量不断增加（Hettne, 1999）。这不仅标志着更多的地区机制开始在国际舞台上发挥作用，而且也使各国政府难以继续推行其排他性的产业政策，遏制保守主义的回潮（Hurrell, 1995）。

"新地区主义"对民族国家最明显的打击体现在欧洲一体化的案例中。为了削弱国家中心主义的主导地位，并使自己具有更大的全球影响力，欧盟整合了三个执行机构的职能——欧洲经济共同体、欧洲煤钢联营以及欧洲原子能共同体，同时建立了海关联盟，并发布了关于经济和货币联盟的"维尔纳报告"（Werner Report）。关于欧洲政治合作的"达维尼翁"计划（Davignon Plan）甚至直接要求成员国内部的次区域更多地参与欧盟项目（Doidge, 2008）。

四 国际关系中非国家行为体的出现

由于外交政策不再是民族国家的专利，自20世纪70年代初以来，国际关系理论发生了一场"伟大的跨国革命"，非国家行为体的国际关系功能变得越发突出。那么，国际关系学者对此如何解释呢？古典现实主义学者在分析外交政策的制定时一般采用理性/单一行为体模式，奉国家为分析主体。直到新古典现实主义出现，非国家行为体在国际关系中的参与才得到承认。新古典现实主义者认为，民族国家从全球体系中收到的信息必须通过各种国内的国际关系行为体，如政策制定者、行政部门、各种利益集团与社会组织，才能被转化为外交议程，因此，非国家行为体是理解外交政策与国际关系的重要途径（Posen, 1986; Snyder, 1991; Evera, 1999）。

新自由主义者明确指出，大量的非国家行为体活跃在国际事务中。例如，通过将非中央政府的对外活动分为跨政府关系和跨国关系，罗伯特·基欧汉和约瑟夫·奈解释道，在前一种关系中，政府机构的各种次级单位自主地参与国际关系，而后一种关系只限于非政府行为体。这两种类型的关系在美国和加拿大的互动中都有所体现，因为"不同的问题是由不同的官僚机构处理的，来自经常外交部或其他上级官员的中央调节并非经常存在"（Keohane，Nye，1974）。

一般而言，在西方学界，国内行为体对外交政策产出的影响主要是国内政治学者关注的。他们认为，仅仅研究民族国家内部行为体（如政党、经济机构和基层组织等）如何塑造其对外关系是不够的。民主和平论是关于国内政治的重要理论之一。在调查了1815年后世界上的主要冲突之后，民主和平论学者认为，两个民主国家之间不会发生战争（Spiro，1994；Gowa，2011），原因主要是民主国家的一系列国内行为体对外交事务的影响（尽管是以间接的方式进行的）。更确切地说，民主国家愿意屈服于其社会机构和利益集团的压力，这些社会机构和利益集团更愿意避免战争和寻求与其他民主国家结盟，不喜欢以其公民为代价发动冲突（Doyle，1983）。然而，这一理论无法解释"民主"国家为何偶尔与"非民主"国家开战，也没有对民主国家的国内结构进行批判性分析（Peterson，1995；Elman，2000）。

两级博弈理论进一步阐释了一个国家的外交产物和其国内行为者之间的联系。罗伯特·普特曼研究了一个国家的立法者对其代表团在谈判桌上的表现的影响（Robert Putnam，1988）。通过将国会内部各派别达成共识的程度命名为"赢面"，普特曼认为，每个签署国的"赢面"越大，达成国际协议的可能性就越大。也就是说，如果一项协议的价值低于一个国家立法者的最低期望值，其谈判者可能会退出谈判，更不用说将协议带回国内进行批准了。因此，谈判者可以利用"赢面"的规模来换取谈判中的优势。例如，可以通过重申他们在国内批准协议时面临的困难，在谈判中要求对方作出更多的让步。

在一些非西方的联邦或非联邦制国家，政治精英、商业寡头等非国家行为体对外交政策的影响可能更显著。换言之，在这样一些国家，外交政策在很大程度上是由控制本国政治、经济和社会的执政精英的态度所决定。例如，自苏联解体以来，俄罗斯的国家外交议程就长久受到其寡头势力与政治精英的影响，他们构成对国家经济垄断威胁，削弱了俄外交的国家战略性（Wallander，2007）。而在朝鲜，其对韩国和其他大国多变的外交态度则在很大程度上是受朝鲜的最高领导人和朝鲜劳动党的其他高级领导人所影响的（Kim，2007）。

民主国家的执政精英在国际关系中也有很大的影响力。马来西亚前总理纳吉布·拉扎克（Najib Razak）和马来民族联合组织（The United Malays National Organization，UMNO）内的其他政治精英对马来西亚选择向美国倾斜的影响就是一个很好的例子。这是因为纳吉布和他的支持者认为，他们必须依靠华盛顿来改善国家的经济表现，并夺回美国对安瓦尔·易卜拉欣（Anwar Ibrahim）领导的反对派势力的支持（Kuik，2013）。韩国的情况也是如此，韩国总统在国家对外关系中一直扮演着不相称的角色，特别是在对朝政策中（Kim，2007）。

反对党和利益集团在国际关系中的参与在很多情况下采取的是间接方式。例如，日本和印度的强大反对党的存在，压缩了其首相制定外交政策的空间（Mohan，2007）。特别是在日本，虽然党派政治影响了政府对整合外交目标的追求，但它有助于防止该国对邻国，特别是对与日本关系极为敏感的中国和韩国采取过分强硬或过分软弱的极化政策（Mochizuki，2007）。一个国家的行政机构和立法机构之间的关系也会影响其对外关系，特别是在北美和欧洲国家（Milner，1997）。如果一个国家的行政机构不需要与立法机构分享决策权，或者如果他们能够更透明地分享信息，那么国际合作可能会更顺利地进行。关于国内利益集团的影响，在俄罗斯案例中表现得较为明显。尽管普京政府拥有强大权威，莫斯科的对华政策还是受到了强大的利益集团的制约：一方面，俄罗斯的能源寡头鼓励克里姆林宫与中国进行更多的接触；另一方面，克里姆林宫面临着来自本国军工集团的压力，而俄罗斯军工势力对中国在军事领域高速发展的焦虑持续存在（Wallander，2007）。

至于社会和基层组织层面，东亚国家提供了一些典型案例。例如，由于日本公众强烈反对任何绕过宪法第九条（宪法第九条旨在阻止国家诉诸战争）的企图，日本政府决定不在海湾战争中扮演任何军事角色（Noureddine, Ismail，2017）。同样，新生代韩国人中日益增长的反美情绪使首尔在处理与华盛顿的联盟关系时变得更加棘手（Kim，2007）。

第三节　平行外交研究

根据上节的论述，随着冷战结束、全球化加速和区域化的发展，以民族国家为唯一国际关系行为体的国家中心论并不能充分诠释今天的国际政治。伴随着这一趋势，学界的兴趣逐渐从国家行为体转移到非国家行为体如何以直接和间接的方式参与到国际政治的塑造之中。虽则如此，自20世纪70年代以来，对地方政府的理论和实证研究依然比较有限，国际关系学者所讨论的主要内容限于国家一级的行为体，如各部委的下属单位（Keohane, Nye，1974）、立法机构（Milner，1997）、中央政府的公职人员和国家寡头（Wallander，2007）。鉴于较少研究考虑到地方政府的外交属性与对外行为方式，平行外交的研究可谓开辟了一个极有价值的学术视角。

一　三个历史阶段

对地方政府作为国际关系参与者的作用的研究经历了三个不同的阶段。第一个阶段是20世纪70年代。这一时期，几乎所有有影响力的研究都以美国和加拿大为基础。20世纪80年代是平行外交研究的第二个发展阶段。尽管大多数有国际影响力的平行外交学者仍然来自北美，但以欧洲国家的平行外交举措为对象的研究开始出现。同时，平行外交学者开始主动地对这一现象进行理论化和概念化的尝试。然而，前两个阶段所关注的案例往往仅限于西方联邦制国家的地方政府。第三个阶段为21世纪初，此时研究范围才扩展到非西方的联邦制和单一制国家。

具体而言，平行外交研究始于20世纪70年代初，以北美的案例为主（Atkey，1970；Leach，Walker，Levy，1973；Roff，1978）。这一时期的研究选择以北美平行外交为背景有两个方面的原因。首先，它受到了理查德·尼克松政府提出的"新联邦主义"政策的理念刺激。这种新理论背后的逻辑是在联邦政府和州政府之间重新分配政府职能，包括处理外部问题的职能（Nathan，1975；Conlan，1988）。其次，以北美为研究对象被魁北克的独立运动所刺激。这可以追溯到20世纪60年代，当时让·勒萨亚（Jean Lesage）领导的自由主义政府在魁北克发起了"平静革命"（Quiet Revolution）（Bélanger，2000）。这场革命的主要目标是让魁北克获得缔结国际协议的充分权利。其结果是，魁北克不仅获得了签署条约的权力，而且还被允许在世界多个城市设立省级使团（Lalande，1973）。然而，必须指出的是，这一时期的研究更多关注的是描述地方政府如何与国家竞争从而获取国际政治资本与提升国际竞争力，而不是将这一新现象进行概念化建构（Kuznetsov，2014）。

直到20世纪80年代，即平行外交研究的第二阶段，西方学界才开始将研究重点从描述性的案例研究转移到基础理论的建构。在这一阶段，学者们首先试图找到一个合适的术语来描述地方政府参与外部互动的现象。"Paradiplomacy"这个术语最初是由学者帕纳亚蒂斯·索大托斯（Panayotis Soldatos，1990）创造的。然而，这并不意味着之前就没有平行外交活动。如前文所述，讨论地方政府国际角色的学术著作甚至在20世纪70年代就开始出现，但这些著作的概念化程度很低，而且缺乏概念创新。

在20世纪90年代，虽然平行外交的概念被广泛应用，但它还是受到了一些学者的质疑。最有力的批评者是约翰·金凯德（John Kincaid，

1990),他提议用"选区外交"(constituent diplomacy)取代平行外交的概念。在金凯德看来,平行外交意味着地方政府的外交无疑不如联邦政府的外交,因为它是源于平行的外交。布莱恩·霍金也赞同这一观点(Hocking, 1993)。在提出使用"多层次外交"(multilayered diplomacy)一词时,霍金认为平行外交理论还没有认识到地方政府"有能力在谈判过程中的不同节点扮演各种角色……并可能成为国家意志的反对者,但同样,他们也可以成为追求这些国家意志的盟友和代理人"。Ivo Duchacek (1990) 建议使用"微观外交"(microdiplomacy)来描述这种现象。

二 地理尺度的细化与非西方转向

自20世纪80年代以来,平行外交的概念演化随着地理尺度的变化而不断细化。平行外交的概念曾被归类为跨境地区主义和全球微观外交(Duchacek, 1984)。两者之间的区别在于,前者发生在邻国之间,而后者则远远超出了邻国的范围,还包括与域外国家或地方政府建立了联系。全球微观外交的多样化导致一种更复杂的外交分类法的产生(Duchacek, 1990),其中之一就是所谓"跨地区平行外交"的概念,指的是那些并不直接相邻,但其所属国家是邻国的地方政府之间的国际关系,而"全球平行外交"的概念是指各次国家单元与遥远的外国伙伴之间的直接接触与互动。平行外交活动被进一步划分为政策分割(PoS)和行为体分割(AS)(Soldatos, 1990)。政策分割指的是地方政府为制定国家外交政策所做的对外工作,而行为体分割则指他们对国际交往的直接参与。行为体分割可以补充政策分割,而政策分割不一定会导致地方政府直接参与外交事务。

在对平行外交进行概念建构之后,西方学界开始聚焦平行外交和国家外交之间的互动关系。一方面,有学者认为,地方政府之所以对与外国伙伴的交往更感兴趣,是因为其中央政府未能通过国家层面的既定外交渠道有效地促进当地的外部利益(Keating, 1999);另一方面,有学者反对这一论点,并进行了反驳,例如,"这种观点忽视了平行外交使国家和非国家行为体之间的界限变得比以前更容易渗透,并模糊了它们对各自的地位和特点的认识"(Hocking,1993)。在许多欧洲国家的案例中,佛朗西斯科·阿尔德科阿进一步发现了这些国家存在的"双重忠诚"问题,即"国家的外交议程必须关注地区政府的国际需求……(和)地区政府在制定自己的外部政策时必须尊重国家的立场"(Aldecoa,1999)。在某种程度上,国家外交可以从平行外交活动中获益,如缓和民族领土冲突、促进地区合作,以及管理非传统安全问题(Cornago,1999)。

除了理论上的创新外,平行外交研究发展的第二阶段还标志着学术界对平行外交的地理兴趣从北美转移到了欧洲。欧洲一体化的进展和《马斯特里赫特条约》的签署加速了地区主义的发展,同时,欧洲专门成立了地区委员会(Committe of the Regions,CoR),以使成员国的地方政府对全球事务的参与制度化(Kuznetsov,2014)。以奥地利各州(自治州)的对外活动为例,奥地利国家权力的对外运行在两个方面受到次国家实体的挑战。第一,奥地利各州积极加入与外国同行组成的区域工作组,形成次国家层面的区域化实践。第二,奥地利各州,如蒂罗尔州和卡林西亚州,与它们的联邦政府直接互动,从而反作用于国家外交。但与此同时,各州在外交事务中的积极性并没有撕裂奥地利的外交政策;相反,它成为奥地利国内党派斗争的工具(Pelinka,1990)。与奥地利一样,虽然从宪法上讲,比利时阻止各社区和地区的政府制定自己的外交议程,将国际关系的特权保留在国家政府手中。但事实上,比利时的次国家实体被允许在国家边界之外设立经济和文化促进部门,从而将公共外交"平行化"或"次国家化",比如瓦隆地区和弗拉芒社区都成功地对外宣传了自己的政治和文化身份,以提高它们的国际存在感(Lejeune,1990)。

在这一时期,平行外交学者也热衷于"后苏联空间"的地方政府的外交议程,特别是俄罗斯联邦。这一兴趣部分受到俄罗斯联邦可能解体的预测影响（Stern，1994；McFaul，2000）。当时，俄罗斯联邦试图通过对各州的对外行动表现出宽容来缓和民族紧张关系和缓解民族主义情绪（Cornago，2000）。正是在这种背景下，鞑靼斯坦采用了原型外交（protodiplomacy）（一种出于国家建设目的而采用的平行外交）作为工具，在经济决策方面从莫斯科获取更大的自主权（Makaryche Valuev，2001）。通过融入独立国家联合体（Commonwealth of Independent States，CIS）、增进与欧盟成员国的接触，以及与乌克兰的跨境合作，库尔斯克试图表达它对俄政府的不满（Sarychev，2001）。萨哈林通过在俄罗斯和日本的双边领土争端谈判中发挥斡旋作用，进而为从两国获得更多的经济收益创造机会（Zinberg，1995）。

在平行外交研究发展的头两个阶段，研究者们的兴趣主要局限于西方联邦制国家。然而，在第三个阶段，即21世纪以来，由于非西方国家在世界政治和经济中的地位提高，"平行外交研究版图"不断扩展，更具包容性与多元性。例如，相关研究探索南非各省的平行外交是如何对比勒陀利亚的外交政策民主化产生影响的（Fritz Nganje，2014），分析全球化和区域化如何使印度的地方政府能够在国外开展高调的经济外交活动（Mattoo Jacob，2009；Jha，2014）。

一些平行外交学者进一步探究在单一制国家发生的平行外交活动，从而打破了西方中心主义的研究假设。这一假设认为，平行外交是联邦或半联邦国家的属性，不可能存在于缺少"民主"分权的单一制国家（Kuznetsov，2014）。有学者指出，伊拉克库尔德斯坦的平行外交在范围、独立性与自主性方面是前所未有的，因为这个特殊地区在发展对外关系时利用了安全问题和能源出口，以便获得比伊拉克其他地区更高的国际地位（el-Dessouki，2012；Mohammed Owtram，2014）。马来西亚是一个具有某些联邦特征的中央集权国家，但其地方政府依然被允许通过自己的行政机构从事平行外交活动，这是因为普特拉贾亚无法有效地照顾到国家的全部外部利益（Loh，2009）。第二次世界大战后，日本的县级政府直接开展经济外交，以避免受到一些国内财政政策的限制，并吸引外部财政支持（Jain，2006）。

三 对中国的认识

长期以来，中国被西方学界描述为一个典型的中央集权国家（Hameiri，Jones，2016），拥有高度统一的国家战略（Goldstein，2003）。传统的西方视角认为，中央政府垄断了政治、经济和社会活动的方方面面，因此包括地方政府在内的非国家行为体在外交决策中没有发言权（Perkins，1966；Barnett，1967，1985；O'Leary，1980；Garver，1993）。此外，西方传统视角还认为，在一个内向型的经济体系中，中国各省份没有动力开展对外经济关系（Chen，Jian，Chen，2010）。因此，关于中国各省份对外交往的一系列研究对平行外交而言是具有革命性意义的，因为它打破了大一统的单一制国家无法进行平行外交的根本偏见，展现了中国外交的多元活力。然而，这些研究成果主要是针对中国各省份在央地关系框架内的对外经济活动，而没有深入研究它们在国际关系中的行为体属性，即它们作为一个国际关系参与者的一系列基本特征。

在改革开放前，开展对外活动基本是中央政府的专利。自1978年改革开放以来，中央党政系统在外交层面不再是一个简单而高度单一的结构，而是开始培养地方政府的外交能动性，鼓励省级政府，尤其是沿海地区的省级政府，在对外政治、经济合作中发挥更大作用。由于改革开放时期中国外交政策的主要任务是为经济发展创造良好的外部环境，所以对外经济政策对中国处理国际关系过程中的方向研判和策略选择具有关键意义。因此，省级对外议程可能不仅会影响到中国的对外经济，甚至会潜移默化地影响到国家的整体外交政策（陈志敏，2001，2010）。

不过，中国省级政府在对外经济事务的自主权与能动性的提升并不意味着它们会与中央形成对抗或竞争关系。在过去的几十年里，每当中央政府认为省级政府处理对外事务的行为会削弱中央权威和国家的统一性时，中央就会选择收回各省份在制定对外经济政策方面的自主权

（苏长和，2008）。由于治理技术的进步，中央对各省份外交活动的宏观管理的效度也在不断提高（Hameiri, Jones, 2016）。换言之，随着现代国家结构的完善、交通和通信技术的发展，中央政府对省级外交的治理将更加有效，使得中国外交政策的统一性和省级政府参与国际关系的积极性并行不悖、相互催生。由此，省级政府已经成为中央政府实施外交政策议程的合作伙伴或代理人。通过建立对外联系，各省可以促进中国经济在海外的深入发展，同时通过提供医疗援助和发展姊妹省份关系来提高中国在外国当地社区的国家形象。省级政府只推动那些国家宏观政策允许的具体政策，或在中央政策尚未明确前开展具体的前期实践（Li, 2017）。

例如，改革开放后，广东省加强了与当时尚未回归的香港的经济和文化融合，在对外活动上取得了相当大的自主权，从而大大降低了对中央政府经济补贴的依赖性，同时又没有公开偏离中央政府的政策指向。相反，广东开展平行外交活动的目的，不仅是为了利用香港的经济资源与外部网络，也是为了协助中央政府顺利完成1997年的香港回归（Goodman, Feng, 1994; Roger, Sun, 1998）。除了广东省之外，北京和上海这些直辖市也被中央政府有目的地用来处理一些它不准备直接参与的外部事务。2008年4月，巴黎市议会计划通过一项决议，授予达赖喇嘛"荣誉市民"称号后，北京市政府及其人民代表大会公开反对巴黎的荒谬错误行径（Li, 2017）。类似的事件也发生在上海和大阪之间，这两个城市一直保持着友好关系，但在钓鱼岛问题中，上海市人民政府外事办公室负责人就大阪市长的错误言论提出了抗议与谴责（王欣，2013）。

中央和省级政府在外交事务中的合作关系在内陆省份表现得更为明显。正如苏晓波（Su, 2013）所解读的那样，中央政府与边境省份结成类联盟关系，从而将其边境地区变成超越其传统领土设定的新发展空间，并利用区域化工具来促进资本和劳动力在亚洲和其他地区的地理扩张。中央政府给予边境省份的自由度也被称为"地方自由主义"，此时边境省份将更加自主、积极与富有创造性地推动经济、社会、文化和非传统安全领域的跨国协作（Li，2014）。

再例如，在大东北亚经济圈的建设中，由于双边经济条件与结构所限，西北省份在无法吸引来自蒙古国和俄罗斯远东地区的大量投资时，会选择向中央政府要求更多的优惠政策和经济补贴；同时，中央政府会利用对西北省份的投资，创造更多与邻国合作的机会，从央地互动中生成外交行为（Yahuda，1994）。广西和云南通过湄公河次区域合作与东盟合作机制在中国与东南亚的外交关系中寻找并创造了自身的外交价值与能动性（Summers，2013）。新疆在"一带一路"倡议下也更主动地走向中亚，提升区域吸引力，通过稳定与周边国家的关系促进自身的繁荣和稳定（Mackerras，2015）。20世纪90年代前后，边境省份和邻国（如越南、俄罗斯、朝鲜等）之间的经济与政治互动促进了中央与这些国家之间关系的正常化（Lampton，2001）。

各省级政府对外交往的能动性对国家的整体外交影响是复杂而微妙的。第一，郑永年等学者指出，省级政府与外国合作伙伴之间不断加深的经济依存关系为其创造了外部经济影响力，进而也会影响中央的外交策略（Zheng，1994）。有时，当某些涉外领域并非中央优先考虑事项时，中央会将权力下放给各省，从而，后者在这些对外事务上享有更大的自决权与解释权。例如，云南与广西在澜湄区域或东盟事务中往往享有一定自主空间，通过与区域国家的扶贫或发展项目推动区域治理与安全合作。又如，当中国和日本为争夺地区经济和外交影响力而陷入激烈竞争时，沿海省份通过自身与日本经济的深度互嵌主动缓解紧张局势，帮助稳定中日关系大局（Segal，1994）。

第二，省级政府的国际活动有时与中央政策缺少协调。例如，海南省人民政府对南海捕鱼政策的转型升级有时会影响到中国与东南亚国家的关系，云南对缅甸木材和宝石的开采也在一定程度上影响了中缅经贸与安全合作。面对这些挑战，中央不得不收回一部分下放的权力，以减少地方对外活动有可能对国家外交产生的碎片化干扰。各省级政府在其管辖范围内可能会采取保护主义，有时也会与中央政策产生不协调之处，影响中央在入世谈判中对服务、工业、投资、贸易和知识产权等领域做出的让步（Kewalram，2004）。1998年亚洲金融危机期间，某些省级政府出于地方经济利益考虑，将其收入转为硬通货，或存于海外，一定程度上削弱了当时国家对东南亚的经济承诺，并迫使中央实施了更为严格的外汇管制措施（Lampton，2001）。

第三，中央和省级政府可能对外部利益的优先顺序持有不同看法，福建省是个典型案例。从省级视角来看，经济地缘利益是其首要关切，比如对外资的吸引力与市场开放程度。而从中央的角度看，福建省比邻台湾地区，是中国实现完全统一的关键区域，因此其政治地缘价值是中央的首要关切（Long，1994）。为了政治安全，可以妥协一部分经济发展空间。

第四节 地方外事与云南

前文主要从冷战后的历史发展论证非国家行为体在国际外交场域中的兴起，其中平行外交是非常重要的一种新兴外交形式。进而，笔者梳理了现有研究对平行外交的讨论。在中国国际关系研究领域中，省级政府的对外行为也引起了学术界的极大兴趣，但对平行外交研究的讨论很少，多数文献主要集中于地方外交的讨论范畴。鉴于云南省是本书的主要分析对象，本节就围绕地方外事与周边外交中的"云南力量"的相关研究做简单的梳理，以补充前文对省级外事工作的文献讨论。

一 地方外事

陈志敏（2010）对外交的广义定义认为，外交的主体包括了主权国家（及国家联合体）最高领导人、专职外交部门领导下的其他半官方和非官方机构、社会团体以及个人。在这个定义下，地方政府参与外事活动属于中央领导下的范畴。苏长和（2008）认为，对于中国这样的超大国家，地方具有大外交、大外事工作中不可忽略的天然属性。在中国，地方外事是以中央为领导、在中央指导下的外交活动，与其他国家存在的完全自主的平行外交有所区别。

作为中央集权制度国家，中华人民共和国成立以来，总体上呈现中央集权的外交转向多层次、多领域的外交（陈玉刚，2010）。从央地关系的角度看，中国的地方外事活动分为地方政府作为中央政府代理人和作为中央政府的合作伙伴两种（陈志敏，2010）。相比而言，前一种模式下，地方政府更直接地在具体事务上受中央的领导，基本没有自主性；后者则更具有自主性和灵活性，存在地方政府的对外交往活动影响中央的决策的可能。

陈翔（2016）认为，地方外事活动的特点在于主体为地方政府，目标为非政治性和去安全化，方式灵活、有弹性。而地方政府作为代理人和合作伙伴，能够配合国家总体外交，弥补国家外交的空白，并实现自身发展，还能提升地方的国际影响力，促进区域和次区域整合。中国的地方外事发展是一个渐进的过程，体现了有差异性的选择性参与、全方位和多领域发展（李明明，2010）。中国的周边国家多达29个，9个边境省份或自治区与至少一个国家接邻。中华人民共和国成立以来，趋于和平的中国与邻国关系也使地方周边外交呈上升趋势（苏长和，2010）。

从中华人民共和国成立到1978年改革开放期间，新中国的外交权由中央政府统一行使，地方仅在中央的指导和授权下从事与本地区相关的经济文化事务（陈翔，2016）。这一时期的地方政府在相对封闭的体制下缺乏开展对外交往的积极性（何军明，2020）。从改革开放后到20世纪末，在全球化不断发展的背景下，中国的对外开放从沿海省份延伸到内陆省份，发展出了大湄公河次区域合作机制等区域性合作的外交活动。云南就是在这一时期成为周边外交、次区域合作中的"重要力量"（任远喆，2017）。这一时期中央政府开始推动分权让利，放松对地方政府的束缚；在国际体系要求国内全面平衡地对外开放、国内发展策略调整的背景下，地方政府具有对外交流、实现自身发展的主动性（苏长和，2008）。

自改革开放以来，中国与周边各国不断发展双边、多边外交关系。中国创造了"多层多边外交"的新形式，使边境省份的地方政府成为对外活动中的重要主体。李明明（2010）指出，中国在传统上重视和周边国家的双边交往，直到20世纪90年代后，开始重视多边外交。这是全球化背景下各地区区域主义发展的趋势，也成为促进云南等边境省份周边外交和平行外交发展的大背景。21世纪以来，中国的外交系统更加开放，使地方在对外事务上有了更多可能，在全球化背景下，更有可能以省市身份影响重大的外交事务（陈楠，2018）。1998年中国外交部成立外事管理司，标志着地方政府对外交往制度化的开始（何军明，2020）。此外，地方外事的发展对中央政府外交政策的形成也有促进作用，其海外联系的战略意义和地方政府负责人的政治能力都是重要因素（王存刚，2012）。2012年党的十八大召开至今，人类命运共同体和"一带一路"倡议成为地方开展对外交往的重要主题（黄忠，唐小松，2016）。"一带一路"倡议重点指向"低政治"的经济领域，中央政府也将进行资源和权力分配的调整，国内相应经济结构的调整将有利于地方政府通过"一带一路"实现地方发展，带来新的机遇（王明进，2018）。而"一带一路"建设中，中国更加全面地推进各地区的对外开放，对西南、沿海、东北、西北等各地区有更明确的战略分工（任远喆，2017）。

二 云南省外事工作发展的现状

中国的周边外交和地方外事紧密结合，地方在中央领导下开展的对外活动有利于充分发挥地方优势，协助中央更好地实现外交目标（杨勇，2007）。边疆地区作为中国周边外交的"桥头堡"，具有地缘优势、人文优势（王明进，2018）。就云南而言，地处中国西南边陲，同越南、老挝、缅甸三国的边境线达4061千米，且和东南亚各国有民族、文化上的接近性（赵卫华，金东黎，2014）。经济上的互补性也使云南省开展对外活动成为可能，东南亚地区自然资源丰富，有丰富的矿产，而中国主要出口到东南亚的是服装、机电等产品（金东黎，2015）。

1984年，云南获准开放边境地区的贸易，到1992年已有27个边境地区成为边境贸易点。20世纪90年代以来，云南举办了多种国际交流活动，"中国昆明进出口商品交易会""南亚东南亚国家商品展""六国艺术节"等活动都成为云南进行对外交往活动的舞台（牛飞，牛嘉，2011）。2000年，中央政府提出西部大开发战略后，云南成为重要的战略支点，2011年，国务院印发《支持云南省加快建设面向西南开放重要桥头堡的意见》（任远喆，2017）。云南与多国接邻、边境线长的特点，使云南省内多个城市都具有开展平行外交的潜能。瑞丽、腾冲、文山等城市，能够扮演跨境/边境经济合作区的角色，或成为对接国内、国际市场的枢纽（陈维，2017）。德宏州曾在2015年举办"中缅瑞丽—木姐跨境经济合作区国际研讨会"、首届"跨喜马拉雅地区发展论坛"，以"中缅边境经济贸易中心"为定位，促进边境贸易转型升级。这些对外交流活动促进了区域各方的良性互动（任远喆，2017）。畹町、瑞丽、河口、临沧等城市也陆续成为经济合作区，成为向东盟国家开放的前沿（杨祥章，2018）。

大湄公河次区域经济合作机制是云南省参与东南亚周边外交的主要平台，云南省也是GMS机制中中国的主要参与者、执行者，甚至是半决策者。中国西南省份参与区域经济合作较沿海省份更晚，但在沿边地区中最为成熟、制度化最完善。GMS机制是中国地方政府参与次区域经济合作的典范（王立军，2012）。20世纪末，在亚洲开发银行的推动下，GMS逐渐形成。20世纪90年代初，亚洲开发银行将中国、柬埔寨、老挝、缅甸、泰国、越南这6个国家划定为"大湄公河次区域"。云南省作为湄公河的上游区域，省内湄公河流域面积比例大，在交通和战略位置上都有重要的地缘价值。1992年，经亚洲开发银行倡议，6个成员国成立了大湄公河次区域经济合作机制。陈迪宇（2008）认为，GMS成立前两个月，一次亚洲开发银行到云南省的访问助推了GMS的成立，云南省自身的发展条件和战略位置以及中央政府的推动，使GMS最终落地。

GMS机制下，分为元首峰会、部长级会议、司局级高官会议、省长论坛和工作小组等会议和机构，亚行总部秘书处的湄公局负责GMS的日常事务（陈迪宇，2008）。中央政府和云南省对GMS的参与是一个渐进和不断调整的过程。随着中国省级政府开展外事活动的不断深入、GMS自身运行体现出实效，中国在1997年亚洲金融危机后，反而越发重视和支持GMS的发展，并促进云南省参与GMS活动更加有保障（陈迪宇，2008）、具有主动性。2002年，GMS第一次领导人会议《联合宣言》促使中国和东盟领导人在当年同意将GMS纳入双边关系框架，并定位为双方自贸区的先行示范区，使GMS具有国家层面的合法性。此外，中央政府还为次区域各国提供了减免债务等政策支持，提供资金、技术等。2003年，时任中国国务院副总理曾培炎在东盟—湄公河流域开发合作第五次部长级会议上指出，中国云南省是中国参与东盟—湄公河流域开发合作的主体，这体现了中国政府对云南在GMS中"半决策者"地位的认可。通过已有的次区域合作机制，云南省作为次国家参与主体的地位得到制度化（苏长和，2010）。

三 云南—东盟的合作

1991年以来，中国—东盟合作框架成为中国与东盟国家开展合作的重要舞台。中国—东盟关系也有三个发展阶段，分别是1991—2003年的被动阶段、2004—2013年的主动阶段和2014年至今的央地协力加速阶段（杨祥章，2018）。在发展期间，云南省主动作为，与次区域国家相关地区陆续成立了"云南—老北合作工作组""云南—泰北合作工作组""滇越边境五省协作会议"等机制。在中国—东盟自由贸易区建成的基础上,云南促成了通往东南亚、南亚三条国际通道的发展,包括东线、中线、西线,涵盖铁路、高速公路和航线、港口,为中国—东盟框架下的贸易往来提供便利(赵卫华,金东黎,2014)。云南还成为中国第一个面向周边国家设立省级政府留学生奖学金的省份,促进了中国—东盟框架下的人文交流和人才培养(杨祥章,2018)。

在多部委联合发布的《推动共建丝绸之路经济带和21世纪海上丝绸之路的愿景与行动》中,将云南省的发展目标描述为"打造大湄公河次区域经济合作新高地,建设成为面向南亚、东南亚的辐射中心"。在中国—东盟框架下,云南省还触及了政治互信和安全领域的对外活动,承接中央政府的外交需求(杨祥章,2018)。如云南省积极支持边境安全事业,参与禁毒、罂粟替代种植工作,先后成立管理机构,通过商务厅等部门,为此类工作提供政策和资金支持。此外,云南还在缅甸政府、军方、少数民族武装组织会谈中承担工作,配合中央的宏观策略,助力边境安全发展。

统而言之,正如前文所言,以中国地方政府对外活动为样本的"平行外交"研究成果较少,且大多以"地方外事"为题,更多围绕现实操作中的具体措施,具有较强的实证主义色彩,理论化工作不足,关注政策效果而非过程所蕴含的理念依据。除"地方外交"外,还有部分学者采取小切口,关注"公共外交""城市外交"等课题,在诸如文化外宣、城市建设等更具针对性的情境领域中研究地方政府对外行为的动力因素、开展途径与发挥效用。这一现象要归因于中国政治体制中垂直结构的特殊性。中国央地关系严格,央地分权需在行政实体法权力配置的框架内,在中央授权的前提下,进行纵向度的行政分权,且并不包括立法权和司法权。地方政府事权分为地方自主事权与中央委托事权,且在根本上离不开中央政府的授意或默许,自主性相对较弱,外交领域的试水更是谨慎揣度。

第五节　已有研究的局限性

自 20 世纪 70 年代产生以来，平行外交理论与经验研究逐渐提供了一个揭示地方政府外交议程的视角。伴随这一趋势，平行外交的研究者群体走向多元化：平行外交研究不再局限于北美（北美学者更倾向于关注联邦国家），而逐渐吸引来自世界各地的学者。同时，平行外交研究的地理范围也进一步扩展到了单一制中央集权国家。即使如此，在仔细审视大量的平行外交研究之后，我们仍然可以发现一些局限性。

第一，在国际关系领域，与非国家行为体相比，省级政府的外事工作依然处于较为边缘的位置，至今很少受到关注。实际上，平行外交研究的兴起是以民族国家地位下降，非国家利益相关者在世界政治中大量涌现为背景的。但是，地方政府在对外事务中的作用并未在国际关系与外交学领域被充分研究（Cornago，2012）。究其原因有四：一是国际主义者对地方政府走上国际舞台所产生的影响缺乏研究兴趣；二是假定地方政府对世界政治的影响很小，因此不够重要；三是怀疑地方政府对全球化进程的影响程度；四是因为"与其他国际关系相比，这些微观的外交关系缺乏魅力、影响力，以及重要性"（Rutan，1988）。在中国学术界也是如此。虽然有大量的优秀研究揭示了中国一些非中央政府行为体的外交参与，但省级政府的国际行为还没有得到应有的关注，其原因可能是基于两个错误的判断。其一，省级政府在国际关系中的价值产出是非常有限的，甚至可以忽略不计。其二，谈论中国的地方对外活动可能会引起政治上的争议。因此，本书希望重拾外交体系中的地方视角，解释它们的重要意义以及阐释此重要意义的科学路径。

第二，在与地方政府对外活动有关的研究中，一直缺乏对非西方国家的平行外交的研究。如前文所述，学术界对平行外交的兴趣始于 20 世纪 70 年代，受到美国"新联邦主义"和加拿大的分离主义运动的时代影响，主要集中于北美案例。伴随欧洲一体化，平行外交研究的地理范围扩展到欧洲国家，探索一体化之下次国家行为体如何走出民族国家的传统边界，推动超国家的建构与演化。直到20世纪90年代，非西方国家的平行外交才得到了一定的关注，主要作品讨论了日本（Jain，2006）、印度（Mattoo, Jacob, 2009；Jha, 2014；Jacob, 2016）和俄罗斯（Albina, 2010；Kuznetsov, 2014；Joenniemi, Sergunin, 2014）的次国家政府外交议程。然而，西方国家的次国家政府外部互动仍然是平行外交领域的主角。可以说，近十年来，魁北克（Lecours, 2010）、苏格兰（Jeffery, 2010）、巴伐利亚（Nagel, 2010）和佛兰德斯（Criekemans, 2010）等西方次国家地区构成了理论创新的经验基础。

第三，单一制中央集权国家的平行外交还没有得到详尽的探讨。近十年来，学者们的兴趣已经转移到了一些中央集权国家（Cornago, 2000；Cheung, Tang, 2001；Chen, 2005；Jain, 2006）。有学者甚至呼吁，不要仅仅通过粗略地看一个国家的宪法来判断该国是否存在平行外交活动，而是要观察那些地方政府的行动特点与逻辑（Hocking, 1999；Michelmann, 2009）。即便如此，笔者认为，与有关联邦国家的平行外交文献相比，对单一制背景国家的平行外交的关注依然稀少。这种体制忽视是由于研究者长期以来认为，在西方联邦（或类似联邦）体制的国家中，平行外交现象更容易被观察与分析（Kincaid, 1990；Elazar, 1997）。这是因为"地方选举的官员及其工作人员在国内事务中拥有相当程度的司法自主权，现在他们倾向于将这种自主权扩大到与之密切相关的国际问题上"（Duchacek, 1990）。这种认知偏好的直接后果之一就是对中央集权体制背景下日益增长的地方因素的忽视。从宪法角度看，中国外交政策制定权是高度集中的，从而地方政府的对外角色和意义很少被深入挖掘。本书通过研究中国省级政府的对外举措，希望能展现外事活动中地方逻辑与地方身份的形成。通过整合平行外交分析工具中的一般性维度，本书期望寻找出一条展现外事工作"地方性"的路径与方法。

第四，虽然关于中国地方政府对外活动的研究逐渐兴起，并产出一些优秀作品，但这些研究往往是以中央和省份的央地关系为背景，缺少探究省级政府自身的国际能动性如何生成，以及其外交自主性的一系列基本特征。因为中国各省份传统上仅负责部分外事接待和管理，目前的研究倾向于将省级政府作为中央的代理或合作伙伴。通过对国际行为体的理论分析，本书旨在通过对中国省级政府国际行为的探讨，研究省级政府在外事活动中的国际身份建构与行为逻辑。它们如何追求其外部利益，形成其外部能力，建构其外部认同？

第五，目前关于中国省级政府对外议程的研究存在一定地理偏好。从20世纪90年代初开始，国际学术界的焦点一直锁定在沿海地区，其他地区就像一大片未开发的土地，几乎被忽视。例如，经常被引用的案例包括广东在1997年之前与香港的经济联系（Jones, King, Klein, 1993; Goodman, Feng, 1994），上海市政府在促进中美关系方面的作用（Lampton, 2001; Zhu, 2005），福建如何与"大中华"建立联系（Long, 1994），山东和辽宁在促进中韩关系正常化方面的努力（Kim, 2007），以及上海利用国际场合来提高其形象（王欣，2013）。导致此地理偏好的原因有两个方面。一是改革开放政策最初是在这些省份中实行的，这反过来又为他们提供了更多与全球化市场接触的机会，推动其深化与外部世界的互动。二是沿海地区的开放会使研究者更容易获取研究数据。近年来，尽管出版了一些研究中国"非传统"省份的平行外交著作，但这些著作的数量与中国沿海省份的文献相比仍然稀少（例如，Clarke, 2003; Mackerras, Clarke, 2009; Mackerras, 2015; Colin, 2014）。不可否认的是，自20世纪90年代初以来，中国边境省份被中央政府授予更大的对外事务权力，在跨境合作方面变得更加积极。本书关注中国的非沿海省份的外交属性、经验与特质，并建构一个分析框架，将其应用于分析云南省的国际活动。

第六节 小结：省级外事工作的再认识

本章的一个核心任务就是去解答，我们为什么需要认识中国省级政府的对外交往活动？泛而言之，因为这关乎中国的现代化发展道路，关乎外交现代化的内在逻辑。外交现代化不仅仅需要纵向分工，还需要横向协调，不仅仅有赖于中央与各专业性部门的功能细分与统一性建构，还依托于地方角色自身对外能动性的建立与运用。自上而下的控制与地方遵从无法体现外交现代性的内质。现代性是对细微个体的重新构建，现代化外交包括对地方个体性的承认与赋权。在此构建中，细微个体获得了更大的自由与自我，地方政府获得了更开阔的对外活动空间与更强的国际化能力。在地方的国际关系行为体身份获得实现的同时，国家的大外交也得以更有效地推动，国家意志得到巩固。这就构成外交现代化内在的互动特征。因此，外交现代性不仅仅意味着对外系统的理性化、官僚化、职业化与专业化，还是一种主体间性的实践。而且，省级政府在国际舞台上的表现与"个性"不仅仅是央地关系的主体间产物，还涉及国内各地方同行之间的主体间竞争与协调。

既然我们将地方政府视为现代外交中的一个重要角色，那么就需要将其内在的主体性、能动性与自主性机制解剖展示给读者。在国际关系领域，平行外交的研究范式最为强调次国家行为体的国际能动性，最为突出自下而上视角的重要与不可或缺。在如今越来越系统化的整体外交中，平行外交研究范式承认地方层次具有自身的外部活力，这种活力是由不同次国家角色的"性格"、偏好与盘算所构成。对地方政府类人化的叙事可以帮助人们去捕捉"轻灵"外交中的那些微妙的片段与细节，从而勾勒出一个更加完整、缜密的整体画面。

关于平行外交的学术研究，可以分为三个重要时期。从20世纪70年代至今，平行外交活动的频率和范围在成倍增加与扩大。本章也讨论了目前平行外交研究存在的诸多问题,比如缺少对单一制国家的认识。那么,平行外交既然是一门可以帮助人们深入认识地方外交能动性、"从地方认识地方"的学问,我们可不可以将其用于研究中国的次国家政府?去理解在单一制国家中边境省份是否具有作为国际关系参与者的所有特征?为了回答"怎么办"的问题,下一章尝试建立一个恰当的分析框架来探索中国边境省份的国际行为体属性。

第三章
地方外事的比较视野与分析框架

　　本章探讨地方外事的分析思路与框架，从而形成后续篇章中实证分析的逻辑支点。虽然近年来一些研究试图论证中国的"平行外交"现象，但是将诞生于西方政治体系的平行外交概念套用于中国外交的分析是不完全合理的。换言之，鉴于中国的政治结构特征，多中心化的平行外交概念并不完全适用于中国。但与此同时，平行外交理论对于外交系统中地方角色的理论关注与方法论启示的确有助于我们形成对于地方外事工作的分析思路。目前学术界采用的分析框架缺少对地方政府的国际行为体属性全貌的呈现，并且不太适用于跨境平行外交。因此，本章将通过对平行外交理论的批判性分析与改造，以建立一个有别于传统理论且涵盖了中国政治体制特征的分析思路。进而，本书通过结构性与施动性条件两个分析面向来研究中国边境省份云南省的国际行为体属性。施动性条件又是基于三种资本类型（经济资本、社会资本与符号资本）的构架，由平行外交和行为体属性的理论与实证研究推导而出。这两个基本面向构成了本书的分析结构。

　　本章首先通过对平行外交理论的批判性回顾，从而形成一个针对地方外事工作的一般性分析框架。如果中国地方外事具备一般性的识别特征，那么我们获取省级政府外事活动的能动性知识的时候是否可以甄别其特殊性或"中国性"？理解特殊性，就需要我们对不同国别地方外事工作的模式比较，进而引导在后续篇章中的实证分析与经验提升。为此，本章的后半部分主要针对不同国家外交中的央地关系进行讨论。从而，在本章的框架之下，本书的研究工作从理论到经验，再从经验的饱和反哺理论，在如此循证过程中捕捉省级政府开展对外活动的全球性与中国性，拼补中国外交的全貌。

第一节　地方视角的一般性框架

无论是联邦制还是单一制，现有平行外交研究缺乏一个可以帮助人们理解地方政府的国际行为体属性的一般性分析框架。只有设置一个一般性框架，然后应用于个别案例，才可以知道个别案例是否适用于一般性框架。因此，本节首先对平行外交理论进行批判性反思，进而超越平行外交理论的适用局限，尝试发展一个针对地方外事工作的一般性分析框架。安德烈·勒库斯指出，"平行外交研究缺乏一个可以作为一般解释框架的基础理论视角"（André Lecours, 2002）。这一理论与分析框架的贫乏也引起了许多其他平行外交学者的关注。平行外交研究"要么没有理论框架，要么使用完全不同的框架，因此很难系统地得出一般性结论"来全方位地考察次国家角色的国际行为体属性（Joachim Blatter 等, 2008）。亚历山大·库兹涅佐夫将解释性框架的缺失归因于平行外交的多维性质与多种方式使综合应用复杂化（Alexander Kuznetsov, 2014）。

即便如此，部分平行外交学者仍然尝试提供一些分析框架（Duchacek, 1990; Soldatos, 1990; Cohn, Smith, 1996; Keating, 1999; Hocking, 1999; Lecours, 2002）。但是，在这些框架中，没有一个框架可以普遍适用于不同类型的政治体制。因此，笔者引入国际行为体属性理论，以帮助我们超越平行外交的认知局限。笔者进而结合政治社会学理论，回归一种极简的一般性分析结构，以更好地服务于对不同体制下地方政府国际行为的分析。

从国际法的角度来看,"法人资格的实现与行为上的行为人之间没有必然的对应关系"(Bretherton, Vogler, 2006)。例如,一个弱国在国际舞台上可能是一个微不足道的角色,但仍然具有法人资格,而强大的超国家组织,如欧盟和东南亚国家联盟(ASEAN)等则难以在法律上得到主权承认,但它们在许多国际和地区组织中都有代表,向许多第三国派驻代表团,并在联合国中享有观察员地位(Kratochvíl, 2013)。

在早期的国际关系文献中,对行为体属性的分析相当于回答谁可以被认为是国际参与者的问题。换句话说,国际关系理论学者的首要任务可能是决定要研究什么。自20世纪70年代以来,一些国际关系学者一直热衷于调查自越南战争以来,在美国的经济和军事优势一直受到质疑背景下的欧盟的行为逻辑与策略(Sjöstedt, 1977; Rosenau, 1990; Hocking, Smith, 1990)。例如,贡纳尔·舍斯泰特在分析欧洲共同体的外部角色时提出了行为体属性的两个方面:自主性和能力(Gunnar Sjöstedt, 1977)。对于舍斯泰特来说,这两个维度对于判断一个政治或经济实体是否是国际行为者至关重要。然而,这种行为体属性的框架过于简单化且没有明确定义。比如,一个可以实施孤立主义外交政策的、自主且有能力的行为体是否构成一个完整的国际行为体呢?对此,学界尚无定论。就能力而言,纵观历史,我们看到能力较弱的国家对世界政治产生了相当大的影响,难道我们可以说一个作为搭便车者或追随者的国家不是国际参与者吗?对于将自主性作为地方政府行为体属性的基本维度,我们还需要三思而后行。尽管地方政府有一系列策略来回避国家政策并让国际社会听到他们的声音,但是大多数地方行为体并非完全不受中央权力的严格约束。那么,我们是否可以仅仅因为地方政府没有政治自主权就否认地方政府的国际角色呢?

从20世纪90年代初开始,冷战的突然结束和东欧的冲突促使更多学者分析欧盟的行为体属性,来观察它是否可以为地区稳定做出贡献。在这方面的研究中,大卫·艾伦(David Allen)和米歇尔·史密斯

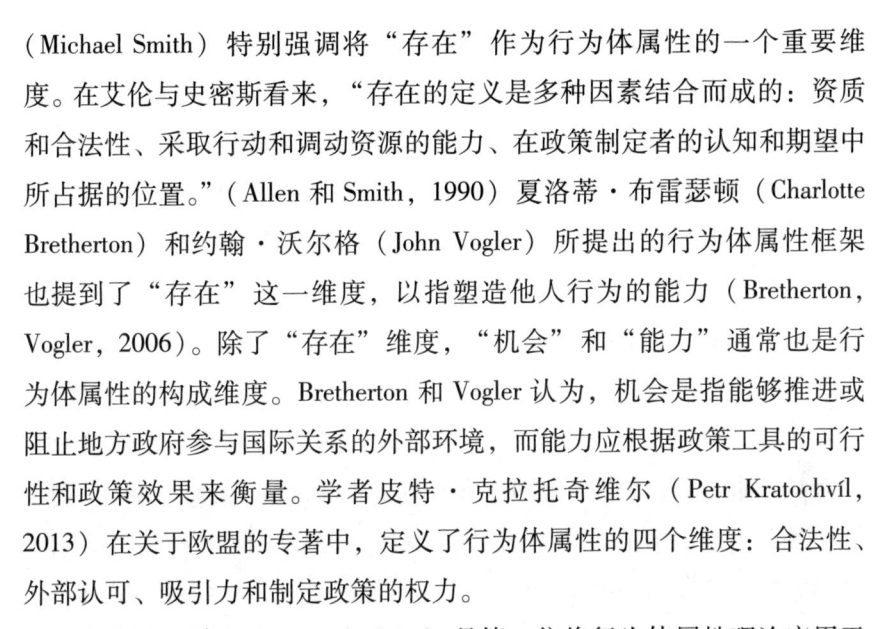

(Michael Smith)特别强调将"存在"作为行为体属性的一个重要维度。在艾伦与史密斯看来,"存在的定义是多种因素结合而成的:资质和合法性、采取行动和调动资源的能力、在政策制定者的认知和期望中所占据的位置。"(Allen 和 Smith,1990)夏洛蒂·布雷瑟顿(Charlotte Bretherton)和约翰·沃尔格(John Vogler)所提出的行为体属性框架也提到了"存在"这一维度,以指塑造他人行为的能力(Bretherton,Vogler,2006)。除了"存在"维度,"机会"和"能力"通常也是行为体属性的构成维度。Bretherton 和 Vogler 认为,机会是指能够推进或阻止地方政府参与国际关系的外部环境,而能力应根据政策工具的可行性和政策效果来衡量。学者皮特·克拉托奇维尔(Petr Kratochvíl,2013)在关于欧盟的专著中,定义了行为体属性的四个维度:合法性、外部认可、吸引力和制定政策的权力。

布莱恩·霍金(Brian Hocking)是第一位将行为体属性理论应用于地方政府分析的平行外交学者。他于1999年发表的论文中提出了一个由5个维度构成的框架:动机、参与程度、资源、参与水平和策略。对于霍金来说,地方政府参与国际关系的动机应当从国内外两方面来追溯;参与程度表示地方政府的国际介入程度、其外部参与的方向,以及追求国际利益的机会。实现这两个标准的前提条件是资源,拥有资源相当于地方政府具备在国际上采取行动的基础能力。第四个维度是指地方政府为了更好地服务于外部利益而决定参与国际互动的水平。最后,霍金将地方外交策略分为两种类型:首要策略和调解策略。前者指地方政府主动创造与外国合作伙伴的互动,而后者意味着他们依靠国家制定符合其当地利益的对外政策。

在分析法国普罗旺斯—阿尔卑斯—蓝色海岸大区(简称"普阿蓝大区")的国际角色时,曼努埃尔·杜兰(Manuel Duran)继续列出了探索地方政府行为体属性的4个维度:权威、承认、自主性和机遇。杜兰详细解释了每个维度:权威指上级机构授予普阿蓝大区参与国际关系的法律地位与能力。承认包括外部承认(其他国际行为体对 PACA 的国际角色的身份认可）以及内部承认（地方政府对自身国际属性的认同）。自主性是指凭借自身意志进行外交活动并实现目的的能力，而机遇是指使该地区能够开展国际活动的外部环境。（杜兰，2011）

通过这一思维框架分析，杜兰认为普阿蓝大区应被视为国际关系行为体。当法国政府允许普阿蓝大区参与到与其他国家或区域的国际互动中时，权威维度就显现出来。承认维度的实现由两方面构成：一方面，普阿蓝大区被授予缔结国际协议的权利，特别是在管理与地中海地区的关系方面获得国际认可；另一方面，普阿蓝大区在组织内部也被理解为一个国际行为体。当普阿蓝大区建立了自己的外交事务机构——国际关系和欧洲事务局，来处理其对欧洲和地中海事务的参与时，第三个维度自主性就得到了满足。因为该地区的跨境行为是在一些内外机遇条件下而展开的，如参与一些地区性组织（如地区委员会）与跨国合作框架（如欧洲领土合作）、建立地理伙伴关系（如欧洲——地中海伙伴关系）等，因此也就满足了最后一项属性要求，即机遇的获得。

但是，杜兰的框架仍然存在一些概念上的缺陷。首先，就其定义而言，权威和自主性之间存在明显的重叠，因为地方政府的自主性最终是以国家授权为条件，因此地方行为体的自主性是在权威构建的结构上生成的。其次，机遇维度的复杂性还没有得到充分分析。目前的研究主要关注地方政府参与国际机构是否以及如何促进其平行外交活动，忽略了总体地区环境和国家层面的外交对平行外交发展的影响。基于这些问题，最近的一些研究结合平行外交的概念和行为体属性理论，发展了包含4个维度的一般性分析框架（Liu，Song，2021）。这4个维度分别是动机（涉及一个地方政府为什么有参与跨境活动的意愿），机会（指来自外部环境的机会，直接或间接促进地方政府成为国际关系行为体），能力（指地方政府在激励外国与其合作方面的优势与能力）与存在（涉及第三方对地方政府作为国际行为体的外部和内部承认）。相比于这一四维框架，过去的框架未能全面展现地方政府国际行为体属性的复杂性。例如，彼得·布尔森（Peter Bursens）和贾娜·迪福奇（Jana

Deforche）采用历史制度主义的概念，运用"关键时刻"、路径依赖和"锁定"等概念视角来研究比利时的平行外交，并据此提出了一个框架（Bursens，Deforche，2010），尽管如此，这个框架只能用来解释地方外交能力的演变。安德烈·勒库斯也提出了一个基于历史制度主义的框架，但只解释了次区域政府对平行外交活动的选择（Lecours，2002）。

此外，早期框架中经常出现维度间的重叠问题。比如，伊沃·杜查克（Ivo Duchacek）1990年的研究框架维度包含外交行为的路径和尺度。其中，路径维度包括在国外设立常设办事处、访问、短期实地调研、商业演出等多种实践途径；在参与尺度这一维度，杜查克将所有的外交活动分为跨国活动、跨区域活动和全球活动。但事实上，地方政府的外交形式选择必然与其外交运作的尺度大小相互关联，形成一个整体策略。如何处理维度间的关系，进行差别化分析是一个难点。另一个例子是西奥多·科恩（Theodore Cohn）和帕特里克·史密斯（Patrick Smith）于1996年提出的框架。他们主要关注地方行为体如何以及与"谁"（国际、国家、省、州和城市行为体）进行平行外交的问题。但是，框架所论述的问题有时相互重叠，难以形成清晰的层次而推进讨论的深入。布莱恩·霍金在1999年的研究中提出的框架也是如此，他建议通过三个要素来检验所有地方政府的平行外交：范围、水平和策略。但三要素的实际内涵存在部分重叠。相比之下，"动机—机会—能力—存在"框架的四个维度相互关联但不重复，保证了分析框架的清晰性、连贯性、周密性和条理性，是对以往框架的一种发展与完善。

另外，现有的框架主要基于一般的平行外交活动，并没有考虑到边境省份对外交往的全部特征。亚历山大·库兹涅佐夫的框架是比较全面的框架之一，涉及六个关键维度（Kuznetsov，2014）。但是，它不能直接应用于跨境平行外交。例如，在解释平行外交对国家外交政策的影响时，库兹涅佐夫提供了三个潜在的结果：国家外交政策的合理化、外交决策过程的民主化以及国家主权的瓦解。边境民族地区与其他国家的平行外交有时会冲击国家主权安全。但是，边境地区自主开展的跨境外交长期在国家外交体系中处于边缘地位，因此其影响是否可以重塑国家外交依然是一个问题（Keating，1999）。因此，一个更为一般性的平行外交框架应当比库兹涅佐夫的框架的包容性更好，可以容纳处于相对边缘地位的边境次国家行为体的外交行为。

笔者在现有框架基础上，结合政治社会学理论，试图提出一个更为完善的一般性理论框架。当我们谈到主体能动性的时候，一般会从两个角度进行分析。一个是制约下的能动，即结构性角度，另一个是主体自身的动机与能力，即施动性角度。二者共同构成了主体能动性的基本条件。笔者将这两个基本条件描述为结构性条件与施动性条件。结构性条件指的是构成使能或制约条件的结构性因素，包括外部环境以及构成外部环境的那些关系的变化，比如国际秩序、地区制度、贸易规则等。笔者认同结构是一种实在，可以传递物质或观念，从而塑造了个体的行为模式。施动性条件指的是行为体按照"我的想法"在其所处的结构环境下发挥作用而制造变化的可能性。在国际关系中，一切国家与次国家行为体的行为都是结构性的，即利用其环境结构而产生变化，但这一"可被利用的"社会、政治或国际秩序结构只有通过行动者的行动才能被再生产出来，因此一切结构性条件又必须沉落于个体层面才能起到制约或能使作用。权力结构是实在的，但其实在性相比于个体特性不一定具有优先地位。因为在平行外交层面，国际与国内环境的结构性变化影响只能最终通过次国家行为体的国际互动体现出来，因此，笔者提出的结构性条件同时更接近于一种被构造的分析概念。

为了进一步将"施动—结构"分析与已有分析维度相结合，我们需要超越简单的"平行/等级"的二元观念，而将地方外事空间视为是一个实践场所。在这一场域，无论是国际结构环境、国内结构环境还是地方行为体自身的主体特性以及其所处的地位，都是作为外交本体实践的一种表现形式。地方外事场域是地方外事实践的网络或构型，进而决定处在其间的活动实体。为什么我们把结构也包含在场域之内？因为结构视角往往存在滑向等级制的天然基因，容易强调强国、国家或主导者的作用而在此结构偏好下预先设定一种可能的地方行为逻辑。但场域不做此假设,场域允许多种多样的国家与地方的关系形态出现,因此适合分析不同体制,不同规则下的地方外事活动。

我们将地方外事视为场域就需要解释"进入场域的实体如何行为"这一问题。对此,笔者部分借鉴社会学家布迪厄的资本概念,将处于地方外事场域中的地方政府的施动性条件拆解为三种资本构成形态。第一种是经济资本,指地方政府在激励外国与其合作方面的物质能力与实力以及制度性工具。第二种是社会文化资本,指地方政府通过当地社会的族群成员纽带与文化亲缘性等资源而调动起来的社会文化关系网络的规模。第三种是符号资本,指的是国家对地方政府国际关系行为体身份的许可,以及第三方对地方政府作为国际行为体的外部和内部承认。这三种资本形态构成的施动性条件只有在一定结构性条件下才可能最终构成次国家行为体的国际能动性。这是因为结构性条件所包含的各种国内外环境因素导致了地方政府对外活动的内在动机与外部机遇的形成。

笔者所建构的"结构—施动"框架是在国际行为体属性理论基础上,部分结合布迪厄的资本概念而形成的。这一框架融合了平行外交理论的现实主义与建构主义,一方面是能力与实力以及工具运用策略决定了地方政府进入外交场域后的行动方式与逻辑;另一方面对国际身份的追求与建构影响了地方政府的行为过程。没有物质性因素的结构化影响,地方政府行为体可能甚至无法形成完整的外交动机与充分的外部机遇。没有国家和国际社会对地方行为体的国际身份认同,地方政府也就最终无法完成自身的国际身份建构。因此,在基于国际关系行为体理论的"结构—施动"框架中,物质、制度与符号既是实在的,也是虚在的。如果不是被主权赋予了国际关系行动者的身份,如果没有第三方对其国际关系身份的承认,那么地方政府在外交场域的所有物质性努力,就没有被一种合适的符号所固定下来,就无法形成一种外交意义上的精神实在。

第二节 地方视角的比较范式

上节讨论了建构地方外事场域的一般性分析结构，本节比较不同的外事场域。与前文关于普遍性或一般性的讨论方式相近，笔者并不试图在本章给出关于中国省级外事场域"如何特殊"的答案，而是提供一个开放的思维框架，帮助读者在实证篇章的分析中辨析其特点。地方外事是一个全球现象，因此，对中国地方外事的认识需要放置在一个国际比较研究的视域之下。本节依然以平行外交作为一个切口，进而在比较视域下论证探索中国地方外事自身道路、提炼自身范式的必要性。

目前在西方学术界鲜有系统完整的平行外交国别比较研究。一般而言，人们会将平行外交分为合作式、竞争式与对抗式。其中，竞争式的平行外交关系在民主与联邦制国家是较为常见的。比如说，在新冠疫情暴发前期，纽约州与联邦政府就在公共卫生外交政策上产生了部分相异的做法，分别代表了民主党与共和党在公共卫生问题上的认识与策略偏好。两种偏好相互竞争，加剧了新冠疫情前期治理失序的混乱局面。在澳大利亚莫里森政府期间，维多利亚州政府在"一带一路"建设上表现出更为合作的积极态度，公开批评联邦政府对"一带一路"倡议的消极立场。面对自由党主导的联邦政府压力，工党主导的维多利亚州政府依然决定与中国政府于2019年10月签署了"一带一路"框架协议。但是，2020年12月，澳大利亚联邦议会通过了《外国关系法案》，规定了澳大利亚联邦政府有权否决州政府与外国签订协议的权力，并使用此权力撕毁了中国与维多利亚州政府签订的"一带一路"框架协议。

竞争式与对抗式平行外交并非两种截然不同的外交形式。竞争式平行外交可以是对同一立场的竞争与博弈，也可以是对相反立场的协商与辩论。当地方与国家的对外议程矛盾越来越大，就逐渐形成了平行外交的对抗态势。加拿大魁北克、西班牙巴斯克地区和加泰罗尼亚或俄罗斯

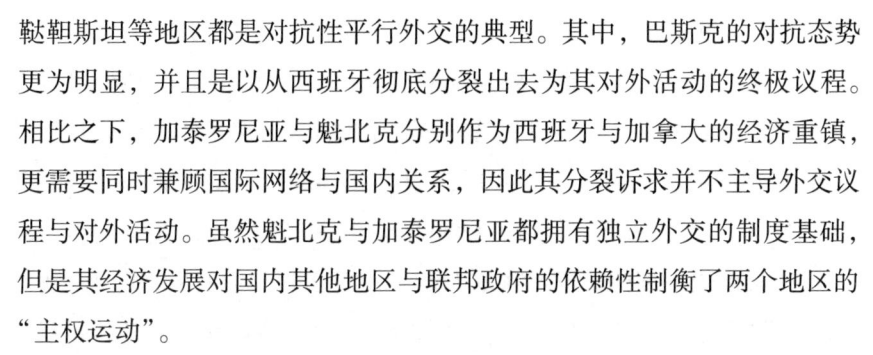

鞑靼斯坦等地区都是对抗性平行外交的典型。其中，巴斯克的对抗态势更为明显，并且是以从西班牙彻底分裂出去为其对外活动的终极议程。相比之下，加泰罗尼亚与魁北克分别作为西班牙与加拿大的经济重镇，更需要同时兼顾国际网络与国内关系，因此其分裂诉求并不主导外交议程与对外活动。虽然魁北克与加泰罗尼亚都拥有独立外交的制度基础，但是其经济发展对国内其他地区与联邦政府的依赖性制衡了两个地区的"主权运动"。

平行外交的形式也可以分为散装型与整肃型。散装式平行外交体系即缺少国家层面对地方外事活动的制度化管理，又缺少地方外事活动对国家对外战略的协同联动，所以形成一种松散、无规则、原子化的外交网络结构。比如，印度的平行外交进程不遵循任何特定逻辑，充满了混乱和偶然。印度松散的平行外交在很大程度上取决于在各邦地方领袖的性格特征与个人抱负，以及地方权势家族的政治经济利益。个人抱负与家族经营是推动如西孟加拉邦（由 Mamata Banerjee 领导）和古吉拉特邦（由 Narendra Modi 领导）对外议程的核心要素。因此，很难给印度这样散装式的平行外交系统制定统一的外交模式，也很难呈现出一种全国的共同特征贯穿所有邦级行为体。再比如，叙利亚北部的库尔德人的聚居区罗贾瓦。罗贾瓦的对外议程与叙利亚的国家议程无关，主要是为了库尔德民族独立，建立属于库尔德民族的国家。罗贾瓦的反恐战争受到了美国、法国、日本等很多国家的支持援助。受俄土关系影响，俄罗斯还在莫斯科开设了最高级别的罗贾瓦政府代表处，宣布与叙利亚库尔德人建立直接关系。这些都是罗贾瓦地区的独立外交议程，与叙利亚国家外交毫无关系，也几乎不受叙利亚国家政府制约，因此也反映了一种极为松散、各自为政的平行外交形式。

相比之下，俄罗斯可以看作是整肃型的代表国家之一，因为它的平行外交体系具有很强的联邦规制性，是平行外交理论中"合作协调"（cooperative-coordinated）与"合作联合"（cooperative-joint pattern）两种模式的结合。合作协调模式假设地方对国际关系的参与是在联邦政府正式或非正式的统一协调之下；合作联合模式假设平行外交的正式或非正式形式都需纳入国家整体外交政策（Soldatos, 1990）。这种联邦强规制的平行外交体系受到俄罗斯宪法和法律支撑。苏联解体前后以及整个20世纪90年代，各（前）加盟共和国与地方政府不受控制的发展自身外交关系的混乱局面给俄罗斯带来了长久与深刻的无政府主义阴影，使平行外交模式一度被俄罗斯默认为是一种潜在的"威胁"。然而，俄罗斯也逐渐意识到，如果可以巧妙地容纳地方直接或间接地参与到国家外交之中，那么平行外交的"威胁"可以转化成为一种良性资产。

除了上述分类，最近的研究还对次国家政府平行外交进行了新的类型学尝试。比如，学者豪尔赫·斯基亚沃吉（Jorge Schiavonji）将平行外交分为四种类型：第一种，排他制，即中央政府控制外交政策的制定和实施，且地方政府也没有宪法赋予的处理国际关系的权利；第二种，协商制，指当中央政府在制定和执行外交政策时需要咨询某些地方政府，即使地方政府在该领域没有明确的宪法赋予的权利；第三种，互补制，指虽然中央政府控制外交政策的制定和实施，但地方政府拥有宪法赋予的在某些政策领域处理国际关系的权利；第四种，包容制，指地方政府不仅在国际关系上拥有宪法赋予的权利，而且还参与国家外交政策的制定和实施（Schiavon, 2019）。从政治制度角度来看，这一分类主要是针对联邦制与分权制政体，但由于不同国家在具体的经济、政治、社会和法律制度运作上依然千差万别，因此它们在外交上也多有不同。目前所有的包容制案例都是工业化或后工业化的西方民主制国家，比如德国或加拿大。除了美国外，所有互补制案例都是在效仿西方民主制或探索自身民主制度过程中的发展中经济体，比如巴西或南非。排他制案例则主要包括高度集权主义的国家，与由于某些历史经历而压制了地方外交的发展，如普京治下的俄罗斯。

另外，四种类型的国家中，平行外交反映了一些微妙的内在差异。首先，就领域而言，在包容制、协商制与互补制案例中，地方政府在"低政治"领域（文化、教育、贸易、环境和边界问题）的对外自主权

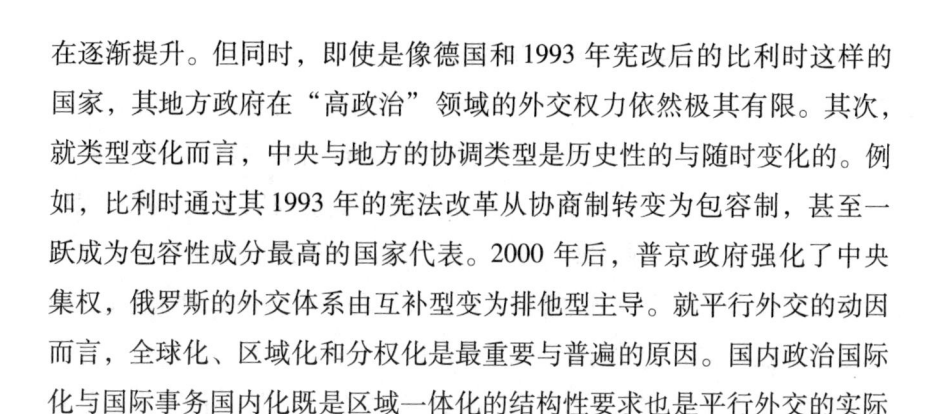

在逐渐提升。但同时,即使是像德国和1993年宪改后的比利时这样的国家,其地方政府在"高政治"领域的外交权力依然极其有限。其次,就类型变化而言,中央与地方的协调类型是历史性的与随时变化的。例如,比利时通过其1993年的宪法改革从协商制转变为包容制,甚至一跃成为包容性成分最高的国家代表。2000年后,普京政府强化了中央集权,俄罗斯的外交体系由互补型变为排他型主导。就平行外交的动因而言,全球化、区域化和分权化是最重要与普遍的原因。国内政治国际化与国际事务国内化既是区域一体化的结构性要求也是平行外交的实际需要。这构成了欧盟以及后来的东盟一体化过程中平行外交兴起的主要因素(Schiavon,2019)。

就机构建设而言,平行外交的机制与机构建设在排他制案例中非常有限。比如2000年后的俄罗斯一直缺少关于地方外事的正式机制,也缺少专门机构负责统筹协调。同样,印度在莫迪执政前也缺少对地方开展外事活动的宪法赋权与机构设立。机制与机构建设在协商制案例中也是比较有限,但在阿根廷、巴西、墨西哥、南非和美国等补充制案例中,平行外交的机制、机构建设是比较积极的。再者,就地方政府开展的国际活动而言,出国正式访问、举办国际展会和论坛以及参与全球和跨境地方合作是最基本与普遍的活动方式。但是,只有相对少数的互补制和包容制国家的地方政府在国外开设了常设外交代表处,更为少数的包容制案例国家(如比利时、加拿大和澳大利亚)的地方政府定期参加了联邦政府组织的驻外代表团。就结果而言,地方参与外交活动可以使外交政策合理化与民主化,但这种合理化的程度有时随着国家对地方的外交规制的趋紧而逐渐削弱。此外,所有的国家都将外交与外事领域区分开来,形成了"低政治"领域平行外交的持续活跃与"高政治"领域平行外交的选择性"出场"或基本缺席(Schiavon,2019)。

虽然前文的平行外交比较分析可以深化我们对于不同国家外交中地方角色的认识,但中国外交不能概括为一种传统意义上的平行外交,不能与上述各国并列为某种类别的平行外交。中国地方政府开展对外活动既非简单的包容制或排他制,也非典型的协商制与互补制,更非各地散装或央地对抗的模式。中国地方政府参与对外交往不是简单的排他型与统一型外交是因为改革开放之后中国发展了异常活跃的地方外事网络,并且这一网络还在不断地通过"一带一路"倡议与国家外交进行深度整合。中国地方政府参与对外交往也无法简单地归类为前文论及的某一种中间态类型是因为中国并非联邦制国家,但同时,中国的社会主义改革道路又在一定时期孕育出了"中国式联邦主义"的部分特点,导致在实际外交工作中地方功能不断加强。可以把"一带一路"倡议看作一辆流动的巨型列车,列车长是党中央,乘客是各式各样的利益攸关者,既有国家背景的,也有地方与非国家背景的。每一位乘客都有自己的个性、心思与愿望,但都希望乘坐这列巨型高速列车去达成远方的贸易、寻找新的商机、认识新的朋友。这是人类历史上前所未有的、超大规模的、地方联动的综合外交工程。

在中国各地方政府多种多样的对外活动与政策之中,是否可以提炼出某种可以称为中国地方外事的范式,以超越平行外交视角认知中国的局限性,以形成中国外交自身的现代性觉醒?进而,我们可以与现有的、以联邦制为主的比较平行外交理论形成对话,还可以丰富拓展现有的理论视阈。

第三节 小结:走向中国地方外事的道路自觉

传统的国际关系理论以国家作为最核心——尽管不是唯一的实体与对象进行研究。这种做法将"国家"进行实体化,压抑了其构成的动态过程中其他角色之间的互动关系,以及"国家行为"如何从这种主体间性的关系之中逐渐生成。因此,传统理论倾向于将国家"实体化",而忽视了构成此实体的关系性生产过程。这种国家实在论的分析

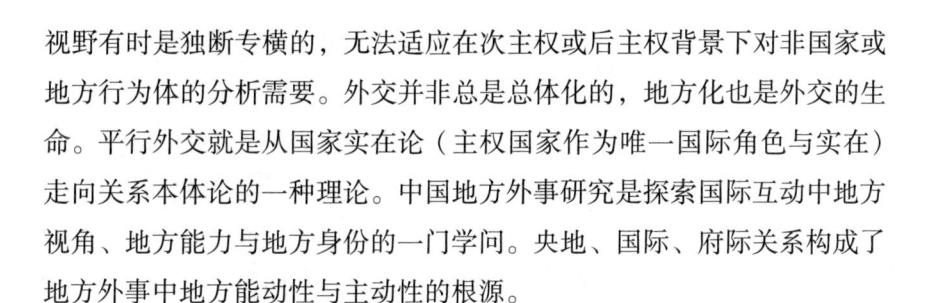

视野有时是独断专横的，无法适应在次主权或后主权背景下对非国家或地方行为体的分析需要。外交并非总是总体化的，地方化也是外交的生命。平行外交就是从国家实在论（主权国家作为唯一国际角色与实在）走向关系本体论的一种理论。中国地方外事研究是探索国际互动中地方视角、地方能力与地方身份的一门学问。央地、国际、府际关系构成了地方外事中地方能动性与主动性的根源。

民族国家的地位演变和国际政治中非国家行为体（尤其是地方政府）的角色变化导致了国家中心主义传统视角的弱化与非国家行为体在国际关系中地位的上升。民族国家不再被认为是绝对排他性的国际角色。但是，因为地方外事不像国家外交，缺少完整的国际规范，加之受制于主权结构，因此很多行为都是试验性的，摸着石头过河。国家开放权限就做，权限收回就无法开展。这个自主权各个国家不一样。但在中国外交体系中，地方自主权的大小也不是一成不变的。面对百年未有之大变局，地方在外事上越发谨慎，对外事务首先要看能否争取到中央的支持，或者如何将自身的对外项目与"一带一路"倡议挂钩，或形成地方版的"一带一路"建设，从而得到中央的认可与支持，为自身的对外发展赢得资源、争取空间。

平行外交是目前外交学理论中最重视地方主体性、最"自下而上"的理论，但同时平行外交理论又被其理论背景（西方联邦制）所束缚，而无法很好地阐释非西方非联邦制的那些国家——特别是，在单一制国家，边境省份是否具有作为国际关系参与者的特征？为了建立一个恰当的分析框架来探索中国边境省份的国际行为体属性，笔者将行为体属性理论、布迪厄的资本概念与平行外交并用，以全面展示地方政府进行对外交往的本质与逻辑。因此，最后，本章回归一种极简的"结构—施动"分析框架，并借此来验证中国地方政府在国际关系中的能动性与主动性。

只有当我们证明了中国外交也存在地方政府的主体能动性，我们才可以进一步探究这一能动性的呈现形态有什么具体特征？这就引发出本章对于特殊性的讨论。讨论特殊性实际上是将中国地方政府的外事工作放在一个更加全面科学的角度去审视。比较不同国家的平行外交经验，提炼升华出不同的外交范式，将为我们理解自身的外交实践提供一个全球的视野。这样我们才能通过本书后续篇章的实证分析形成有意义的中国视角或者中国范式。虽然中国体制下不存在整体上的平行外交，但平行外交给我们提供了挖掘国际关系中"地方性"的思想空间。如果仅仅根据中国自身的地方发展历程去得出所谓"中国范式"，那就犯了"中国不能还是凭着《甄嬛传》和《武媚娘》来和现代世界相处"的毛病（唐世平，2022）。因此，本章借鉴同行研究并通过几种分类法对全球平行外交进行了比较分析，向读者奉上一幅全球图谱。但是，本章没有试图在此图谱中标明中国省级外事工作的特性，而是希望在与读者一同探索云南等地方省份的对外工作之后，再形成关于中国省级外事工作的一些基本共识。

  本书将围绕本章的理论脉络，用随后的三个章节进行实证分析，以呈现地方开展外事活动能动性的构成机制与运行逻辑。第四章将论述中国平行外交的结构性条件，从而帮助读者了解省级政府对外事务的"内面"（内在动机的形成）与"外面"（外部机遇的获得）。第五章聚焦施动性条件的分析。笔者通过不同资本形态的视角剖析地方政府如何在外交场域中开展行动，结合自身资源与利益施展手段、发挥作用，最终产生国际影响。这不仅涉及地方省份的经济实力与能力，还涉及地方省份如何运用建构主义方法去获得身份与认同。换言之，地方政府在国际关系中的发展路径不仅仅是现实主义的，还是建构主义与功能主义的。本章提供了一个全球的比较视野，但在第六章，笔者尝试一种省级或府际比较的分析维度。一方面这丰富了我们比较的层次或者尺度，另一方面也丰富了我们对于平行外交研究的后结构主义视角。在本书的最后一章，我们将回归初心，将第四、第五、第六章的分析进行理论化的提炼与升华，提出笔者对中国省级外事工作的特征概括与概念创新。

第四章
结构性条件

现代外交建立于现代国际关系之上。现代国际关系的最基本要素,主权国家为基本行为主体——缘起于威斯特伐利亚体系。但随着全球体系的不断变化,传统的威斯特伐利亚体系的主权排他性受到质疑,从而提出了"后威斯特伐利亚秩序"的概念,强调"国家的中心目的是在国家之下、国家之中、国家之间调节不同类型的效忠关系"(Linklater,1996)。随着全球化的发展,有西方学者甚至将威斯特伐利亚秩序斥为"迷思",认为这一传统的秩序认识"阻碍了不同国际关系理论的发展",将人们的思维"固定在一个基本上虚构的、源自17世纪的主权概念上"(Osiander,2001)。

建立在全球化趋势下的后威斯特伐利亚秩序强调全球与地方的双向过程。全球问题在融入地方秩序的同时,地方行动者又加入了国际秩序的建构。全球化不仅创造了世界的统一性,也创造了"文化飞地",每一块"飞地"在全球化中都有自己的特点,因此是全球问题的"本地化"版本。人们将此称为"全球在地化"(Robertson,1995)。在这一过程面前,国家需要转型,需要重构自身。国家转型理论主张"通过新颖和不平衡的过程实现跨境国家机构的多元化"(Hameiri,Jones,Heathershaw,2019)。国家要想形成有效的外交策略不能仅仅依赖于政府权威的单一决策过程,还必须建构一个缜密的地方网络,以实现国家与地方在对外关系上的有机互动。

这既是一个分散的过程,强大的中央机构需要将部分资源分配给不同的行为体与次级机构。这也是一个下沉的过程,中央机构现在与地区、省市等国家以下实体分享部分权力。虽然这绝对不是一个平等的关系,中央机构依然享有独一无二的权威性,但国家不再被视为国际关系中的唯一行为体。面对后威斯特伐利亚体系转型,国家通过新兴国际行为体的平行外交或省级外事保持了自身在新秩序下的相关性与重要性。在国际舞台上,地方这个曾经透明隐形的角色越来越成为国家对外政策的效能来源与现实路径。

国际关系的环境变化既源自国内,也来自国际。这些变化构成了平行外交场域的结构性条件。本章以云南省为实证案例,讨论省级政府国际能动性的结构性条件。本章讨论了哪些内源性结构条件致使或推动了云南省积极探索对外交往模式,比如沿边开放、在边境管理上的央地分工等。本章还讨论了哪些外源性结构条件为云南省开展地方对外活动创造了机遇,比如地区主义的不断发展,国际贸易规则的对内压力以及与域外国家的地区竞争,等等。

第一节 地方行为体的入场

在全球化不断深化的同时,地方化(localization)成为世界范围内的另一个新兴趋势。地方层级日益成为和国家层级分享权力、共担责任的重要主体(江长新,2011)。一方面,行政的去中心化和扩大次国家层级的权限等改革措施提升了行政结构体系的运作效率(朱景鹏,2004);另一方面,国家政府也借助地方层级的机制,细化权责关系,促进区域发展。这种分权化、民主化和全球化因素的综合作用,提升了省级政府对外交往的自主性和积极性,促使它们更加深入地参与到对外事务中(江长新,2011)。

中华人民共和国成立后，中国外交行为主体逐渐走向多元化，这构成了云南和其他边境省份成为国际行为体的最主要的历史背景。在中华人民共和国刚成立的三年里，国内外反动势力蠢蠢欲动，中央权力高度集中，严格限制各部委等专业性部门的政治影响，以稳定政治环境。虽然中华人民共和国成立初期进行过两轮中央权力的下放，但这种权力分配并不以赋予各省份经济发展的自主权为主要动机与任务。在外交政策制定过程中，地方实体和各级非国家机构处于比较明显的被动与边缘地位，其对外关系与条约谈判受到中央的严格管制（Chu，2008）。周恩来同志的"外交无小事""外交工作，授权有限"等说法也体现出当时中央对外事权的收紧与高度集中，地方机构在外事上的自治空间基本缺失。当时，如李明江等学者发现，虽然省级政府设立了自身的国际问题指导委员会，但它们的任务仅限于协助国家外交工作，而在地方自身外部利益上的兼顾性依然缺乏（Li，2017）。从中华人民共和国成立到改革开放前，省级政府发起的非常有限的对外互动主要是出于政治和战略原因，例如向东南亚和非洲的欠发达社会主义国家提供外援。

但是，这并不是说中国各省份在毛泽东时代没有涉足外交事务。在20世纪50年代的朝鲜战争，以及20世纪60年代与印度和苏联的边界冲突中，省级政府为中国人民解放军提供了大量援助。在其他时候，各省也偶尔负责一些仪式性活动，例如接待外宾、建立友好城市关系。

从1978年12月党的十一届三中全会开始，党和国家工作中心转移到经济建设上来，中国的外交结构也开始更加包容。为了促进经济增长和提高外交决策的透明度，中央决定给予国家行政机构和社会团体在对外决策上更大的自主权。这样可以更好地发挥这些机构和团体的积极性，更高效地实现对外开放，满足多元的外部利益，扩大对外经济影响。从20世纪70年代末到21世纪初，国家要从革命外交时期转型到改革开放时期，在政治稳定之上更讲务实与经济功效主义。这是一个摸着石头过河的时代。一些部委获准自主执行部分的对外议程，但又出现了责任归属重叠不清等问题。比如，在一些模糊领域或热点问题的处理过程中，部委之间有时缺乏明确的分工，都从自身议程出发对一个问题发出相互矛盾的动议，这不免反向限制了中国对外事务的整体应对能力。此外，我们可以看到，大型国有企业也随着中国的"走出去"战略，逐渐成为积极的国际关系参与者，有意无意间塑造着中国的外部环境。

在这一转型期，政治与社会精英也会向中央提出外交意见。此外，不可忽视的是，基层社会也扮演着微妙的角色。中国在对外姿态上的日趋自信既不仅仅是由地区局势驱动的，也不完全是由国家经济军事实力快速增长推动的，这还要归因于中国社会日益增长的"回心"力。当然，这种"回心"力有时候会演变为民族主义情绪，对国家外交构成内在压力。虽然外交政策的制定掌握在国家手中，但是民间情绪会自下而上地影响中国的外交决策，这在中国驻南联盟大使馆被炸案、中美南海撞机事件、"9·11"事件和2001年阿富汗战争等一系列事件中都有所体现。此外，地方知识精英对国家外交政策的影响也不容小觑。例如，在20世纪90年代初期，亚太地区涌现了各种区域合作组织。这在云南省的学者中激起了很大的反响，他们提出了许多发展云南与周边国家经济关系的区域合作建议。不可否认，这批知识分子的政策建议推动了云南省区域身份意识的形成，加强了对湄公河次区域合作机制的现实考虑，之后也间接影响了中央对云南加入次区域合作机制的重视。

从改革开放至21世纪初，省级政府对中国国际关系的影响力有所提升，尤其是在"低政治"领域。最开始是沿海地区实行积极的对外经济政策。随着后来西部大开发战略的提出，西部边疆省份也开始努力扩大自身的国际影响力，以谋求更大的发展空间，增加经济收入来源。各省除了在中央政府的指导下继续接待外宾、与外国同行建立友好省级关系、举办国际活动外，也更加关注吸引外资、拉动出口、创办外商投资企业。这种"区域意识"或"全球意识"的形成与对外活动能力的增强离不开一系列结构性条件的支撑。笔者将逐一阐述这些结构性变化。

第二节　内部结构条件

本书的分析将围绕云南的案例展开，阐释地方政府在国际关系中主体能动性构成的内部与外部条件。从内部条件来看，国内环境的变化催生了云南对外部事务的强烈兴趣。需要注意的是，中国的宪法并不赋予地方政府外交权，但是可以具有外事权，并在中央领导下经营与发展自身的对外关系。事实上，世界上只有极少数地方政府在宪法上拥有明确的外交决策参与权。比如，1993年宪法改革后的比利时，由一个单一制国家变成了一个由社群与大区组成的联邦制国家。在外交政策领域，联邦、大区和社群都被赋予追求各自外交政策的权利。在其他很多以协商制或互补制外交为主的国家中，仅仅根据这些国家宪法的文本描述，很难来判定这些国家在外交上是集权还是分权。本质上，集权与分权只是一个权力分配的程度问题，是聚多分少，还是聚少分多。

学者布莱恩·霍金认为，地方或非国家角色在世界政治中的身份与位置并不能以宪法为绝对可靠的指南（Hocking，1999）。虽然中央政府从宪法的角度往往具有垄断性的外交权，但地方政府仍然被允许从事大量海外活动和开发各种项目（Michelmann，2009）。与世界上大多数国家的情况一样，中国宪法并未明确鼓励省级政府参与国际关系。例如，最初写于1954年的中国宪法并未提及省级政府在国内外事务中的职能，直到20世纪80年代初，1982年宪法才最终增加了地方（省）政府的行政权限。根据宪法第一百零七条，县级以上地方各级人民政府依照法律规定的权限，管理本行政区域内的经济、教育、科学、文化、卫生、体育事业、城乡建设事业和财政、民政、公安、民族事务、司法行政、计划生育等行政工作，发布决定和命令，任免、培训、考核和奖惩行政工作人员。

虽然如此，1982年宪法也没有涉及省级政府如何处理国际关系的问题。然而，仅从宪法上判断中国省级政府是否在国际关系中发挥作用是不够的。静态的法律法规无法彻底反映现实中不断调整的央地关系。这意味着，地方政府对外关系的政治进程必然受到一定非宪法机制的影响。外交过程不是宪法规制的简单产物，而是后置于具体而多样的政治经济实践的结果。本质上，任何试图了解中国省级政府是否有能力开展对外关系的尝试都应着眼于中央和省级政府之间的持续的互动过程。笔者以云南省为案例，阐释三点改革开放后国内政策环境的变化，从而构成了边境省份"走出去"的内在动力。

一　边境治理地方化

一些评论家认为改革开放后的中国是"世界上最分散的国家之一"（Landry，2008）。虽然这一说法有失客观，中国的政治体制依然是在集权基础之上的分权，但地方确实在改革开放后获得了更多的政治与经济自主权。虽然中国的政治体制绝非"事实上的联邦制"（Zheng，2007）或"恢复性的联邦制"（贺圣达，2007），但确实在实际运行中吸收了大量的联邦制元素，被有学者称为"单一制下的联邦"模式（Yang，2014）。在外交事务中，虽然一些平行外交学者认为赋予省级政府对外权力仅仅是一种战术安排，但更多人开始相信这种地方化趋势将获得长期推动（Soldatos，1990；Segal，1994；Cornago，2000）。学者李明江认为，在中央规定的范围内，各省政府已经在很多领域进行了积极自主的跨国合作，构成了事实意义上的"地方自由主义"（李明江，2014）。这一描述言过其实，但地方确实在改革开放后获得了更加积极自主的自我身份。

不过，这并不是说，在改革开放初期，各省级政府就有能力开展对外关系。在改革开放初期，中央政府仍然是对外关系的主导决策者。只是后来，在设立经济特区之后，各省特别是沿海地区才获得了建立地方的对外关系的政策空间。20世纪80年代的第一轮权力下放，激活了地方的对外积极性。对外活动所带来的经济回报使国家更愿意在对外经济关系中扩大省级自主权，以加速国家经济的全球化步伐。

云南是这一权力转型的代表省份之一。20世纪80年代初期，云南省人民政府发布了《关于中缅、中老边民互市管理办法》和《关于中缅小额贸易管理办法》两份文件，旨在放开在"文化大革命"期间几乎完全暂停的跨境贸易。然而，这些文件的实际作用比较有限，只是将云南的边贸情况恢复到20世纪50年代的水平，在扩大开放地区范围方面没有新的举措（杨洪常，2001）。随后，1984年国务院出台了《边境小额贸易暂行管理办法》，批准云南开拓外部市场、对外洽谈、平衡贸易盈亏。在这一政策的推动下，云南省放宽了关于贸易额、投资额、税收征管、币种选择等一系列规定，同时设立了27个边贸区，允许边民在边境20千米以内从事边贸活动。

尽管如此，直到1992年邓小平南方谈话后，云南才获得充分的动力开展对外关系、进行跨境合作。邓小平南方谈话后，国家层面出台了两项具有里程碑意义的政策，进一步激励了边境省份与周边国家的合作。第一项政策由中共中央起草，决定开放5个沿江内陆城市，给予30个省会城市与沿海经济特区同等的优惠条件。第二项政策由国务院发布，规定昆明和其他非沿海省会城市享有与沿海城市类似的开放政策，并鼓励进一步下放对外权力到边境城镇。得益于这些政策，正如在实施云南省第八个五年计划时期所反映的那样，云南开始将其发展置于区域化合作的更大框架之中，摆脱过去数十年的孤立，并通过大湄公河次区域合作实现通边达海。一些学者认为，在传统上，中央在湄公河次区域主要推行双边外交。云南省在该地区的积极活动在一定程度上改变了中央在这一地区的外交策略。这一点可以从两个方面看出：其一，在对内机构设置方面，通过建立中央与省级政府之间的专门沟通机制，云南省能够更加便捷和直接地同中央进行沟通，并参与到中央对湄公河次区域合作的相关决策中；其二，在参与大湄公河次区域经济合作部长级会议方面，云南省人民政府代表中国政府参与了历届部长级会议。这也在一定程度上促使中央更加重视云南在这一区域合作项目中的重要性。

国家鼓励云南在大湄公河次区域经济合作中发挥更大作用。鉴于大湄公河次区域经济合作是一个由主权国家组成的区域性机制，GMS 为云南成为该地区具有主导性影响力的次国家政府行为体提供了最佳平台。此后，为了更好地发挥云南的地区作用，云南的对外事权也相应扩大。例如，在 1992 年加入 GMS 之前，云南启动任何对外项目之前都需要向中央一事一报。然而，据笔者调研了解到，在加入在 GMS 的头十年，一大批大型项目，如澜沧江—湄公河航道建设、昆明—曼谷公路和通关便利化，都是在国家许可下，由云南自主发起。笔者援引调研中的一位印度受访人的话说："中国外交部和财政部的人员可以作为正式成员和云南代表团一道出访。当我来自西孟加拉邦的同事希望与云南合作时，新德里联邦政府给予我们的自主权却很小！"由此可见，云南在湄公河地区合作事务上的自主空间，甚至比一些联邦制国家下的同级机构还要大。云南省在处理区域事务中的灵活性更有利于快速达成合作，推进国家外交在该地区的整体利益。

表 4-1　参加 GMS 历届部长级会议的中国代表团团长名单

时间/地点	代表团团长名单
1992/马尼拉	中国人民银行代表周越群为团长，云南省人民政府秘书长吴光范为副团长
1993/马尼拉	中国人民银行国际司副司长李若谷为团长，云南省人民政府秘书长吴光范为副团长
1994.4/河内	中国人民银行副行长殷介炎为团长，云南省人民政府秘书长吴光范为副团长
1994.9/清迈	中国人民银行代表李若谷为团长，云南省人民政府秘书长吴光范为副团长
1995/马尼拉	国家计划委员会副主任陈耀邦为团长，云南省人民政府秘书长吴光范为副团长
1996/昆明	国务院副总理姜春云为团长

续表

时间/地点	代表团团长名单
1997/马尼拉	国家计划委员会副主任陈耀邦为团长,云南省人民政府副省长牛绍尧为副团长
1998/马尼拉	财政部副部长金立群为团长,云南省人民政府副省长邵琪伟为副团长
2000/马尼拉	财政部副部长金立群为团长,云南省人民政府副省长牛绍尧为副团长
2001/仰光	海关总署副署长端木君为团长,云南省人民政府副省长牛绍尧为副团长
2002/金边	财政部副部长金立群为团长,云南省人民政府副省长李汉柏为副团长
2003/大理	财政部部长金人庆为团长,云南省人民政府省长徐荣凯为副团长
2004/万象	财政部副部长廖晓军为团长

资料来源:笔者根据网络公开资料整理。

二 边境治理的差异化

在弥合区域经济差距和解决边境问题方面,自上而下的政策执行是远远不够的。只有结合地方政府的配合与创造性的落实才可能切实地释放治理的效能。这一央地互动的过程又正好为云南的外事活动提供了政策空间。在平行外交的研究中,地方政府在国际关系中的地位上升通常被视为国家能力相对下降的自然推论(Balthazar, 1999)。研究还发现,国际体系处于和平状态的时间越长,地方对国家提供国防安全的需求就越低;中央政府提供的全国性公共产品能力减弱而地方提供的地方性公共产品能力增强,其结果势必导致在央地关系中地方政府的地位上升(张永斌,2002)。此外,现有研究还指出两点原因导致了地方政府自主性的增强。第一,通信技术的进步削弱了主权国家对国际交流的垄断,并使次国家与非国家行为体容易建立自身的国际联系与网络(Keohane, Nye, 1974);第二,由于中央政府往往距离边境遥远,对当地情况可能并不熟悉,当面临紧迫的跨境问题时,地方政府往往必须主动提出解决方案,而不是消极等待中央的指令(Duchacek, 1984)。云南地区地位的提升也符合上述提出的几点原因。

改革开放后,为了支持东南沿海率先发展起来,中央向东南沿海地区投入了巨大的经济与政策资源。在缺少相关资源支持的情况下，云南决定通过与周边国家开展更多经济交流来获得自身的发展（Xiong, Xuan, 2013；Tubilewicz, Jayasuriya, 2015）。中国对外经济开放过程于1979年启动，截至1998年，依循分步骤、多层次的渐进式战略，经过了四个阶段，已经形成"经济特区——沿海开放城市——沿边开放城市——沿江城市——内陆开放城市和省会城市"这样一个全方位、阶梯式的开放格局。但在改革开放初期，由于国家资源非常有限，中央将很大一部分资源投入沿海省份，这在一定程度导致改革开放初期云南发展缓慢。改革开放阶梯式的发展策略直接使云南与沿海地区的经济差距越来越明显。

例如，在改革开放前，云南的GDP仅落后广东100亿元，但在1985年这一差距扩大到414.2亿元。与和广东并列的另一个开放省份福建相比，云南的GDP原本和福建不相上下，但是在20世纪80年代初被福建完全超越。1988年3月4日，国务院在北京召开沿海地区对外开放工作会议。会议指出，贯彻落实沿海地区发展外向型经济的战略设想，要进一步改善投资环境。要把出口创汇抓上去，要"两头在外"，大进大出，以出保进，以进养出，进出结合。会议建议国务院适当扩大沿海经济开发区范围，这个范围大体相当于过去9年开放范围的总和。这一次沿海发展规划的提出进一步拉大了东西部的发展差距。在改革开放后优先发展沿海地区的战略引导下，占中国国土面积不足14%的沿海地区创造了60%的国民工业总产值和近80%的中国对外贸易（Yang, 1991）。该战略的主要目标是让沿海地区充分参与国际经济，促进其劳动密集型加工业的发展，获得更多的内部和外部投资机会，并通过内陆和边境地区以低廉的价格引入生产资料。

阶梯式发展导致阶段式的发展失衡。对此，《云南日报》专门邀请了地方政策制定者和研究人员，讨论云南该如何克服可能因沿海发展规划而扩大的区域差距。中央也一致认为，云南必须要走出自身在国家战略布局中的局限性，通过与周边国家的经济合作，将自身转化为一支服务于区域整合的地缘经济重要力量。

在这一背景下,云南不得不"主动出击",尽量发展自身的边境贸易,扩大投资。但是,笔者在调研中发现,云南的外部利益并不总是与国家政策完全契合,因此需要不断地进行调试。一方面坚持国家总体导向;另一方面尽量保持地方的积极性,最终形成一种良性的趋同过程。例如,云南省与商务部之间在对外贸易上有时就会出现分歧。2003年由对外贸易经济合作部和原国家计划委员会、原国家经济贸易委员会部分职能司局合并成立商务部,是国务院制定和执行具体贸易政策的主要机构,但其宏观政策有时不能完全回应云南具体的地方利益诉求。据了解,商务部曾向国有企业(例如,中国粮油食品(集团)有限公司和中国储备粮管理集团有限公司)提供从湄公河国家进口食品的大额配额。同时,由于一些原因,商务部限制了从湄公河国家进口冷冻货物。这两项举措的出台却潜在地增加了云南省的相关进口成本。又如,商务部曾因反倾销原因对从湄公河国家进口的大米和牛肉实施进口配额。这一举措未充分考虑对云南本地企业的不利影响。为了应对国家政策可能产生的局部影响,云南建立了多个自由贸易试验区,从而在试验区内可以制定更适合本地发展的进口法规和市场准入标准,以维护和促进与周边国家的经贸关系。这是一种在央地关系不断调试的过程中,云南省探索出来的一种灵活的国际合作策略。

云南的外部利益和国家政策之间的细微差异是在结构上天然存在的。这是因为中央政府主要从外交关系和地缘安全等宏观战略的角度考虑边境地区合作,而地方政府则更加倾向于从自身的经济利益和发展诉求,以及社会文化交流的需求出发,开展与周边国家的经贸往来。在改革开放后的外交转型期,地方政府拥有了自己部分自主的利益目标,因而它必须寻求实现利益的有效途径,以便在一个连动的世界经济中维护和促进自身利益(卢光盛,2009)。一方面,经济全球化的一个重要表现是跨国资本利益实现方式的地方化,这意味着在某些情况下,跨国资本无需经过一国中央政府的具体审批就可以直接进入投资环境更加优越的地方，它根据地方的社会特点制定并执行自己的生产、管理和经营战略，这将不可避免地对地方政府的行为和政策产生一系列影响，使地方政府国际化程度逐步加深（王立军，2012）。另一方面，由于中国庞大的国土面积以及复杂多样的周边环境，中央在一些涉边问题上有时缺少足够的边境地区知识以在有限时间内形成应对策略。

  云南借此机会凭借自身对周边国家地区的深入了解与关系网络，获得了社会资本与文化优势，进而形成"云南对策"，为中央分忧。面对跨境经济国际化的复杂影响，外交部逐渐将自身转变为物质与政策资源的提供者和保障者，而将与湄公河国家的日常交流和细碎事务更多地下放给云南操作。有时，与远在北京的外交部相比，作为地方"操办人"的云南省人民政府可以更有效地应对具体的边境问题（Su，2013）。在调研过程中，有受访人谈到，云南作为边境省份，肩负着特殊使命，很多事务国家下放给云南来操办。因此，云南实际上参与了很多"外交"任务。甚至人们开玩笑地说，云南省人民政府外事办公室应该成为外交部的一个"分支机构"。受访人谈到，中央与外交部负责管理云南的边境问题，但是国家太大千头万绪，有时云南省更加熟悉边境情况，不如将一般事务就委托给云南去办。

  有受访者回忆起参加孟中印缅经济走廊论坛的经历，谈到一些由国家发展和改革委员会牵头的跨境项目，指出这些项目的具体磋商过程实际上是交给云南当地的行政人员来进行的。还有受访人谈到外交关系时说，外交部人员毕竟有限，中美关系影响巨大。如果习近平主席和美国总统有会晤，外交部将全神贯注于此。而云南对外的关注点则不完全一样。例如，在特朗普执政期间，云南实际更关心的是昂山素季而不是特朗普。和美国相比，缅甸虽然是小国，但涉缅关系对于云南而言，甚至比对美关系更为重要。这是由地方的地缘视角所天然决定的。昂山素季每次访问中国，都会在昆明停留几天。一位受访人进一步指出，昂山素季2017年访华的主要目的不仅是出席"一带一路"国际合作高峰论坛；同时，她还与云南省的相关人员讨论缅甸北部的和平建设进程。国家与边境省份对外议程的差序化构成了云南开展对外活动的动机与动力。

三 国内竞争

地方外事研究中的一个重要议题就是省际或府际竞争。这一议题在平行外交领域更加凸显，比如澳大利亚昆士兰州和其他州之间就在海外开设更多州办事处展开的竞争（Ravenhill，1999）、美国 30 个州之间就开设大众汽车装配厂的竞争（Duchacek，1984），以及印度的"比马鲁"邦（比哈尔邦、中央邦、拉贾斯坦邦和北方邦）对外国投资的竞争（Jha，2014）。在构成云南对外能动性的内部结构性因素中，我们不应忽视云南在面对与广西日益激烈的地方竞争时，为巩固其对大湄公河次区域的经济、民族文化影响力所做的努力。云南和广西都与东南亚国家毗邻，其中，云南与缅甸、老挝和越南三国接壤，广西则主要与越南接壤，两者的地理位置决定了它们都将大湄公河次区域作为自身战略发展的重点。两个省份之间的竞争在 20 世纪 90 年代并不明显，当时它们合作建立了几个跨省机制来开拓国外市场，并以省际合作的抱团方式在中央层面扩大影响力，赢得更多政策空间。直到 2000 年年初，广西才逐渐对云南的区域地位构成挑战，两省份的竞争态势明显上升。除了"一轴两翼"和泛北部计划的提议外，自 2004 年中央政府选定南宁成为中国东博会的永久主办城市，广西也在 2005 年后获准加入大湄公河次区域机制，从此云南失去了在该区域中作为中国唯一代表的特殊地位。除此之外，在与周边国家的经贸合作方面，云南和广西也存在着竞争态势。2018 年，广西对东盟国家进出口总额为 2061.49 亿元，比 2017 年增长 6.3%，占广西进出口总额的一半，而云南 2018 年对东盟进出口总额为 137.86 亿美元，比 2017 年增长 5.4%，占云南进出口总额的 46%（李秀中，2019）。从经济总量上来看，广西 2018 年生产总值达 20352.51 亿元，比 2017 年增长 6.8%，而云南 2018 年生产总值达 17881.12 亿元，比 2017 年增长 8.9%。

调研发现，面对与广西的竞争，云南的政府人员和专家会倾向于淡化广西的外部作用。例如，在调研中，云南省外事办的受访者强调云南对自身的反思，而不是指责广西，因为后者的对外重点是东盟，因此不会对大湄公河次区域机制产生过多的影响。再比如，一些受访者指出，大湄公河次区域经济合作第五次领导人会议提出的项目中有近40%落在了云南，而广西只有10%，因此广西不构成真正的区域挑战。泛北部湾区域合作项目于2006年推出，旨在提升广西影响力和深化北部湾合作。有受访者指出，广西在泛北部湾区域合作项目落实不够。可见，对外竞争塑造着省际视角，省际视角重塑对外竞争。

云南和广西的对外竞争会导致政策的重复与"内卷"。例如，两省份都明确提出要成为连接中国与东南亚国家的交通中心。云南在2020年之前完成跨境公路、铁路、电力和电信系统的主体建设（国务院，2011），而广西声称自己是新的西部陆海通道的门户，该通道旨在将中国西南地区与新加坡及其他地区连接起来（国家和发展改革委员会，2019）。此外，两省份都决心发展成为区域金融中心。云南提出了促进本省多元化金融服务业集聚和推动本省金融机构跨境开办分支机构的措施（云南省人民政府，2016）。而自2010年广西开展跨境人民币结算试点以来，广西跨境人民币结算量从试点当年的126亿元发展到2018年的1303亿元，年均增长34%，促进了人民币和东盟国家货币在贸易与投资中的使用，进一步开放东南亚金融市场。在一定程度上，中央要通过云南与广西的竞争，最大限度地发挥两省份的比较优势，从而增强国家在东南亚的总体影响力的初衷。但过度的竞争也会反噬各省自身的优势。这一观点在本书的第六章中还会专门分析。

为了缓和两个省份之间的对外竞争，中央进行了协调。在云南的争取之下，中央获准云南组织开办了2005年大湄公河次区域经济合作第二次领导人会议，并且在此次峰会中，云南获得国家主要代表的身份。此外，云南省会昆明也成为南亚博览会的永久举办地。尽管南亚博览会在规模和参会水平上尚无法与东博会相比，但是其覆盖地区已超出了湄公河流域。这意味着云南的对外辐射力不再仅仅限于湄公河地区，而拓展到整个南亚。另外，中央政府为"安抚"云南而采取的另一项举措是恢复该省提出的经昆明修建"第三亚欧大陆桥"的提议（李晨阳，2015）。

此外，云南从自身发展出发主动"转化"某些国家举措，将地理劣势转为优势，从地理边缘走向中心。例如，在云南加快建设面向西南开放重要桥头堡之前，云南的地区生产总值仅为 5700 亿元，在中国 34 个省级行政区中排名第 25 位（云南省人民政府，2009）。2009 年，云南作为中国通往东南亚的桥头堡的地位最终得到了中央的肯定（《人民日报》海外版，2011）。《推动共建丝绸之路经济带和 21 世纪海上丝绸之路的愿景与规划》要求云南省"打造大湄公河次区域经济合作新高地，建设成为面向南亚、东南亚的辐射中心"。在 2015 年云南省第十二届人民代表大会期间，时任省长陈豪呼吁通过加强云南与周边国家的高层交往，利用好现有双边机制（如中国云南—泰国北部合作工作组）的引领性作用，推动沟通与协调，加强跨境交流（《云南日报》，2016）。云南大学澜沧江—湄公河次区域研究中心也呼吁，云南省要按照中央指示，在互联互通、环境、教育、卫生和非传统安全等领域，更好地发挥作用，推动周边外交（刘稚，2015）。

2015 年以来，云南着力加强与周边国家的政策对接，与 9 个国家建立 12 个多双边合作机制，巩固了澜湄合作机制的重要构建方地位。云南还举办了中国—南亚合作论坛、中国—印度洋地区发展合作论坛等大型区域合作活动。云南面向南亚东南亚的运输通道布局亦逐步形成。昆明至河口准轨已全线贯通，中老铁路建成通车。截至 2023 年 1 月 31 日，中老铁路累计开行旅客列车 20000 列，发送旅客 1030 万人次，累计运输货物近两千万吨。随着中老铁路联通作用的持续扩大，云南逐渐成为中国和东盟之间的关键性国际通道。到 2035 年，云南省要进一步发展覆盖南亚东南亚主要城市的 3 小时交通圈与 1 天送达南亚东南亚主要国家的快货物流系统。这些措施与计划都促使云南不断重塑自身的地缘身份，形成了从中国的西南"边地"到国际区域中心的扭转态势。

国家为促进云南省的对外关系，批准该省建设自由贸易试验区。中国自贸区试点战略于2013年开始，第一个自贸区在上海成立。截至2022年，全国共设立18个自贸试验区。所有这些自由贸易区的试点任务都是测试新的外资管理方法、贸易便利化举措，以及转变政府职能以更好地与国际规则接轨。国务院发布的2019年规划明确表示，鼓励云南成为连接南亚和东南亚主要走廊的重要纽带，同时将德宏和红河两个边境州（分别与缅甸和越南接壤）作为本次自贸试验区的重点区域。自贸试验区要竭力为外商投资和贸易提供便利。为促进跨境电子商务市场发展，云南在边境地区设立仓库，建设科技创业孵化器，提供跨境融资服务。但需要指出的是，国家一直在平衡与协调云南和广西之间的外部利益分配。广西同时被授权设立自己的自由贸易试验区。通过分析这两个省份的官方规划，笔者发现它们在国际化目标上差异不大，国务院也支持广西成为连接东南亚和中国西南的门户，完善国际运输路线，成为中国—东盟合作的先行先试区（国务院，2019）。

此外，2022年4月，云南省人民政府发布的《云南省"十四五"区域协调发展规划》明确了"滇中崛起、沿边开放、滇东北开发、滇西一体化"的总体布局，目标是在2035年全面形成主体功能明显、优势互补、高质量发展的区域经济布局。其中，在沿边开放方面，云南省"十四五"规划指出，云南将实施与周边国家互联互通建设、沿边开放平台建设等重大工程项目，以提升沿边地区开发开放水平，旨在把沿边地区建设成为中国"一带一路"建设、面向南亚东南亚开放合作的前沿窗口。

四 制约与调控

如前文所述，特别是自20世纪90年代初期以来，云南一直积极扩大其外部利益。国内政治和经济结构的转型发展与中央对地方的授权构成了云南发展对外关系的内部结构性条件。这些内源性结构条件构成了云南参与国际事务的动机。这些条件是云南开展对外活动的意愿的来源。但需要注意的是，这些条件也有它制约性的一面。在对外关系上，中央给予地方权力，但同时也在管理、规制与协调。中央通过向云南的外事机构提供指导，规范与监督地方的外部活动。云南省外事办公室是省内制定和实施外事议程的专业性机构。云南省外事办公室的具体职责如下：

1. 执行党中央对外政策，综合归口管理全省外事工作，对全省各地区各部门各单位外事工作履行指导和监督职责，统筹协调重大外事工作和涉外事务。

2. 宣传宣讲党和国家的外事政策，组织开展外事政策和外事工作重大问题的调查研究，提出相关工作建议。

3. 规范外事管理，完善和落实外事管理规章制度，督促检查各地区各部门贯彻执行国家对外方针政策、涉外法规和遵守外事纪律的情况，参与查处因公出国（境）工作中的违纪违规案件。

4. 负责承办中共云南省委、云南省人民代表大会常务委员会、云南省人民政府、中国人民政治协商会议云南省委员会的对外事务；接待来访的国宾、党宾、议会外宾和其他重要外宾；接待从事公务活动的外国驻华机构人员。

5. 归口管理因公临时出国（境）事务，负责因公临时出国（境）任务的审核或审批，颁发出国（境）人员因公护照。

6. 归口管理涉港澳事务，负责因公临时赴港澳任务的审核或审批，颁发因公赴港澳人员通行证；审核报批滇港澳官方、半官方和重要民间交往事务；接待来访的港澳官方、半官方及重要民间代表团（人士）。

7. 负责对中华人民共和国云南段国界及边境涉外事务的日常维护和管理。

8. 协助省委、省政府综合归口管理本地区涉领馆的外事事项；对外国驻滇领事机构进行日常管理。办理本地区领事认证业务。

9. 负责指导媒体进行涉外新闻报道；参与审核重要涉外文稿。

10. 归口管理外国记者来滇采访事务；指导有关部门安排外国记者采访活动；管理外国驻云南省的新闻机构和常驻记者，负责办理外国短期采访记者的签证电。

11. 负责审核办理邀请外国人来华《被授权单位邀请（确认）函》、审核办理《外国留学人员来华签证申请表》。

12. 负责审核审批有关部门申办、承办或协办的国际会议。

13. 指导和管理云南省区域合作办公室的工作，统筹和归口管理我省区域合作中的重大涉外事项。

14. 指导云南省人民对外友好协会开展民间对外交往活动及云南省国际友好城市工作。

15. 承担中共云南省委外事委员会办公室日常工作。

16. 履行对州市政府外事办公室的双重领导职责，负责政策和业务指导、情况通报。

17. 承办中共云南省委和云南省人民政府交办的其他事项。

尽管外事办的资金和领导由云南省人民政府提供和决定，但在实际运行中，外事办处于"双重领导"之下，即外事办同时由省政府和外交部负责（Chen, Jian, Chen, 2010）。外事办必须确保国家外交政策在省内得到严格执行，为国家领导人或主要部门负责人来省指导边界巡查工作、调研边疆治理做准备工作，协助处理边境重大事件。2009年8月，缅甸政府军与当地少数民族在缅甸北部掸邦与果敢（与云南临沧市接壤）爆发了一系列冲突，时任外交部部长的王毅飞往昆明向云南省外事办了解情况，强调问题的外交敏感性，并为妥善处理向云南省提供指导、作出指示。

除外事办以外，省国家安全厅也处于云南省人民政府和国家安全部门的共同领导与监督之下。如陈志敏等学者指出，虽然没有正式规定，但这种"双重领导"模式广泛存在于商务部和省商务厅之间，以及国家发改委和省发改委之间，对省级对外活动起到约束与指导的作用（Chen, Jian, Chen, 2010）。这种双重领导模式有利于地方专业性部门的对外工作，既符合国家宏观利益与导向，又满足地方利益与需求。此外，为了确保中央的澜湄次区域合作政策在云南得到良好执行，云南省省长被任命为国务院领导的澜沧江—湄公河流域开发前期研究协调小组的副组长。该小组还涉及其他相关部委，如国家发改委、外交部和财政部。

此外，考虑到几乎所有省级部门和地方政府都有自身的外部利益，省政府成立了多个主管部门来专门协调这些外部活动，确保国家和省内政策得到妥善执行，避免冲突。具体而言，省政府在省外事办成立省外事领导小组秘书处，由省委书记或省长担任组长。领导小组定期召开会议，其决定由外事办执行。作为省外事领导小组的执行机构，省外事办负责协调云南省各行政机构和下级政府的外部利益。省政府还授权省外事办审查省属企业的外部活动。

另外一个重要的涉外机构是云南省发展和改革委员会。省发改委的重要职能之一就是加快构建更高层次开放格局。一是加快推进面向南亚东南亚辐射中心建设；二是加快对外开放平台提质发展；三是加快建设沿边高速公路、沿边铁路；四是深化云南省与东南亚的国际合作。省发改委承担云南省推进"一带一路"建设工作领导小组、云南省建设中国面向南亚东南亚辐射中心领导小组有关具体工作。省发改委专设推进"一带一路"建设工作领导小组办公室，牵头推进实施"一带一路"及面向南亚东南亚辐射中心建设，承担统筹协调"走出去"有关工作。拟订并组织实施参与国际区域合作、沿边开发开放、连接南亚东南亚大通道建设发展战略、中长期规划和年度计划。此外，省发改委还需收集省内行政机关、市（州）政府、企业和学术界的意见，起草规范投资环境的法律法规，协调省内涉及澜湄次区域合作的相关活动，拟订澜湄次区域合作的中长期规划，加强与澜湄次区域成员国的双边和多边合作，并争取国家相关部委的支持。

尽管近年来，为调动地方政府的积极性和主动性，中央政府向地方政府提供了更多的对外资源与政策空间，对地方政府走出国门发挥了关键作用，但是央地之间的权力分配还需要进一步法制化与制度化（王立军，2012）。在全球化进程中，既要保证中央政府对外交事务的政治宏观调控能力，又要充分发挥地方政府在经贸合作领域的积极性和主动性，通过国际市场和国内市场的力量推动央地关系结构的调整和改革，强化地方政府国际合作对央地关系改革的积极影响，避免地方政府的离心倾向和"尾大不掉"局面的出现。云南需要在由中央主导、能够充分发挥地方政府的主动性和积极性且地方政府积极配合的外交共赢格局中灵活利用国内外资源，促进地区经济发展（陈志敏，2001）。

第三节 外部结构条件

一 地区改善与发展

自20世纪80年代以来，中国和东南亚国家的关系逐渐恢复正常化，这为云南省与邻国和谐相处、开展合作创造了稳定的地区环境。在冷战的大部分时间里，中国和越南民主共和国的关系很大程度上决定了湄公河次区域国家对中国的态度（Cho, Park, 2013）。在越南战争期间，中国支援越南民主共和国，并支持湄公河次区域的共产主义运动。由于对社会主义革命力量的支持与地区介入，当时中国和湄公河国家的关系处于高度紧张的状态中，从而云南无法利用越南海防和缅甸仰光作为其出海口，开展国际贸易等活动。云南处于地区动荡的中心地带，而又在地缘上相对孤立。

越南战争的结束和随后越南对柬埔寨的入侵和占领促使北京扭转了与河内的关系，并且为改善中国在印度半岛其他地区的形象铺平了道路。这一变化也是因为在改革开放时期，中国需要一个和平的国际环境去集中精力发展经济。20世纪70年代末80年代初，随着改革开放，中国对世界局势的研判由"革命与战争"转向"和平与发展"，由"战争不可避免"变为"战争可以避免"。中国对自身的国际定位由解放世界的"革命力量"转向维护稳定的"和平力量",其安全观念亦相应地由政治安全为核心、军事安全为手段转向以经济建设为核心、稳定为根本。

在此转型下,中国没有再支持湄公河次区域国家内的革命反抗运动,而是以扩大对这些国家现有政权的政治支持来取代之前的政策(Acharya,1994;Zhao,2008)。在接下来的几年里,中国采取了更加积极的方式向周边国家提供力所能及的援助,比如提出"亚洲减债计划",免去旧债并且为这些国家提供新的援助(Suehiro,2017)。同一时期,中国对大湄公河次区域合作项目的贡献翻倍。在计划实施初期,中国占总投资额的27%,亚洲开发银行占35%;然而,后来中国已经超过亚洲开发银行成为最重要的单一国家投资方,并且在2016年贡献了GMS合作项目60%以上的投资(Suehiro,2017)。

伴随着中国政策调整,湄公河国家内部也出现了一系列有助于地区局势恢复正常的转变。比如,1986年越南和老挝这两个社会主义国家分别发起了"经济革新"(Doi Moi)和"新思维"(Chintanakan Mai)运动以推动本国经济的市场化和自由化转型。在越南,以武文杰为代表的改革派策划了"经济革新"运动,改变了以往那种中央计划经济和集体经济的制度,并实施了开放经济措施。越南逐步摆脱苏联的经济模式,并推行国企私有化、走向"社会主义者领导的市场经济道路"。在国际关系上,武文杰主张并努力推动越南与其他亚洲国家建立良好关系,支持越南与美国关系正常化。在同一时期,老挝人民革命党(LPRP)在1986年第四次代表大会上提出的"新思维"(Chintaakan Mai)战略,开始了以市场为导向、经济改革为重点的全面改革。1988年泰国提出"将中南半岛从战场推向市场"的口号,承诺推进跨境贸易和经济现代化转型。1989年在与中国外交关系正常化之前,越南最终从柬埔寨撤出了军队。1991年,柬埔寨内战随着《巴黎和平协议》的签署而结束。

中南半岛局势的改善促使中央政府将更多权力下放给云南,通过云南加强与周边国家的合作。20世纪80年代初，中国开始改善与南部邻国的关系，中央政府将云南境内的几个边境地区设立为跨境贸易区。1992年，国务院批准昆明市实行沿海开放城市的政策，批准畹町、瑞丽、河口为边境开放城市并设立国家级边境经济合作区。自1993年起，云南与对外贸易经济合作部（2003年3月，不再保留）每年联合举办一次"中国昆明进出口商品交易会"。1999年，省委、省政府在实施国家西部大开发战略行动计划中明确提出把云南省建成中国连接东南亚、南亚大通道，确立了对外开放的总体目标。期间，云南积极推动和参与大湄公河次区域合作，成为中国参与大湄公河次区域合作的主体省份，共同确定了大西南联合起来走向东南亚，扩大对外开放的总体发展战略。

湄公河国家的新形势也巩固了云南对外开放的势头。在泰国率先建立市场经济之后，湄公河国家也纷纷开始开放国内市场。这一区域市场的形成推动了区域经济一体化过程，云南参与并利用这一区域开放进程逐渐实现自身的国际经贸利益。例如，在21世纪初，随着越南对钢铁、磷和电力需求的猛增，云南成为越南的主要供应源。甚至在2007年，越南取代缅甸成为云南省的第一大贸易伙伴。当缅甸也进一步放宽贸易政策后，云南对湄公河国家的出口持续激增。

尽管如此，当中国日益剧增的经济影响力逐渐向其他领域溢出时，一个问题自然出现了：湄公河国家对中国日益增长的实力的复杂认知是否会对云南的跨境合作产生负面影响？澜湄合作是中国经济外交的经典案例。"3+5"框架是澜湄合作的基础。该框架以"政治安全""经济和可持续发展"以及"社会人文"为三大支柱，强调一种职能的综合性。以水资源合作为例，它有别于以往以水资源合作为核心的单一合作模式，而是基于"重塑水合作的格局"，把自身利益诉求与"把握地区关系发展主动权"相结合，形成功能性的"新型水合作复合模式"。在这一过程中，政治、经济、安全与资源治理相互影响，相互搭建，形成一个复合型治理机制。又例如，中国利用投资和外国援助，在合作共赢的框架下，寻求与柬埔寨等国家就南海与反恐问题等构建一致的政治立场。

由于经济体量的巨大差异与产业结构上的互补性，缅甸、柬埔寨和老挝对中国经济深度依赖，越南和泰国在经济上也部分地依赖中国市场。这种天然的结构性差距与依赖关系常常导致中国在该地区的影响力遭遇反弹（Yoshimatsu，2015）。值得注意的是，在中国影响力自然上升过程中，湄公河国家有时转而寻求域外国家介入，以对冲中国迅速增长的影响力。

尽管中国与湄公河区域国家的关系在波折中前行，云南与这些国家的密切接触一直保持相对稳定的发展态势。湄公河国家意识到中国的经济支持，尤其是基础设施建设，对于国家的经济增长至关重要。例如，2006—2013年这些国家与中国的贸易规模从约110亿美元扩大到600多亿美元，大约扩大了5.3倍（Yoshimatsu，2015）。中国参与建设的基础设施项目进一步使这些国家通过复杂的公路和铁路系统与云南连接起来。水电站网络、动力传输电网和油气管道的建立增加了中国和湄公河国家之间的相互依赖性。这些实质性的收益为湄公河国家提供了继续与中国接触的内在基础与动力。特别是，有越南受访者指出，由于这种天然深刻的经济联系，假设中越发生冲突，越南彻底中断与云南交流的可能性也几乎为零。中越的边境经济依存度极高。调研了解，越南老街省的一个边境小镇2013在中国农业银行河口支行开设了40亿元的账户，三年后该账户已经超过了100亿元。随着国内人工成本的提升，有一部分制造业企业的订单向越南大规模转移，越南对于国内产业链的依赖性进一步加深，而云南作为中国通往东南亚的关键陆路通道是连接中越产业链的必经之路。

中国和湄公河国家关系的改善使得中央能够推动云南加强与周边国家的合作。中国与东南亚国家关系的改善推动了跨国地区主义的发展，为中央政府与云南加强跨境合作提供了契机。地区主义最初是在欧洲形成的概念。20世纪80年代后期，受南部非洲、北美洲、东亚等地区区域一体化进程的启发，新地区主义理论出现（Palmer，1991；Gamble et al.，1996；Bowles，1997）。东南亚的区域合作是由全球化发展和各国之间互动关系的加强所推动的。东南亚的地区一体化并不仅仅是法律意义上的趋同进程，还体现了一种通过非正式网络所构建的开放区域主义（Breslin，Higgott，2000）。东南亚区域合作总体上可分为四个层次：第一层是以亚太经合组织（Asia-Pacific Economic Cooperation，APEC）为代表的泛区域合作。第二层是东盟与中日韩（10+3）合作机制，覆盖整个东北亚和东南亚地区，由东盟国家和中国、日本、韩国参与。第三层是东盟自由贸易区（ASEAN Free Trade Area，AFTA）。第四层是以大湄公河次区域经济合作机制为代表。长期以来，云南是该机制中代表中国的主体省份。

　　一般而言，跨国区域主义的一体化进程有利于参与国获得更多的外国投资，提高在国际市场上的竞争力，完善国内经济改革，减少与邻国的恶性竞争。具体而言，次区域经济合作虽然很容易受到落后的基础设施和经济发展不足的限制，但其规则和发展目标比其他形式的区域一体化更加灵活。这种机制的灵活性可以帮助防止它与现有的自由贸易规则发生冲突（Liu，2005）。在跨国区域主义的拉动下，在过去的几十年里，中央政府为许多次区域经济合作项目的发展提供了支持，为边境省份提供了发展对外经济的优惠政策。例如，图们江地区发展计划（Tumen River Area Development Programme，TARDP）是由联合国开发计划署主持，在中国、韩国、蒙古国和俄罗斯的支持下成立的。在这个合作机制中，东北地区的省份被委任为中国的主要代表。自1997年起，新疆被委任参加中亚区域经济合作（Central Asia Regional Economic Cooperation），与中亚国家合作促进区域经济增长。最近的一个例子是泛北部湾经济合作（Pan-Beibu Gulf Sub-Regional Economic Cooperation，PB-GEC）。这是一个由广西和6个东盟成员国定期参与的政府间合作平台。然而，最具影响力和最成熟的仍然是亚洲开发银行主导的大湄公河次区域经济合作与投资机制。

与许多其他以资源整合为基础的次区域经济合作项目一样，GMS合作机制要取得成功，各国政府的参与是必不可少的。因为这种类型的合作要求参与者在早期投入大量资金，回报周期长，而且受地缘政治局势的影响比较大，因此更需要国家政府的参与作为投资稳定性与持续性的基础。地缘经济与地缘政治密不可分。由于这种地缘风险的潜在性与风险评估的不确定性，只有政府带头投资该次区域的基础设施和基础产业，从而为GMS提供担保，私人投资者才会向GMS跟进大量资金。为了鼓励更多的公共和私人投资者，中央政府采取了一系列措施，培养地方的对外事务自主性，具体措施如促进西南边境省份与大湄公河次区域国家的直接合作，成立国家协调小组以统筹协调各部委和云南省人民政府的工作，并授予云南更大的自主权以针对次区域合作设立专门性地方机构。这一调整过程的主要目的是在特定领域淡化自上而下的权力印痕，促进决策方式的地方化，最终构成一种"国家尺度的重构"（state-rescaling）（Su, 2012）。

中央政府决定将云南指定为参与大湄公河次区域合作的主体省份，这在很大程度上取决于云南和湄公河国家的地缘与文化亲缘关系。在大湄公河次区域合作的方向和重大项目运作上，尽管中国与其他成员国保持着紧密的磋商，但具体的任务有时还是落在了云南省人民政府身上。在中央指导下，云南负责收集大湄公河次区域合作项目进展情况，分析合作中存在的矛盾并就国家层面的谈判与合作提出建议，并与其他成员进行沟通以协调国内法律和管理。倘若没有相应的对外事权，云南是无法履行这些职责的。一方面，在宪法意义上，云南与周边民族国家是不同层次的政治实体，难以展开直接与完全平等的谈判与合作；另一方面，云南自身的欠发达地位与经济资源的有限性，使其难以与大湄公河次区域的建设投资需求相匹配，因此云南在大湄公河次区域的影响力扩大有赖于中央政府的积极支持。

除了成为"国家尺度的重构"进程的一部分之外，云南对次区域合作的兴趣还直接源于东南亚跨国区域主义发展。20世纪90年代初，就有云南学者提出在中国、缅甸、泰国、越南等国家建立"金四角"。如果云南不能在区域合作中发挥关键作用，云南的对外开放将受到限制。面对东盟自由贸易协定、东盟北增长三角和东盟南增长三角的繁荣，如果云南不能进一步向南扩大经济影响力，就会在区域竞争中处于劣势。1991年，云南省外事办公室建议省政府评估亚太地区现有区域机制的利弊，加强与东南亚国家特别是周边国家的合作。云南对次区域合作的热情进一步反映在1992年第一次大湄公河次区域经济合作领导人会议的前期工作中。在长期研究的基础上云南省建议将交通改善作为大湄公河次区域框架下的优先目标，为其他合作奠定空间基础，同时强调区域合作不仅有利于云南的开放和经济发展，还将加强整个次区域的经济和文化交流。

此外，区域化与区域化之间具有连接性。云南正在努力将其参与大湄公河次区域经济一体化的工作与东盟自由贸易区联系起来。中国是大湄公河次区域的主要参与者，也是中国—东盟自由贸易区的领跑者。云南并非中国参与东盟自由贸易协定的主体省份，但依然看到一体化协定可以带来的巨大发展空间，并呼吁中央政府将其定位为中国与东南亚之间联系的起点。2002年时任云南省副省长邵琪伟表示，云南愿意为中国—东盟自由贸易区提供服务和培训，并进一步发展大湄公河次区域经济体和与邻国的其他现有合作机制（云南省人民政府，2003）。同年，时任云南省省长徐荣凯主持召开了大湄公河次区域合作省部级协调小组首次全体会议。此后，该小组定期召开会议专门听取云南参与中国—东盟自由贸易区的报告。省委进一步建议云南充分发挥区位优势，成为中国—东盟自由贸易区的合作试验区，提升在中国—东盟自由贸易区和大湄公河次区域经济合作中的作用（云南省人民政府，2003）。自2002年以来，《云南经济年鉴》开始发布云南省市参与大湄公河次区域合作的年度报告，特别侧重在东盟自由贸易区和大湄公河次区域跨境项目的开展情况以及省级领导人出席大湄公河次区域合作活动的情况。

二 关贸压力

关贸总协定在一定程度上也提高了云南参与国际关系的主动性。世贸组织对中国缩小国内发展差距的要求间接地增强了云南在开展对外关系上的能动性。改革开放后,中国寻求加入国际规则体系,融入全球化浪潮,并于 1986 年申请加入 WTO。1978 年,中国向联合国开发计划署寻求技术援助,标志着中国开始对国际金融机构采取积极态度。尽管当时中国仍未加入由发展中国家组成的 77 国集团,但中国支持该集团对解决全球南北发展不平等问题的倡议。中国恢复了在国际货币基金组织的合法席位和加入世界银行等其他多边经济组织标志着中国开始融入全球经济治理体系。

中国加入 WTO 是非常具有挑战性的,因为 WTO 内部对是否可以接受一个在当时刚刚开始自由贸易和市场改革的国家存在争议。由美国、日本和欧洲共同体等几个缔约方组织的工作组提出了各种建议,要求中国在批准加入之前提出切实可行的措施。在这些建议中,解决国内发展不平衡的问题对云南的外部行动主义产生了间接的推动作用。学者海克·霍尔比格(Heike Holbig)指出,在一定程度上,中国的内部区域发展差异是由国家宏观经济政策的"涓滴效应"造成的(Holbig,2004)。改革开放后,中央给予沿海地区大量的政策资源,使其拥有更大的自主权去制定本地贸易、投资和财政政策。使一部分省份地区先富起来的阶梯式、务实主义战略逐渐拉大了东西部的经济差异。1986—1998 年,西部和中部地区省份的贸易额仅占中国对外贸易总额的 10% 左右。至 1998 年,云南仅占中国外贸总额的 0.87%,之后进一步下降到 0.74%。云南在吸引外资方面的表现甚至更弱,在各省份中的排名几乎垫底。

中国政府当初也意识到如果不能有效地解决发展不平衡问题,加入世贸组织将使这一问题更加严重,因而不仅可能违反世贸组织的规定,还危及国家整体经济安全。尽管加入世贸组织将为中国带来长远的经济利益与改革动力，比如1.5%的年度额外增长、1万亿美元外国直接投资的增加、永久最惠国地位，以及制定全球贸易规则的机会等，但沿海地区在基础设施、投资环境、管理水平和人力资源方面的优势将使其在入世后获得相较于内陆地区更快速的增长。由于沿海地区对基础加工业的依赖程度降低，加上其他发展中国家如越南、印度尼西亚、孟加拉国或印度的低端制造业带来的挑战，西部地区在自然资源方面本就比较有限的优势将在加入世贸组织后进一步受到侵蚀。因此，原本因为改革开放形成的差序发展格局会在加入世贸组织后进一步放大内部失衡。

在一定程度上，为了积极应对WTO规则造成的外部压力和遏制潜在日益扩大的区域发展差距，中国在1999年启动了西部大开发战略。几个月后，在时任国务院总理朱镕基与国务院副总理温家宝以及十几位部长的监督下，成立了一个负责实施西部大开发的小型领导机构。与以往的大规模经济政策不同，西部大开发要求给予经济、社会和生态同等重视。江泽民同志要求参与西部大开发的中央和地方人员以可持续发展为目标。根据世贸组织的规定，中国不能长期依赖向西部地区提供优惠条件或直接补贴。同时，在世贸组织允许的过渡期之后，西部大开发应仅限于在减税、基础设施建设、教育水平提高等方面间接支持西部地区。

根据这一计划，中央将云南定位为周边国家通往四川、贵州、广西和西藏的门户，具有与周边国家进一步经济融合的潜力。后来，云南在西部大开发中的定位被中央进一步确定为绿色经济强省、民族文化大省和中国连接东南亚、南亚的国际大通道。为此，云南省专门制定了保护和丰富云南各少数民族文化多样性、促进云南经济与环境保护协调发展的长期战略规划。通过升级公路、铁路、水路和电信系统，加强云南的跨境互联互通。云南的国际关系身份在这一国家定位中体现得非常突出。

如果不与邻国互通互联优势互补，云南的战略定位难以转化为资源，带动优势发展。为此，云南设立了澜沧江—湄公河次区域经贸开发中心，推动与湄公河区域国家在贸易和投资方面的合作。此外，云南还利用西部大开发开展了各种外向型基础设施项目，包括扩建昆明吴家坝国际机场和提升昆明与周边国家之间的铁路联系。云南还承担着向西部其他省份转移能源资源的任务，进一步推动了云南巩固与湄公河国家的能源合作。由于投资和技术短缺，湄公河区域国家丰富的能源资源仍然没有得到充分开发利用，为云南的技术投入创造了互补空间。云南加强了在湄公河沿岸的大坝建设。此外，水电已经成为云南与越南开展贸易的关键领域之一。2017 年，云南电网累计对越南、老挝、缅甸三国送电 14.37 亿千瓦时（《人民日报》，2018）。又如，在电力交易方面，云南省于 2016 年成立了昆明电力交易中心。中心为面向南亚东南亚的跨境电力交易平台。已有老挝、越南、缅甸等国家的一百余家购售电主体注册此平台，推动了大湄公河次区域电力合作的深入。

与此同时，云南借助国家对世贸组织缩小地区差距的承诺，寻求更大的跨境合作空间。云南利用西部大开发来促进其绿色经济、民族文化以及与周边国家的国际通道建设。通过与周边国家长期密切的经济和文化联系，云南逐渐将自身构建为西南地区走向湄公河次区域的枢纽、联通世界市场的起点。为了进一步提升地缘经济战略地位，云南强调该省与周边国家的经济互补性，认为云南的跨境合作不仅会促进纺织品、家用电器和其他类型的基本商品在云南等西部省份生产，也将为其他西部省份从湄公河次区域购买廉价农产品、木材、果酱和海产品提供便利。

三 域外竞争

中国与域外大国（包括美国、日本、印度）之间的外交与经济博弈在湄公河次区域尤为明显。笔者将逐一探讨这些主要国家在次区域的竞争策略，以及云南的跨境合作角色如何从这种竞争中获益。

（一）美国

中国在湄公河次区域的影响力扩张遇到来自美国的挑战。尽管美国与这些国家相距甚远，并对该地区有着敌对历史，但作为当今世界上的强势超级大国，美国自冷战以来就一直在经营中越问题。然而，1975年越南战争以及20世纪70年代老挝和柬埔寨共产党政权建立之后，美国对湄公河次区域的兴趣就减弱了（Yoshimatsu，2015）。21世纪头十年，虽然小布什政府更加关注于平衡中国在东亚的崛起、热衷于插手台海事务以及推进与传统盟友的伙伴关系，湄公河次区域仍然在华盛顿的亚洲政策中处于边缘地位（Banlaoi，2003）。美国对安全问题的单一关注，如反恐问题和朝鲜核威胁，但是东南亚国家更加关注经济增长和政治稳定问题，这进一步限制了美国对东南亚国家主要关切的回应能力（Economy，2005）。

然而，与前几届政府相比，奥巴马政府率先明确将亚太地区提升为美国的全球首要战略重点。时任美国总统奥巴马在2011年访问澳大利亚期间正式宣布了"重返亚洲"政策，强调美国应该"更加重视具有战略重要性和经济活力的亚太地区"（Murphy，2017）。这标志着美国开始正式进行自冷战以来最大规模的地缘战略转移，从欧亚大陆转向亚太地区，从大西洋转向太平洋。由于东南亚是"重返亚洲"战略的地理焦点，这一政策毫无疑问地加剧了中国和美国在东南亚的竞争，特别是在湄公河区域国家。

因为"重返亚洲"战略的目标是制衡中国日益增长的影响力，从而作为域外大国的美国对于湄公河国家的任何新承诺都或多或少地带有地缘政治倾向。2009年7月，时任美国国务卿希拉里·克林顿（Hillary Clinton）在第一届湄公河—美国伙伴关系部长级会议上，与来自泰国、越南、柬埔寨和老挝的官员商定，以"湄公河下游倡议"（Lower Mekong Initiative，LMI）为名，将美国与湄公河国家的合作制度化。缅甸是中国在湄公河次区域的主要伙伴之一。在湄公河下游倡议下，美国试图通过扩大与湄公河区域国家在环境和水等领域的合作范围，回应或制造这些国家对中国在澜沧江—湄公河流域水坝建设的"关切"，来制衡中国在湄公河国家的影响力（Giang，2018）。美国还试图利用意识形态工具压制中国在该区域的影响，承诺在与湄公河国家合作期间遵循所谓

"透明""开放"与对"人权"的保护（Economy，2005）。

（二）印度

印度和中国作为湄公河区域两个相邻大国，其竞争一直是该地区的一个基本特征。自1962年中印边境冲突以来，印度就意识到，相比于中国，自己在经济和军事上将长期处于劣势。在印度有一种偏见对所谓的"珍珠链"政策①感到不满，比如在缅甸实兑港建立基地，在泰国修建穿越克拉地峡的运河，为巴基斯坦瓜达尔的发展提供资金，以及在孟加拉吉大港和斯里兰卡汉班托塔修建集装箱港口。这是把中国完全出于纯商业运作的资助行为污名化。中国在周边国家的一些港口、公路建设项目没有任何军事或战略目的。许多印度外交政策观察家无法脱离地缘对立的传统视野，认为中国在上述地区的举动会使中国更加靠近孟加拉湾，影响到印度的海上航线（Blumenthal，Lin，2006）。更幼稚的是，他们还将中国在南亚国家的合作活动视为"战略包围"（Kanwal，1999）。

印度1991年制定的"向东看"政策被认为是冷战后印度外交政策转向的基石，促进了印度与东南亚之间的文化和经济联系，同时制衡了中国不断增加的影响力。和中国一样，湄公河次区域对印度也具有地缘战略重要性，因为该区域与印度洋直接相连，且印度政府一向将印度洋视为其海上后院。此外，从文化角度看，大多数湄公河区域国家也和印度保持着文化上的亲密关系。缅甸、泰国、老挝和柬埔寨被称为中南半岛上的"印度化"国家，因为它们的小乘佛教、印度教建筑和婆罗门君主制将它们与受中国影响的越南区分开来。

"向东看"政策2014年更名为东方政策法案。在其影响下，印度通过多个项目改善了其东北地区与东南亚之间的关系。这些项目包括从

---

① "珍珠链"是一种典型的从冷战思维出发的猜测和臆断，是美西方国家关于中国在印度洋地区可能的经济和军事"扩张"的地缘政治假说。实现这一目标的具体方法包括获得港口和机场、军事力量现代化和巩固与该地区贸易伙伴的外交关系（Pehrson，2006）。这个词最初是由美国咨询公司博思艾伦（Booz Allen Hamilton）在2008年创造的，后来经常出现在印度的地缘政治和外交政策叙述中。

海上将加尔各答与实兑连接起来的卡拉丹多式联运计划,以及通过缅甸将印度曼尼普尔邦与泰国连接起来的三边公路项目。在印度创建了第一个次区域经济合作项目孟印缅斯泰经济合作组织(The Bay of Bengal Initiative for Multi-Sectoral Technical and Economic Cooperation, BIMSTEC)后,中印在湄公河次区域影响力上的竞争态势变得越发明显(Batabyal, 2006)。缅甸和泰国以及一些南亚国家都是 BIMSTEC 成员国。基于 1999 年东盟领导人峰会上构建印—泰—缅—柬—老佛教旅游区域合作的倡议,印度在 2000 年公布了湄公河—恒河合作计划(Mekong-Ganga Cooperation, MGC),以重申其"向东看"政策。随着《万象宣言》的缔结协议得以落实,2000 年 4 月中国与老挝、缅甸和泰国签署的《澜沧江—湄公河商船通航协定》加速了这一区域竞争进程(Batabyal, 2006)。与 BIMSTEC 战略目标相仿,MGC 湄公河委员会声称通过基础设施建设来帮助湄公河国家改善经济发展,以对抗中国在印度洋区域日益增长的影响(Batabyal, 2006)。在 MGC 的领导下,当时的印度总理阿塔尔·比哈里·瓦杰帕伊承诺要修建一条从新德里到河内,且途经缅甸、泰国、老挝和柬埔寨的铁路,这被广泛认为是印度对中国主导的泛亚铁路的回应(Zhao, 2008)。尽管中国政府对 MGC 表示欢迎,甚至偶尔表示有兴趣加入,但出于战略考虑尚未提出正式申请。

(三)日本

尽管日本远在湄公河次区域千里之外,但它一直是与湄公河地区国家进行深入接触的主要域外国家之一。随着云南在湄公河次区域影响力的提升,中日围绕湄公河次区域影响力的拉锯战也在随之展开。笔者首先回顾 20 世纪下半叶日本与中南半岛国家之间的互动,其次比较它们在 21 世纪初的互动,讨论日本如何调整湄公河次区域中的对华战略,着重分析了两个地区大国围绕次区域的制度建设而展开的竞争。

自第二次世界大战结束至 21 世纪初,日本与中南半岛国家关系主要呈现了发展主义和自由主义的特点。过去 20 年见证了日本的湄公河次区域政策由经济自由主义主导向地缘政治主导的转变。这种政策转变可以归因于许多因素，包括中国在1997—1998年亚洲金融危机中对东南亚经济给予的重要支援，促使东南亚国家对华态度更加积极，中国—东盟自由贸易协定的达成等（Sudo，2009）。日本认识到，尽管他们不能阻止中国在中南半岛及其他地区的影响力提升，但他们需要阻止日本自身影响力的下滑并争取领导地位（Guan，2011）。例如，为了遏制中国在湄公河国家开展合作，日本从2004年11月开始每年举行与柬埔寨、老挝和越南的领导人峰会，并在2009年扩大到泰国和缅甸（Bi，2016）。2008年万象举行大湄公河次区域经济合作第三次领导人会议前两个月，日本还举行了一次外交部部长会议，中国对此给予了高度重视，时任国务院总理温家宝出席了这次会议。

和美国一样，日本也利用意识形态工具在湄公河次区域与中国抗衡。日本在其《湄公河区域伙伴计划》中宣称其伙伴计划的首要目标之一是寻求作为"普世价值"的"民主"和"法治"（mofa.go.jp，2008）。时任日本首相安倍晋三在2006—2007年的第一个任期内，呼吁通过重视有价值的外交手段在欧亚大陆边缘建立一个"自由与繁荣拱门"，并强调柬埔寨、老挝和越南应该成为首批建立这个拱门的国家。外界普遍认为，这是一种几乎毫不掩饰的对华孤立尝试（Masaki，2007）。然而，通过意识形态遏华的实际策略效果微乎其微，因为这些意识形态宣说并没有给湄公河次区域国家带来其所需要的发展与安全利益，反之，过度强调西方价值观可能会使这些国家进一步发现中国所倡导的文化、价值观和发展道路的多样性更适用于他们本国的政治文化和经济发展需要（Yoshimatsu，2010）。

中日在湄公河次区域影响力方面的竞争也体现在地区机制建设方面。大湄公河次区域经济合作机制最初是亚洲开发银行的构想，自1992年以来在一定程度上促进了湄公河国家的经济一体化（Medhi，2004；Oehlers，2006）。有学者指出，亚洲开发银行与其说是一家地区性投资银行，不如说是日本在亚洲进行资本扩张的工具（Glassman，2010）。作为资本扩张的制度工具，对大湄公河次区域的投资反映了日本极力寻求海外经济扩张，以对冲国内经济停滞的影响（Wan，1995）。换言之，亚洲开发银行向大湄公河次区域项目提供资金的决定不可避免地受到日本政府对其经济盈余再投资和扩大日本商品和资本区域市场的兴趣的影响。

在积极参与大湄公河次区域合作几十年后，中国发现亚行主导的发展机制在引领区域合作方面的收效甚微。在亚行主导期间，作为湄公河次区域的重要参与者，中国在主导地位、制定规则和话语权方面存在明显的缺陷，并不能反映中国对湄公河地区一体化的实际贡献与作用。日本与美国在亚行主导的湄公河合作机制中占有最大的投票权。为此，中国建立了澜沧江—湄公河合作机制，整合了大湄公河次区域合作议程，对域外大国的介入设置边界，并在区域规范上发挥创造性作用，成为区域最主要的公共产品供给者之一，有利于促进成员国经济社会发展，缩小发展差距。事实上，"澜沧江—湄公河"的地理标签即说明了湄公河次区域的天然的地理绑定与对域外势力介入的天然反感。

亚洲基础设施投资银行（Asian Infrastructure Investment Bank，AIIB）加强了中国对湄公河次区域经济建设与社会发展的制度供给能力，也在一定程度上与日本支持的亚洲开发银行产生竞争关系。由中国倡议成立的亚投行是对亚行机制失效的一种积极应对。首先，湄公河地区基础设施落后，亚行无法提供足够的资金来满足湄公河地区对基础性投资的实际需求。其次，相关国家一直对亚行繁琐的基础设施融资程序感到失望。相比之下，亚投行对受助国施加的条件不那么严格，不要求它们将国有企业私有化或放松对企业的监管，并允许更直接的筛选程序。最后，长期以来，中国在亚行内部的决策权未能与其经济贡献相匹配。例如，中国加入亚行时只获得6.2%的投票权，远远落后于日本和美国，这两个国家加起来控制着超过25%的投票权（Strand，1999）。然而，当2010年中国GDP总量占全球GDP的9.2%，经济规模超过老龄化的日本时，其在亚行的投票权份额却降至5.5%（Reisen，2015）。因此，中国的主要利益诉求在于提高制度能力来主导自己的项目，而建立亚投行为此提供了实现路径（Songwanich，2016；Biba，2018）。

实际上，中国构建多边融资的替代来源并没有立即引起日本的焦虑（Reisen，2015）。直到澳大利亚、韩国，尤其是英国加入亚投行后，日本才感到自己的影响力在迅速下降。当亚投行削弱亚洲开发银行在湄公河次区域基础设施发展中的主导地位时，时任日本首相安倍晋三迅速作出回应，宣布了"为亚洲未来的高质量基础设施投资伙伴关系"项目，提供了1.1亿美元资金，并承诺向湄公河国家额外提供60亿美元的官方援助（Yu，2017）。

除了在多边层面，双边层面上也可以看到日本与中国争夺中南半岛影响力的拉锯战。当缅甸受到国际制裁时，中国和日本都提供了大量支持。早在20世纪50年代，日本就成为中国的重要合作伙伴。但随着日本跟随许多西方国家对缅甸军政府实施经济制裁，中国很快填补了日本留下的真空，持续推动缅甸社会的发展。然而，为了让中国对缅甸产生的影响受到制约，日本仍然与缅甸政府保持联系，并对日本企业在缅甸的投资保持灵活的态度（Malik，2015）。2010年之后一段时间，中国与缅甸开展的合作再次受到日本的制衡，随着缅甸举行大选开始"民主化"进程，放松政治和经济控制并释放被缅甸军政府软禁的昂山素季，日本恢复了与缅甸领导层密集的经济与政治接触（Reilly，2013）。但中国很快又稳定了和缅甸新政府的关系，并保持与缅甸稳定的经济合作与人文往来。

同样的竞争模式也可以在柬埔寨看到。后冷战时期，日本就派遣人员赶赴海外参与联合国维和行动，并为柬埔寨战后建设和减贫计划提供大量捐款，显示了对柬埔寨和平进程的承诺（Sotharith，2010）。然而，日本越来越忌惮中国在柬埔寨的经济影响力，特别是在"一带一路"倡议下中国对柬埔寨政治稳定与经济发展的积极影响（Nachemson，2018）。

值得一提的是，中国和日本都认识到过度的地区竞争会损坏两国的自身利益，因此也试图降低两国在中南半岛的竞争强度，通过"中日湄公河地区政策对话"的双边机制协调两国的项目。然而，这种机制的实际作用比较有限。双方出席会议的代表都是行政级别较低的人员，日本派出外务省东南亚和西南亚事务司副司长出席会议，中国派出外交部国际司副司长或中国驻日使馆经济商务处参赞出席会议。由于高层政治影响力的相对缺乏，对话机制难以有力协调中日关系（mofa. go. jp，2008，2009，2010，2014）。

一方面，中日两国不同的政策偏好和方案选择进一步限制了这一协调机制的作用。中国对湄公河次区域的兴趣主要在于地缘经济，通过合作共赢以扩大产品市场并获得更多能源，而日本在湄公河次区域的战略更多地以地缘政治为导向，特别是在2000年之后（Yoshimatsu，2010）。另一方面，日本和中国希望通过不同的机制来维护他们在湄公河次区域的利益。日本更倾向于在"湄公河—日本合作外长会议"和"日本与湄公河流域国家峰会"框架下开展工作，而中国则更倾向于"大湄公河次区域合作"和"澜湄合作"机制。更重要的是，这一机制的运作容易受到中日关系的影响。由于日本干涉台湾事务、擅闯钓鱼岛领海、染指南海事务和对历史问题不负责任的态度，双边关系长期处于相对不稳定状态，导致该机制自2014年以来一直处于中断状态，迫使湄公河国家只得沿着平行轨道与两个地区大国分别开展合作（Bi，2017）。

（四）中国对竞争的回应

从援助和投资的角度来看，大国之间的有序竞争从根本上对湄公河地区国家是有利的。无论谁提供资金，这些国家都可以获得更多的投资机会和各种产品、服务。合理、有序的竞争也给这些国家提供了更多的选择，这反过来迫使中国、日本、印度和美国为该地区国家提供更优质、更经济的基础设施产品。但是，不可否认，域外大国对中国南部邻国的密集接触和干预扰乱了该地区在政治、经济和安全方面的秩序。首先，湄公河国家与域外大国（尤其是日本）的接触往往带有排他与对冲性质，不利于周边稳定、投资项目合法利益和国家核心利益的实现，增强地区的零和竞争元素，削弱和合共存的条件。其次，客观上讲，湄

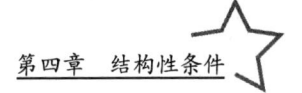

公河国家与域外大国之间的经济往来不断加强，也降低了湄公河国家对域内国家资金和产品的需求。

考虑到这些挑战来自于域外大国的战略竞争，中国有必要最大限度地利用其可用资源来增强其在湄公河次区域的影响力。正如中国依托亚投行为自己在该次区域的项目提供资金，而不是将资金注入日本主导的亚开行，中国政府也在最大限度地寻求与利用自身相对于这些域外大国的地理优势，即云南和湄公河次区域之间的一条狭长的陆地边界。具体来说，云南与缅甸西部、老挝和越南南部有4060千米长的边境线，也通过湄公河与泰国和柬埔寨相连。此外，云南有4690万人口与15个少数民族跨越边境。为了有力应对域外国家的竞争，中国借助云南的狭长地带，降低区域经济交流的交易成本，利用云南基于共同民族、语言和文化的跨境网络，加强与湄公河国家的地理、经济合作。除此之外，国家通过云南和广西，加强其在大湄公河次区域的参与程度。

这些战略考量是基于一种缓冲对策的假设，即次区域经济合作不太可能对域外势力的利益构成严重挑战。中国并不试图实施一种排他性的战略，不寻求排斥域外国家的所有利益，承认邻近国家如印度合理的地缘关切。对抗只会激化对抗，并且制造新的对抗，最终会削弱周边地带的战略缓冲作用，造成动荡不安的外部环境。因此，中国仅仅是通过经济建设为核心的次区域合作与机制建设来经营周边关系，并且，为了尽最大可能淡化政治背景，降低主权敏感性，国家借助云南的独特身份去推动对外议程，对次区域的一体化过程进行"创造性加入"。这一机制将地缘经济置于优先地位，降低了地缘政治的成分以减少与域外国家的显性竞争，避免对抗所造成的消耗，尤其规避周边地带由战略缓冲带变为战略消耗带的风险。因此，中国在经营周边的过程中与域外大国维持了一种微妙的平衡，刻意回避地区竞争上升为对抗的风险。此外，通过将参与澜湄合作的范围限制在少数落后省份，而非鼓励全国省份竞相参与，可以降低中国在大湄公河次区域对其他利益相关者的竞争感，从而规避对抗。

第四节 小结：省级外事研究的跨尺度结构

本章分析了云南省政府外事活动的一般结构性特征。这些结构条件构成了省政府开展对外活动的内在动机与外部机遇。一方面，云南省有意愿去成为一个国际关系行为体，参与国际互动，形成地区影响。边境地区的开放、中央政府边境治理的效率局限，以及与广西在澜湄次地区的竞争，这些都推动云南开展跨境互动。本章进一步揭示，云南的外部利益受到中央政府对省级外事机构的结构性约束。另一方面，内在动机必须与外部环境相衔接，才有可能形成完整的结构环境，构成云南在国际关系上的施动性与主动性。因此，本章又探讨了使云南可能成为国际关系行为体的周边形势。湄公河地区局势的历史演变为云南开展对外关系创造了有利的环境。中国与湄公河国家关系的正常化促进了云南的跨境合作。受跨国地区主义发展的影响，中国选择参与、融入或自主发展区域合作组织，其中之一就是大湄公河次区域经济合作机制。作为中国参与该机制的主体省份，云南受益于中国对WTO在缩小国内发展差距方面的承诺，游说各方以求在扩大其跨境经济联系方面拥有更大的区域影响力。中国与美国、印度和日本等域外大国之间在中南半岛经济和外交影响力方面的竞争，进一步加深了云南与周边国家的互动。

结合政治地理学与平行外交视角，本章认为云南省外事工作的结构性条件体现出一种跨尺度特征。国家之下、国家之中与国家之间的政治过程共同塑造了云南省对外能动性的结构性条件。分析可见，云南省开展对外活动的地缘政治动机是在多个尺度上构成的。在国际层面，国际规则的推动因素和域外大国的竞争压力共同为云南的对外活动创造了政策空间。在地区层面，东南亚地区的整体态势由革命与战争转向和平与发展。为了重建或修复与周边国家的外交关系，同时避免触及边境主权等敏感问题，云南成为国家与周边地区重建联系的中介与代理人。在国内层面，地方化与差异化的边境治理方式促使云南去建构自身在对外关系上的主动性，去探测本省在国家与周边地区之间、在国家议程与地区一体化机制之间的独特角色与身份意义。

自下而上的平行外交视角可以为人们提供一个窗口去进一步理解地方角色与国家建构的复杂关系。那么，地方角色是如何在复杂的、多尺度互嵌的网络关系中构建自身的行为能力的呢？这就涉及下一章将要讨论的省级政府外事活动的施动性问题。从国际关系的理论角度，省级政府外事活动的国际施动性不仅仅是一个现实主义问题，还是一个建构主义问题，不仅仅是一个能力与实力的问题，还是一个不同国际主体间的认同构建问题。

第五章
施动性条件

　　本章讨论地方政府开展对外活动的施动性条件。地方政府只有在同时满足结构性与施动性条件后，才可能充分实现其国际身份与国际影响。认识地方政府的对外行为需要多种分析角度与理论范式，包括现实主义、后自由主义与建构主义等。现实主义在地方外事研究以及平行外交理论中较少被提及。一般而言，学术界将地方外事研究的理论起点理解为对现实主义的一种后自由主义批判。但其实地方政府的基本行为逻辑依然遵循现实主义的一些行为主义特点。比如，地方政府会天然地寻求自身的利益，将自身的权力最大化，从而进一步确保自身的利益实现。换言之，地方政府也要争取自身利益最优化与权力的最大化。在这个过程中，和国家行为体相似，地方政府会依据功利原则与理性规范来行动，这是因为地方政府也是理性的行为体。因此，为了实现利益，地方行为体会调动自身的各种有形或无形资本。资源配置情况决定了地方政府进行国际活动的能力与实力，构成了行动策略的基础。

　　地方外事研究强调经济驱动的、国家之下的对外关系，并强调许多外交决策机制中的次国家因素，人们越来越意识到在国际关系中，地方或者非国家行为体往往有国家"代理人"的作用。地方行为体往往被视为传统国际外交的"补充"单位，尽管有人讨论主权国家可能面临被"地区国家"所取代，但这些强烈的后主权观点往往被平行外交学者忽视。

对次国家或非国家行为体的国际关系研究也有隐而不宣的伦理倾向。以平行外交为例,"伊斯兰国"极端组织(ISIS)由于其反道德性而不被视为一个合理的研究对象。尽管"伊斯兰国"极端组织也有对外议程以及构建"外交"关系的明确意向,但该组织或者许多其他地区性的恐怖犯罪组织缺乏建设一个健康社会的基本能力。没有社会,就更不可能建立持久的政权。然而,也有一些新兴的次国家实体长期遭受民族国家的同化和否定,如伊拉克库尔德斯坦地区。这些次国家行为体成为抵制主权压迫的反叛型的国际行为体。自冷战结束以来,这些心怀不满、不断对抗传统国家权力结构的次国家行为体不断在国际外交舞台上涌现,成为当今民族国家的"竞争者"。例如,在叙利亚、伊拉克与土耳其的库尔德等地区,国家政策的失败催生了新的国际关系行为体。虽然这些反叛型的次国家行为体经常与暴力活动甚至恐怖主义牵扯到一起,但是,西方平行外交学者还是更倾向于认同他们身份的道德性与诉求的合理性。

鉴于国际体系是根据一套规范性法则而制定的,建构主义认为,国际和国内政治并非完全封闭在自己的领域内,国内宪法结构与社会建构定义了国际行为体及其行为的合法性。可以说,现实主义视次国家行为体为国家利益与理性的延伸,自由主义假设次国家行为体的国际关系属性是不同政治尺度相互依存和全球化的体现。次国家行为体的建构主义特征在于国际关系中的主体互动形成的互惠模式。

对于建构主义者来说,国际关系中的次国家行为体是一种"体制事实"的持续不断的实践产物,由各种次国家和非国家行为体参与和维持,这些行为体重构规范,并通过政治和社会进程解构和重建国际舞台上的主体间性原则和规则。地方外事研究的建构主义范式强调主体间性的概念。例如,建构主义平行外交关注的是次国家实体或非国家实体如何向外国行为体"发出"其存在的信号,期望这些行为体可以得到信号接收方的承认,以证明自身的存在。外交行为体的政治存在必须得到相关行动体的承认。国际身份是在一种政治表征，是主体间的理解与期盼，是符号交换中生成的意义。外交活动（政府高层之间的国际会晤、国际办事处的设立、减贫合作和各种交流计划）不仅是经济驱动的，而且是为了履行某种象征性的交换与认可而进行的。地方政府的对外交往是世界政治中次国家行为者国际身份建设的一种形式，通过代表政治（representative politics）将主权国家的一些要素纳入区域或次国家身份的建构之中。

由于国际关系中对地方角色研究的多范式性，如果要探索一个完整的施动性条件，就需要不仅仅关注行为体的能力与实力，还需要关注其他行为体或者他者的回应与互动。因此，一方面，本章将探讨云南省如何运用经济和社会资本进入国际关系场域，影响国外行为体而形成国际合作；另一方面，本章还要讨论云南省的国际关系身份是如何被承认的。前者更多地依赖现实主义与自由主义视角，重视政府行为体的理性选择、权力运用、能力与实力，后者更强调建构主义身份形成过程中的符号互动、"呼唤"与"回应"。

就施动性条件的能使资本层面，本章将讨论云南省对外能力的建构与运用。本章认为对外事务权的扩大使云南省能够利用三大工具来激励邻国与它合作：基础设施建设（如建立国际大通道）、经济联系（如边境贸易与投资）和社会民族纽带（如友好省市关系与边境民族关系）。历史上，云南省并不总是有足够有效的"工具箱"来制造或提高其对邻国的吸引力。中华人民共和国成立初期，云南省缺乏在对外事务上的权力和适宜的外部环境。直到改革开放以后，尤其是中国与一些东南亚大陆国家邦交正常化之后，云南省才具备了在湄公河博弈中发挥作用的必要条件。

在基础设施方面，云南省积极推进交通运输建设，推动湄公河国家的合作。长期以来，交通基础设施问题一直制约着云南省的内部发展和对外交往。在一定程度上，这种滞后是因为云南省曾是一个相对孤立的农业型省份，并缺乏修建更多道路和桥梁的意愿。在中央政府鼓励云南省最大限度地发挥地缘优势，密切开展跨境合作之后，这种局面发生了很大逆转。因此，在过去的20年里，云南省掀起了一股交通基础设施升级的投资热潮。

在经济联系方面，随着基础交通设施条件的改善，为了扩大对湄公河次区域的外部影响，云南省着手改造其与相邻国家之间的经济依赖关系。云南省与湄公河国家之间的边境贸易由来已久，特别是20世纪90年代以来，湄公河国家一直依赖云南省生产的电子产品，同时向该省出口产品原料以满足其日益增长的发展需求。云南省和周边国家之间投资贸易往来频繁，尤其是在大湄公河次区域经济合作成立后，云南省在这些国家的能源和基础设施领域进行了大量投资，重新塑造了该地区以及超地区的地缘经济格局。此外，由于地理位置相近，大量云南省居民跨境寻求就业和商业机会。

在社会民族纽带方面，本章论证了云南省如何建构与运用自身的跨境网络，并转化为对外合作的优势。在领导关系层面，云南省相关人员频繁与外国领导人会晤，逐渐构建了自身在中国外交格局中特殊的对外角色。在城市关系层面，云南省市积极发展国际省市友好关系，形成一个友好的次国家关系网络。在民间社会层面，由于大量华侨生活在湄公河国家，云南省有更多机会加强与这些国家的互动。由于文化和历史上的密切关系，云南省一直积极鼓励这些华侨参与云南省的经济发展，并改善云南省与他们所在的国家之间的合作。总而言之，加强地理联系、加快经济合作和加强跨境网络已成为云南省的对外发展重点。这些因素一起强化了云南省与周边国家的相互依存，从而进一步深化了云南的对外交往能力。

从建构主义的角度看，本章强调仅仅依靠地方政府开展对外关系的资本与资源是不够的，还必须要获得国家与国际社会的承认，这些对外能力与实力才可能转化为一种合理的、被认可的国际身份。本章揭示了云南省的国际行为体属性得到邻国与中央的认可。从次区域国家的层面，云南省与这些国家签署了一系列非条约协定，在这些国家派遣了常驻官方代表（云南省驻外商务代表处）。云南以主体省份或重要代表身份参与了多个国际双边和多边机制，其中最具影响力的是大湄公河次区域经济合作机制。从中央对云南省参与跨境合作的态度和政策中可以看出，云南省的国际行为体属性也得到了中央政府的认可。首先，中央政府允许云南省代表参加国家代表团的各种国际活动和访问。其次，中央政府指定云南省来负责多种大型涉外活动。再次，国家在面对一些边境问题时会通过云南处理。最后，中央鼓励云南省与邻国合作建立各类经济特区、进行边境贸易。

本章分为六个部分。第一、第二节讨论云南省是如何运用其经济资本开展对外关系的。第三节分析云南省如何运用社会资本构建其国际关系行为体能力与身份。第四节与第五节讨论云南省的国际关系行为体身份是如何获得国家与国际社会的承认的。第六节进行总括性讨论。

第一节 基建合作

基础设施建设是中国地方省份开展对外活动的突出优势与经济资本的物质化表征。一般而言，跨国基础设施建设作为一种"低政治"领域的事务更适合地方政府的参与，甚至主导。在具体分析云南省如何通过基础设施建设开展对外关系之前，本节需要先阐明基础设施与政治的内在关系。社会权力关系是特定形式的物质过程的产物（Gabrys，2014）。基础设施不是一般的经济资本，在其物质化的过程中，经济关系可以转化为不同的政治关系，地缘经济可以演化为地缘政治。基础设施是国家建构的一部分。基础设施网络是现代国家对其全部领土进行有效治理的先决条件。基础设施建设改变了物质与社会空间，也改变了政治治理的空间形状。有学者提出"建制力"（infrastructural power）或"后勤力量"（logistical power）的概念，认为国家是物质过程与实践的结果（Mann，1984；Mukerji，2010）。通过基础设施网络的建设，国家能够在其领土范围内真正渗透到社会中并执行其行动意愿。道路、运河等基础设施工程将"领土国家"转变为"权力的图形世界"(figured world of power),并构成了一种"去人格化的统治"(impersonal rule)(Mukerji,2010)。这构成了国家的建构与发展重心从私有空间的保护到共同"有效空间"(effective living space)的开发的转向。通过基础设施,国家提供公共服务和建立有效的"生活空间"——这是现代人的技术栖息地。

基础设施可以被视为一种治理的具体符号载体,一种关于现代性的范式和假想路径。基础设施不仅是一个技术对象,而且是一种需要学习的语言,是一种政治价值的表征。现代生活形式基础设施的不断完善提高了治理的有效性与合法性。每个社会成员都需要外部提供的基础设施服务。随着基础设施的供给完善,公民日益依赖国家提供的基础设施服务。基础设施的中心功能是确立了一种人与社会/国家的依赖关系,并伴随着依赖关系的增强形成治理的有效空间。我们不仅要关注基础设施的国内建设,还要关注基础设施的跨境建设。跨国基础设施网络可以被视为一种政治力量扩散的物质载体,一种政治治理与社会发展模式可以通过基础设施的建设传递到另一地。

在外交领域,跨境基础设施建设为国际互动提供了空间基础与物质支撑。国际基建能力是地方政府对外能动性的能使条件,是云南省参与国际事务的重要资本。云南省通过改善跨境交通运输的连通性来创造与湄公河国家的合作空间。丁工等学者从"大周边"战略的角度出发指出,云南地处东南亚、南亚结合部,还位居亚欧板块与印度洋板块区域交界处,因此在中国对"两亚"的关系中具有独特的地位和作用。同时,云南省还连接了资源丰富的湄公河次区域与作为制造业中心的中国东部沿海地区。云南省对其基础设施工具的巧妙利用将这些地理特点转化为其独特地缘的价值。

云南省曾是一个基础交通设施建设非常落后的闭塞省份。20世纪40年代,中国各地的产业特点非常相近,因此彼此之间的货品交换需求非常有限。由于山地分隔，即使是出于政治和战略目的将多余的大米从一个地区运到另一个地区储存，在经济上也是不划算的。因为手推车在陡峭的道路上只能装载少量的货物，上坡运输需要额外的牲畜并会产生喂养它们的费用。彼时，云南省大部分地区没有车辆通行的道路，只有可以搬运手工制品的狭窄山路。

20 世纪 50 年代，云南省境内 60% 以上的交通运输仍然依赖于人力（Summers，2013）。1992 年大湄公河次区域项目启动之前，云南省的运输系统每年只能处理 1000 万吨物资，但实际需求量高达 2500 万吨（d'Hooghe，1994）。当时，云南省与边境另一侧的城镇之间没有可靠的公路路线。例如，滇缅公路在 20 世纪 30 年代末竣工，1942 年，缅甸被日军占领，滇缅公路停止了运输。当时，除了一条连接越南的破旧铁轨外，没有连接云南和湄公河次区域的铁路（车志敏，罗林，2004）。

交通不便制约了云南省的经济发展和外部影响力。陈利君等学者提出将云南省建设成地区辐射中心，然而云南省的互联互通水平限制了这一设想。这就需要该省建设连接东南亚的电信网络，突破电信"瓶颈"，开放入海通道。大湄公河次区域经济合作机制成立后几年，云南省在交通基础设施领域掀起了几乎不间断的投资热潮。云南省推出了建设国际大通道的计划。该项目包括公路、铁路，水路和电信，旨在将东亚、南亚和东南亚连接到太平洋和印度洋。

一 道路系统

云南省改善道路系统的决心在大湄公河次区域经济合作机制成立之前的两个地方报告中都有所体现。第一份报告是 1992 年的《关于云南省国民经济与社会发展十年规划和第八个五年计划的报告》。时任云南省省长和志强表示要继续重视连接云南和湄公河次区域的公路建设，并把昆明打造成区域公路网的枢纽。同年，云南省起草了另一份报告，建议改善与邻国的道路连接，尤其是泰国。报告认为，泰国将成为继中国香港、新加坡、韩国、中国台湾之后，经历工业化和高速增长的第五个

"小龙"。因此,为了挖掘泰国的经济潜力,云南应该修建一条贯穿中南半岛主要地区直达曼谷的公路通道。

云南省升级跨境道路系统的决定与大湄公河次区域合作的目标相吻合。云南省在建立经济走廊方面的努力也证明了这一点。1998年,在亚洲金融危机的余波中,大湄公河次区域第八次部长级会议提出了"经济走廊"的构想。2005年7月召开的大湄公河次区域第二次经济合作领导人会议发表的《昆明宣言》再次确认了这一计划。经济走廊的设想表明,大湄公河次区域正在致力于"构建交通网络系统连接,鼓励私人对贸易、生产、旅游和其他服务进行有效投资,切实解决当地人民的贫困和环境管理问题"。经济走廊的相关项目将在边境地区促生更多的商机和社会联系。在众多与经济走廊相关的项目中,云南在南北经济走廊西线的道路建设中发挥了巨大作用。

与此同时,云南与泰国合作修建了昆明—曼谷公路。这条高速公路全长1800多千米,中国境内云南段由昆明起至磨憨口岸止全长827千米。亚洲开发银行向云南提供了2.5亿美元的贷款用于改善该地区的条件,中央政府也采取了类似政策,投资5.2亿美元(Masviriyakul,2004)。昆明经玉江至磨憨段于2003年竣工。小勐养至磨憨段于2017年通车。在云南之外,这条高速公路在老挝境内绵延263千米。云南与泰国、亚行密切合作,向老挝提供资金援助,推动项目顺利完成。根据双方的协议,磨丁和会晒(两个老挝城镇)之间的区域由中泰两国资助,老挝仅承担亚行贷款成本的1/3。经过多年的努力,昆明—曼谷公路于2007年通车,为云南、老挝、缅甸和泰国之间的商品运输奠定了坚实的基础。

除昆明—曼谷公路外,云南还开通了昆明—河内高速公路。这条高速公路在越南境内的一段从越南的老街(一个与云南接壤的边境城市)开始,到河内的诺白机场结束,全长240千米,行车时间从11小时缩短到3小时(MOT,2014)。昆明—河内高速公路云南段全长405千米。这条高速公路于2014年通车,刺激了越南西北部的发展,为越南农产品和海产品在中国的销售提供了便利渠道，促进了云南商品向东南亚的出口。

另一条重要通道是昆明——仰光高速公路。这条公路沿着历史悠久的滇缅公路修建，起始站分别位于中国昆明和缅甸腊戍。事实上，最初的滇缅公路是1910年由中国和缅甸劳工修建。日本占领缅甸后，通往中国的补给线被切断。后来，约瑟夫·史迪威（Joseph Stillwell）领导英美军队从印度阿萨姆邦的城镇雷多修建这段公路，连接旧的滇缅公路。目前的昆明—仰光高速公路的建设经历了四个阶段。第一阶段标志着安宁—楚雄二级公路于2005年升级为高速公路。第二阶段，云南省总投资47.5亿元，对宝山至龙陵公路进行了全面升级。云南后来在第三阶段与缅甸合作，对德宏州盈江县至缅甸密支那的公路进行升级（李义敢等，2004）。

但需要指出的是，如果云南省不能与周边国家合作简化出入境规定，公路建设就难以保证云南省的地理资源得到有效利用以扩大外部影响。长期以来，与湄公河国家相比，云南省与邻国之间的通关手续一直很繁琐。调研发现，原因主要来自两个方面。其一，云南省担心来自邻国的车辆可能不符合中国的安全规定，而且很难惩罚违反中国交通规定的外国司机。因此，云南省实施了严格的规定，只允许外国旅游巴士和私家车在该省境内行驶。此外，他们必须作为一个团体进出该省。如果这些司机想通过云南入境，他们必须向中国公安部与交通管理部门申请许可。

其二，云南省的车辆也不容易进入邻国。为了吸引更多的中国游客，泰国允许来自云南的车辆有条件地进入泰国，只需司机支付过路费和其他费用。但由于交通事故频发，泰国很快废除了这项政策。考虑到昆明至曼谷高速公路老挝段没有大城镇，老挝担心其最终只会成为中泰货物或乘客的过境通道，而无法充分服务于当地经济。因此，老挝开始收取更多过境审批费，并要求外国司机在将货物交给老挝公司之前卸货，以便收取更多税款。调研显示，云南省的企业最担心的并不是税款或审批费的增加,而是运输延误带来的可能的产品损坏。

二 铁路系统

在各种各样的交通方式中,铁路项目无疑是初期耗资最大的。云南省被国家指定为中国在泛亚铁路网建设中的主要参与者。泛亚铁路网的灵感来自于 20 世纪 60 年代欧洲和美洲第一条横贯大陆的铁路计划。该铁路计划将俄罗斯和西欧国家连接起来,将纽约和旧金山连接起来。泛亚铁路网的目标是形成第三座亚欧大陆桥。该大陆桥从中国南部开始,横跨东南亚国家和湄公河次区域,向西穿过南亚和中东,然后穿越地中海,一路驶向鹿特丹。由于冷战,泛亚铁路网的想法被搁置。直到 1995 年,时任马来西亚总理马哈蒂尔·本·穆罕默德(Mahathir bin Mohamed)在其第一个任期内提议将泛亚铁路网从昆明发展到新加坡,这一计划才得以复生,但又花了十年时间,相关国家才制定了关于泛亚铁路网的政府间协议(Chan,2018)。

为确保该项目顺利实施,在党中央的支持下,云南省对现有铁路进行了升级改造,增加了与边境线对接的铁路,并将自己的铁路系统与邻国的铁路系统进行了整合。2014 年,云南省蒙自至河口铁路段开通后,泛亚铁路东线在中国境内最后一段完成(云南省人民政府,2016)。云南还表示有兴趣参与建设中泰铁路(泛亚铁路中线的一部分),以进一步巩固其在整个东南亚铁路系统中的中心地位(云南网,2015)。对云南省来说,泛亚铁路网将减少货物和生产材料运输的成本和时间,同时促进云南省南部和西南部的发展(孔祥庚,2001)。受访人的观点进一步证实了这一论断。

泛亚铁路网完成后,云南省的烟草、中药和生物制品的出口出现明显增长,能源安全也得到加强。因为我们可以更容易地从东南亚进口更多的原油和天然气。泛亚铁路网带来更多旅客,云南边境地区将有更多的酒店、餐馆、超市、医院和学校。

作为泛亚铁路网的一部分,中泰铁路由中泰两国政府直接合作,中国参与投资，未来连接中国云南的昆明和泰国首都曼谷。然而，在准备阶段，泰国提议只修建铁路的一部分。调研发现，这一提议是为了进一步与中国议价。云南省发现了这一动机之后，建议国家发改委降低建设成本，平衡中国从整个铁路的建设中的收益。

三　航运系统

除了铁路公路网建设，为了降低运输成本，云南省还着手发展水上运输，改善了一些主要的跨境河流的航运条件。作为中国参与澜湄合作的前沿省份，云南大力发展澜沧江—湄公河国际航运，经过多年建设，其基础设施得到完善。与此同时，云南省与沿岸国家合作，对中缅243号界碑所在地与老挝城镇会晒之间以及会晒与万象之间的水道进行升级改造，同时在老挝昆帕蓬瀑布附近建立航运设施（李义敢等，2004）。云南省还投资超过4000万元，用于疏浚湄公河上的第一个中国港口思茅港和江龙港的航道和升级设施（Masviriyakul，2004）。中央政府甚至允许云南省派代表团参加由中老缅商船航运协调委员会组织的湄公河主题会议，会上云南省代表积极讨论了共同航运收费标准的可行性、石油运输路线、湄公河安全法规的实施，以及减少老挝修建的水电站造成的负面影响（云南省人民政府，2010）。云南省得以依托金沙江、珠江、澜沧江、怒江等水系发达优势构建了"两出省，三出境"的综合水运网络，发展了澜沧江—湄公河国际航运，促进了水运航道设施的建设（丁工，2017）。

除了湄公河，近几十年来，云南省一直致力于改善红河和伊洛瓦底江的航运能力。虽然红河在20世纪60年代进行了翻修，但后来停止使用（车志敏，1992）。据调研，随着云南省与越南日益密切的经济合作，云南省渴望挖掘红河的潜在价值。为将红河河道通行能力从53万吨提高到93万吨，将客运量提高到30万人，云南省与越南联合对河口海防航道进行了调查，扩大了通航距离和规模，并花费5000万元在河口修建了渡轮和货运码头（李义敢等，2004）。此外，在缅甸的参与下，云南省正努力实现与印度洋的直接连通，开始改善伊洛瓦底江流域的水陆交通（李义敢等，2004）。中缅双方同意对德宏、巴莫和密支那之间的道路，以及巴莫和仰光港之间的水道进行联合检查，准备建设巴莫港和瑞丽—巴莫三级公路（Fan，2011）。2016年云南省瑞丽市投资3亿元对瑞丽—巴莫公路进行改造，以进一步促进云南与缅甸之间的贸易、投资和文化交流（蓝玉芝，2016）。

四 电信网络

在政治经济、环境制度等诸多方面存在的障碍，使湄公河次区域在电信发展方面相对滞后。过去20多年中，在所有GMS成员国中，中国的云南省和泰国的电信应用依然仅处于发展阶段（李义敢等，2004）。与传统运输方式的问题一样，数字鸿沟使该次区域更难及时掌握第一手市场信息，开发并充分利用数字经济平台。正是在这一背景下，亚行启动了区域技术援助（RTA）和大湄公河次区域电信论坛（Subregional Telecommunications Forum，STCF），云南在其中发挥了积极作用。为了节省电信成本，湄公河次区域电信论坛随后提出了两个主干项目，以应用数字技术，缓解交通拥堵，提高区域内服务质量（Asian Development Bank，2014）。第一个项目是运用光纤传输系统建立东环的现代网络。这项为期十年的东环工程采用环形拓扑结构，在湄公河次区域的13条输电线路中实施，其中5条在云南。第二个项目从东环启动，云南省参与建立连接大湄公河次区域所有国家的第四环路。

在实施这些关键项目的同时，云南省试图将自己转变为信息传播的区域枢纽。省报告中指出，云南省应通过与南亚、东南亚的信息网络整合，转变为一个国际信息通道（李义敢等，2004）。具体措施包括将河口、勐腊、景洪、瑞丽等地的光缆与越南、老挝、缅甸、泰国等地的光缆连接起来，并将传输系统的覆盖范围扩大到邻国的中部城市。这一电信发展工程的主要执行单位是中国南方电网有限责任公司和中国电信集团有限公司，其中南方电网承担的是与次区域国家实现电网互联等责任。2003年10月，南方电网和泰国国家电力公司签署了《中国南方电网有限责任公司和泰国国家电力公司进一步加强合作与交流的框架协议》；2004年中越双方又签署了《中国南方电网有限责任公司与越南国家电力总公司加强合作与交流的框架协议》，通过河口、文山、防城港三条线路向越南送电（中国新闻网，2003，2004）。2007年中国电信在昆明挂牌设立区域性国际通信业务出入口局，昆明也成为继北京、广州、上海之后的第四个国际出入口局（昆明市政府，2007）。云南省协助缅甸、老挝、越南建设了大容量光缆，并在2009年前开通老挝、缅甸跨境电路。中国电信云南分公司也逐渐开始向老挝电信运营商提供电信服务，并在河口和老街之间架设光缆路由器。云南省还致力于在湄公河次区域倡导互联网技术，为次区域内外的信息交流提供了在线平台，同时为次区域用户建立了许多教育、旅游和技术电子数据库。

第二节 经济联系

跨境交通设施的升级有助于云南省最大限度地发展省级经济对外联系。所有负有经济责任并在开展国际关系的政府机构都在从事经济活动，尽管有时这种行为不被描述为经济外交。既通过制定政府政策，也作为独立的第三方，各种各样的非国家或地方行为体也参与经济外交。经济外交的手段多种多样，涵盖了从非正式谈判和合作到柔性监管（如行为准则），再到制定和执行具有约束力的规定的各种措施。虽然最终是一种政治意义的生产，但经济外交依赖的是行为体的经济资本，因此经济外交对市场非常敏感，也可以说，市场是经济外交的内生因素，是经济外交活动的一个构成部分。云南省通过很多经济形式，比如边境贸易、地区跨境投资等形式不断增强次区域内的相互依存关系，以促进次区域一体化的构建，巩固周边关系。云南省是主权力量通过地方经济力量形成区域扩散的关键行为体。

一　贸易与货币

1980年，云南省人民政府决定在中缅边境恢复小额贸易。1985年，云南省进一步放宽边境贸易政策，边境26个县市（含畹町市）全部划为边境贸易区，边境贸易全面展开。到1990年，初步形成地方政府间贸易、边境民间贸易、边民互市等多层次、多形式、多渠道的边境贸易发展格局（国家发展和改革委员会，2019）。然而，在1992年大湄公河次区域经济合作机制建立前夕，云南省的边境贸易额在中国7个边境省份中仅排名第四。20世纪90年代后半期，云南省与周边国家的贸易（尤其是出口）继续下降。世纪之交前后，云南省先后出台了《云南省外来投资促进条例》《中共云南省委云南省人民政府关于进一步扩大开放的若干意见》《云南省人民政府关于进一步加强外来投资促进工作的若干意见》，推进了出省和出境重大公路、铁路、航运和水运通道项目的筹备和建设，加速了与周边国家"通路、通电、通商、通关"进程。在这个过程中，云南省跨境互联互通水平的提高使其在边境贸易方面更加积极主动，比如积极参与中国—东盟自由贸易区建设、澜沧江—湄公河次区域合作和孟中印缅地区经济合作，积极拓展与东南亚、南亚开放合作领域等。

这种增长归功于云南省努力发挥其经济影响力，最大限度地提升与湄公河次区域的相互依赖性。长期以来，由于缺乏技术和资金，湄公河次区域各种储备丰富的原材料基本上没有得到开发（杨明，2005）。与此同时，面对人口日益增长和更严格的环境保护法规，云南省发现本省的自然资源不足以满足其工业发展的需要。跨境交通基础设施的升级降低了云南从邻国进口木材、石油、天然气和煤炭的成本。云南省还可以更方便地利用其工业优势，在边境的另一侧销售大量电器机械产品，包括发电机、伐木机械、收割器和烟草机械（杨明，2005）。诚然，云南省的产品没有广东、浙江和其他中国工业强省的同类产品先进，但它们却更符合湄公河国家的本土市场需求。

就价值而言，2018年云南省的外贸进出口总额达到1973亿元，其中46%是通过与东南亚国家的贸易实现的（《云南日报》，2019年）。2019年，云南省外贸进出口总额达到2323.7亿元，首次突破了2000亿元，同比增长了17.9%左右，其中与东盟国家的贸易额达1143亿元，且以缅甸、云南、老挝三国为首（中华人民共和国昆明海关，2020）。然而，在邓小平南方谈话前夕，云南的进出口贸易总额仅为671万美元。除1999年和2015年外，云南省的贸易基本保持上升趋势（云南省人民政府，2018）。

自20世纪90年代初以来，云南省也采取了一系列措施，比如扩大人民币在边境贸易中的使用。这些措施的实施背景是中国与东南亚国家关系正常化后，湄公河次区域国家成为云南重要经贸伙伴之一。与此相关的是，在越南、缅甸和老挝，人民币已经被部分接受和使用，在整个东南亚地区成为仅次于美元和欧元的最受欢迎的货币。所有这些因素都促成了市场对人民币跨境自由兑换的巨大需求。

1994年，云南省责令国有商业银行的省级分行为人民币在云南边境贸易中的使用提供便利。同年，云南省在中国农业银行河口县分行开办首个跨境货币人民币结算业务。2012年，中国农业银行云南省分行与越南湄公河三角洲房屋发展银行老街省分行签订《中国农业银行云南省分行与越南西贡河内股份商业老街省分行跨境贸易人民币结算协议》。2014年，中国农业银行麻栗坡县支行获准跨境转移人民币现金。2018年，中国工商银行、中国建设银行、中国农业银行、富电银行等与缅甸、老挝、越南、泰国、新加坡等国的金融机构达成人民币结算协议。2019年，中国银行云南省分行与中国银行（香港）有限公司合作，首次将人民币资金从云南经香港汇往缅甸，开通缅甸人民币直汇服务，实现了东南亚人民币业务的全面覆盖。截至2020年5月末，中国银行云南省分行跨境人民币结算量累计突破1767亿元，为4400余家企业提供跨境人民币业务支持。2022年，云南省首笔中越两国RCEP多边协定下跨境人民币业务成功落地中国农业银行河口县支行。

2010年，国务院决定将云南省打造成南亚和东南亚的区域金融中心，增加云南省使用人民币开展对外贸易的企业数量，进一步提升了云南省在人民币国际化进程中的地位。2010年7月，云南省正式启动了跨境贸易人民币结算试点，这也标志着中国跨境金融合作发展迈出历史性的一步（中国经济网，2010）。从2010年到2017年，云南省的人民币贸易结算总额达到1000亿元，省级银行与84个国家和地区建立了人民币结算渠道（陈松涛，2018）。2017年，云南省31.26%的贸易以人民币结算，比2010年增长5.7倍。缅甸取代中国香港，成为云南省最大的人民币结算市场。2019年上半年，云南省跨境人民币结算量为268.16亿元，累计结算量较试点前翻两番多，同时9家跨国集团企业搭建跨境人民币资金池，实现了跨国企业集团境内外成员企业之间开展跨境人民币资金余缺调剂和归集业务（国家发展和改革委员会，2019）。2019年8月，云南省批准境外企业在云南境内发行人民币债券，前提是其母公司在中国境内。云南省还致力于以各种形式扩大人民币的使用，以支持企业的海外投资（国务院，2019年）。总而言之，20年来人民币结算的发展，进一步促进了云南省与中国周边国家及其他地区的经济交流，降低了它们对美元的依赖、汇率成本，以及汇率波动带来的风险。

二 投资关系

另一种形式的经济外交体现在云南省在湄公河次区域的投资活动中。20世纪90年代，云南省是该次区域最大的投资接受方。大湄公河次区域成立一年后，对云南的实际投资猛增到1.65亿美元，是过去9年实际投资总额的两倍，几乎占到云南的外国投资总额的2/3，后来达到5.09亿美元（云南省人民政府，1994）。随后几年，除香港回归前外，大湄公河次区域继续成为云南省最大的海外投资来源地。例如，2001—2002年，东南亚国家参与的34个云南项目中有21个项目来自湄公河国家（云南省人民政府，2002，2003）。

云南省和湄公河国家之间的经济依存关系持续增强，因为这些国家从云南省获得的投资比其他地区更多。对大湄公河次区域的总投资占云南对外投资总额的84%，而云南省新增海外企业的77%在湄公河国家（云南省人民政府，2010）。在这些国家中，老挝是云南省最大的投资接受国。2000—2006年，云南省向老挝投入大量资金用于橡胶种植园的开发（云南省人民政府，2001—2006）。尽管云南最大的对外直接投资项目是柬埔寨博昂湖的开发，但该省还是向老挝注入了大笔资金，用于重建那琅湖（屈燕林，2008）。2015年，云南与老挝的贸易额达到8.82亿美元。与此同时，老挝已成为云南对外投资的第一大市场，截至2016年3月，云南省在老挝共设立境外投资企业219家，中方协议投资额40.2亿美元，实际投资额19.85亿美元（云南省商务厅，2016）。

2008年国际金融危机期间，云南省对东南亚大陆的对外直接投资持续上升，2009年云南省对该区域的实际对外直接投资甚至攀升至2.7亿美元，比2005年增长了10倍（云南省人民政府，2006—2010）。2019年8月，根据建立自由贸易试验区的计划，云南省采取了各种措施来吸引外资。这些措施包括允许外国人在与国内投资者同等条件下进行投资活动；不断减少负面清单，以开放更多可供外国人投资的领域；改善外国投资者利益保护机制，特别是对知识产权的保护（国务院，2019）。

在很大程度上，云南省在大湄公河次区域国家不断增长的投资是由中央各部委管理的国有企业所带动，而不是地方政府负责的省级国企。为了充分利用云南省的地理位置和对外直接投资的优惠条件，国家电力投资集团公司、中国大唐集团有限公司、华能国际电力股份有限公司等多家国有企业在云南设立了子公司（陈铁军，2011）。例如，华能国际电力股份有限公司在2006年8月成立了云南联合电力开发有限公司，并得到了云南和兴投资开发股份有限公司和云南联合资源与工程公司两家公司的支持（中国华能集团有限公司，2010）。该公司旨在促进云南省和湄公河国家之间的电力建设。另外,云南省为当地企业制定了促进对外投资的一系列优惠政策,其中之一就是人民币跨境使用便利化政策。除此之外,云南省与大湄公河次区域国家的资源和产品的互补性也促使云南得以更加顺利地推进对湄公河国家的投资。与此同时,云南省为投资海外大麻替代种植项目的云南公司提供税收减免和贷款便利。

三 云南移民

与此同时,由于基础设施连通性、跨境交流的改善以及中央的支持,云南与湄公河次区域保持着密切的人员交流。过去 20 年来,云南省向周边国家移民的数量显著增加。由于许多云南人在边境的另一侧发现了致富机会,一些有成功经验的人希望鼓励更多的人,特别是来自云南农村的人,效仿他们的成功经历。应当指出的是,云南移民数量的不断增加和云南省与周边国家贸易和投资热潮互为因果、互相推动。大量云南移民的存在刺激了中国商品向湄公河次区域出口,并吸引了更多中国人到当地医院、中文学校、餐馆等方面进行投资,这些投资又带来了更多的云南移民。

根据工作性质的不同,改革开放后的云南移民可以分为三类。第一类是商人,他们或管理着只雇用几名员工的小规模街头商店,或掌握着跨境大型贸易公司或生产企业。第二类是随着中国对外资源开采和基础设施建设而流入到周边国家的人。这一类人包括技术人员、熟练工人和具有基本技能的劳动者。第三类人由从事跨境农业的人员组成,主要参与云南主导的缅甸北部和老挝罂粟替代种植计划(Sung, 2015)。

第三节 社会资本

社会资本是一种关于关系与网络的资源,是现实与潜在的资源的集合体。社会资本是指信任关系、朋友关系、同僚关系、亲缘关系、血缘关系、社群关系等，通过对这些持久的关系网络的占有可以得到使用其他形式资本的机会。这一社会资本可以分为政府社会资本与民间社会资本。在国际关系领域，政府社会资本指国家或次国家行为体为了相互利益而建立某种仪式性或符号性纽带，建构某种特殊的想象的地缘联系，以及正式与非正式的政治互信。民间社会资本是社会文化、关系与结构的一种特性，是一种慢慢产生、不可复制的、非官方的资本。这是由血缘、亲缘、历史制度等要素的时间沉淀而逐渐形成的非正式的集体准则、规范与情感等，是互相认同的价值观体系与文化资源，是社群信任网络。在外交上，这两种资本可以转化为一种外交手段。

就云南省而言，云南省与周边国家的交往始于南方丝绸之路（蜀身毒道）的开通（伍加伦、江玉祥，1990）。虽然在清朝时期，孤立主义的外交政策压倒一切，但云南省的对外交往并没有彻底终止（吴兴男，1997）。20世纪初，英法殖民主义者将云南省变成中南半岛的一个盈利腹地，并与中国其他市场联系在一起。云南滇缅公路和法国投资的昆明—河内铁路建成后，云南与湄公河次区域之间的商品和人员流动更加密集（d'Hooghe，1994；Spence，1999；Glassman，2010）。

1949年中华人民共和国成立后，一些国民党士兵从云南潜入缅甸，重新组成非法武装，准备"反攻大陆"。后来，一部分国民党军队分散到泰国北部，还有很多人依然留在缅甸北部。中华人民共和国成立初期的经济浩劫与政治不稳定，导致了这些国民党势力借机从云南笼络了更多新成员。20世纪90年代以后，为了寻求发展机会，云南居民向周边国家迁移的人数进一步增加，而前一波云南移民潮的成功经历吸引了更多的新移民，特别是来自云南农村的移民。

尽管如此，云南人民长期移徙到湄公河次区域并未明显增强对该次区域的影响。中华人民共和国成立初期对地方外事活动的限制性政策阻碍了云南开展系统的对外经济活动，而且一定程度上搁置了云南与周边国家的人文交流。直到改革开放后，云南才将历史上与周边长期互动而慢慢沉淀形成的"人力资源"变成一个有力的国际关系工具。在党对地方外事工作的集中统一领导下，云南省人民政府通过加强对外访问和接待活动、建构友好城市关系和推进边境地区华侨互动等措施来提高云南省的对外影响力。本章列举的这三个层面并不涵盖所有方面的社会资本。社会资本是一个复杂、模糊而庞大的情感、记忆与信任网络，涉及跨境社会与文化体系方方面面。本章无法穷尽所有，仅选取国际访问与接待、友好城市关系来观察政府社会资本的建构，通过澜湄地区的华人社区互动来审视民间社会资本的运行。

一 强化高层交往，深化睦邻友好

云南省坚决贯彻落实"亲诚惠容"周边外交理念和"与邻为善、以邻为伴"周边外交方针，深入开展高层交往，足迹遍布南亚东南亚9个国家，出访效果显著。1992—2015年云南省级领导对大湄公河次区域国家进行了15次高层访问。在访问大湄公河次区域国家时，省委省政府的主要领导被要求履行双重职责。一方面，他们被要求协助中央政府稳定与周边国家的关系，推进中央的睦邻政策（郑卫东，张哲，2007）。另一方面，负责促进云南与周边国家的经济交流，加强与海外社区的联系，宣传云南省的社会经济成就和投资环境，回应海外对云南省企业的关切（郑卫东，张哲，2007）。

几十年来，云南省级领导多次出访和接待，与周边国家领导人建立了密切联系与良好的工作关系。这在某种程度上打破了外交惯例。1994年，时任云南省省长和志强在柬埔寨礼遇西哈努克国王（云南省人民政府，1994）。西哈努克和他的长子诺罗敦·西哈莫尼（Norodom Sihamoni）去世后，云南的高层领导几乎每次去柬埔寨仍有机会会见柬埔寨国家首相洪森（云南省人民政府，2018）。在过去的20年里，中共云南省委书记和省长曾四次受到泰国总理的接见。

此外，云南省还抓住了接待外国高级代表团的机会，以提升其对周边国家决策者的影响力。在中央政府决定鼓励边境地区开展更多对外经济活动后，云南省对湄公河国家领导人的邀请频率明显提高。例如，自

20世纪90年代初以来，老挝高层已经访问云南35次。仅在2007—2008年，老挝高层对云南进行了9次访问，包括时任主席朱马利·赛雅贡（Choummaly Sayasone）、总理波松·布帕万（Bouasone Bouphavanh）、副总理宋沙瓦·凌沙瓦（Somsavat Lengsavad）和通伦·西苏里（Thongloum Sisoulith）（云南省人民政府，2007，2008）。云南省在接待时也非常注重礼节，为这些来访的领导人举行了高规格会议（云南省人民政府，2001，2006）。中共云南省委书记或云南省政协主席经常会与湄公河沿岸国家的政党代表或有影响力的社会组织代表进行会谈。2015年，时任中共云南省委书记李纪恒在昆明会见了由主席昂山素季率领的缅甸全国民主联盟代表团；2013年，时任云南省政协主席罗正富为老挝建国阵线（LFNC）中央主席潘隆吉·冯萨率领的代表团举行了招待会（云南省人民政府，2013，2015），为深化睦邻友好，推动构建周边命运共同体凝聚共识，增添活力。

云南对湄公河沿岸国家领导人的高规格接待是符合政治经济的复合利益的。两个典型的例子是云南为老挝副总理宋沙瓦·凌沙瓦安排体检和为越南国家主席陈德良安排度假访问（云南省人民政府，2003，2008）。如一位受访者所言，虽然短期内为来访的领导人和客人安排访问相关事宜在经济上支出较大，但云南应该更多地关注其"政治账"，而不是"经济账"。此外，由于中国是亚行第三大股东，而其他大湄公河次区域成员持股总共不到1%，云南提出的项目在大湄公河次区域会议上相对容易获得批准。当然，这不免引起了周边国家的意见。因此，为了保护与周边国家的良好关系不受此影响，云南投入一些经费与周边国家的高层领导建立良好的工作关系并不是"浪费"，而有助于推动建立区域的协调关系。

云南与周边国家建立了一种地方纽带与协调关系。例如，2009年缅甸果敢地区发生武装冲突，并不断演化升级，当地难民流入与果敢相近的云南省临仓市边境地区避难。临仓市政府担负起安置难民的重任，为难民做出了及时而适当的安排。又如，缅甸士兵逮捕了一群云南居民。这个事件通过云南瑞丽代表的干预迅速得到解决，他们与缅甸缪斯的同行有良好的工作交往。如一位受访者所说，因为外交部与这些国家的基层政府和社区联系薄弱，因此如果由外交部直接处理这个事件，问题的解决难度反而更大。中央亦认可云南在湄公河一带的跨境联系与危机应对的能力。

二 城市关系

除了政府层面的关系，云南对外关系的政府社会资本还体现在城市关系的发展上。云南省通过与湄公河沿岸国家建立友好城市或省际关系来促进与周边国家合作。① 1992 年 3 月，中国国际友好城市联合会在北京成立，中国国际友好城市建设进入高速发展，截至 2021 年，中国已同 130 多个国家缔结了 2800 多对友好城市关系，中国国际友好城市协会的目的是为中国地方政府与外国政府在平等、互利、自愿的基础上建立友好关系提供指导。

和其他省份一样，云南积极接受与外国省份的友好关系，并建立了本省的地方国际友好城市协会。尽管省级国际友好城市协会的活动有义务寻求中国国际友好城市协会的批准，但省协会依然拥有开展对外友好关系的一定自主权。据了解，中国国际友好城市联合会很少拒绝省协会的申请，因为前者也在一定程度上依托省级友好关系的数量不断增加而得到高层认可。在省级国际友好城市协会的努力下，截至 2023 年，云南已与 37 个国家建立了 105 对友城关系（昆明市人民政府，2023）。尽管云南省的合作伙伴在数量上落后于其他发达省份，但不断增加的国际友好省际关系促进了云南与周边国家的联系，使云南更方便地安排官方访问、开展社会经济项目、并定期保持联系（Cheung，Tang，2001）。

云南省与泰国清莱府早在 2000 年就正式缔结了友好省府关系。自

---

① 平行外交研究学者发现这种类型的互动是很普遍的。例如，美国大多数州都在经济、文化和旅游领域与欧洲、亚洲、南美洲和加勒比海地区建立了友好洲际关系（Fry，1990）。日本许多积极的省长也选择与中国省份建立友好关系，将日本的注意力从华盛顿和美国转移到中国（Jain，2006）。

建立友好关系以来，两省加强了政策决策者、商人和学者之间的联系（云南省人民政府外事办公室，2015）。近年来，清莱拉贾巴特大学校长对云南师范大学财经学院进行了学术访问。清莱的青年代表团访问了云南民族大学。清莱的官员甚至直接在昆明组织了一场宣传活动，为清莱经济区吸引更多的投资（搜狐网，2016）。云南与柬埔寨暹粒之间的联系也是如此。自从它们建立了结对关系以来，双方人员在农业、文化和人员交流等领域的合作机会成倍增加（云南网，2012）。例如，他们在暹粒合作建立了一个农业示范园，并为世界级历史遗址吴哥窟修建了一个新机场，这是两个最著名的联合项目。双方艺术家还共同组织了由云南文投集团和柬埔寨索马公司赞助的音乐舞蹈表演，以示友好。

　　云南在大湄公河次区域的另一个结对伙伴是柬埔寨西北部省份班迭棉吉省。在友好关系的框架下，两省在多个领域特别是农业领域都加强了沟通。一个典型的例子是双方在班迭棉吉联合建造了农业科技友谊示范园（中国新闻网，2011）。此外，云南还帮助班迭棉吉省培育新型农产品，增加产量，以增进当地农民的福祉（云南网，2012）。这种关系也提升了云南在班迭棉吉当地社区的形象。例如，2018年在班迭棉吉省170万人受灾，数千片稻田被洪水摧毁后，云南迅速做出反应，提供200名农业工程师和技术支持以缓解当地受灾农民的困难，并积极参与合作伙伴的灾后重建工作（新华网，2013）。2021年新冠疫情期间，云南省人民对外友好协会以云南民间国际友好交流基金会的名义，向柬埔寨班迭棉吉省捐赠了抗疫物资与疫苗，积极帮助班迭棉吉省抗击疫情（中国新闻网，2021）。

　　除了在省一级建立的友好关系，1981—2020年，云南省会昆明与全球24个城市建立了友好城市关系，位居全国前列，在西部城市中排名第三，且2018年昆明喜获第七届中国国际友城大会举办权，并连续六次获得了"国际友好城市交流合作奖"（昆明市人民政府外事办公室，2019）。昆明被誉为"花城"，因此它建立的一些联系都围绕着花的主题。例如，昆明和清迈自1999年建立东南亚第一对友城关系以来，两地都以花卉闻名,所以联合举办了一年一度的花卉节。在昆明的24个友好城市关系中,有6个在湄公河国家,即清迈、曼德勒、仰光、金边、万象、岘港。为了进一步促进旅游、贸易和文化交流,昆明举办了两场以友谊为主题的国际活动。2017年6月,在友好城市合作与发展对话会议上,时任昆明市市长承诺扩大贸易范围,增加对外投资,营造良好的商业环境,呼吁这些城市与昆明携手,在"一带一路"倡议下,争取更多的商机。2017年11月,昆明市人民政府主办了昆明国际友城旅游合作大会,并成立了友好城市旅游联盟。该联盟的秘书处设在昆明,旨在让昆明与友好城市,特别是周边国家的友好城市开展合作,落实旅游政策,开发新路线,改善基础设施,共享旅游信息,这在很大程度上加强了昆明与东南亚友好城市间的旅游资源开发,增强了昆明在东南亚区域的影响力。联盟成立后,中国在2017、2018年成为柬埔寨最大的客源市场,为此柬埔寨旅游部部长表示要积极推进"为中国准备好"计划,在景区提供中文旅游宣传品、中文服务、中文标识以及推动人民币支付(昆明日报,2019年)。

三 民族社区关系

社会关系或民族纽带是对外关系中重要的社会资本类型。湄公河国家的华侨成为帮助住在国与云南建立密切伙伴关系的推动因素。改革开放后,海外华人对中国融入全球市场充满热情,并在中国国际化进程中发挥了重要作用。对于中国许多沿海省份来说,来自东南亚的海外华人的支持曾是经济增长的关键因素之一。明清时期,湄公河次区域主要是云南对抗封建中央王朝的退兵之所,出亡之地。到了近代,云南人民流入湄公河一带则主要是地方封建自然经济的瓦解所致(董孟雄,陈庆德,1984)。20世纪上半叶,一些云南本地人越过边境去湄公河国家寻找新的发展机会。中华人民共和国成立后至改革开放,云南往湄公河沿岸国家的移民数量在不断增加。

改革开放40多年来,云南更加积极地鼓励侨胞参与云南经济发展,推动与侨胞住在国的合作。2011年时任云南省侨联主席李嵘就指出要充分发挥250多万云南籍华商的优势为企业"走出去"牵线搭桥（云南网，2011年）。人力资源和社会保障部和云南省人民政府签署了一项协议，为云南省在技术和管理方面吸引华侨华人提供支持。后来，云南实际利用的外资有80%来自湄公河区域国家的海外华人。云南70%的外资企业是由与云南人有血缘关系的华侨经营的。据调研了解，华侨还帮助云南企业在周边国家开展业务前熟悉当地市场和法规。

云南还成立了一些省级机构来处理华侨关系，核心之一就是中共云南省委统战部。统战部主任经常兼任省委常委，对省决策有重要影响。省委统战部还负责监督省侨务办公室。作为省级部门机构，侨务办公室在研究和制定云南侨务政策的同时，有义务与居住在周边国家的云南人建立与保持联系。联系和动员云南归侨也是侨务办公室的职责之一。侨办习惯在春节前拜访云南的归侨家庭。

第四节　外部承认

施动性条件不能局限于地方开展对外关系的能力与实力。省级政府调动经济资本与社会资本所培育或构造的国际行为体身份需要得到他者的认同才可能得以实现。换言之，这种国际关系身份的构建是在互动之中实现的，没有"他者的承认"就没有国际关系身份构建的完整性。如果一个地方行为体的国际关系身份中缺少"他者的承认"，那么这个地方行为体的对外施动性就是残缺的，无法完成自我的国际身份建构。

本节讨论周边国家对云南作为国际关系行为者身份的承认。周边国家对云南国际关系行为体身份的承认可以从云南与这些国家之间的互动过程中推断出来。本节探讨这些国家如何将云南作为非条约协议的授权签署者。这些非条约协议缺乏约束力，不需要复杂的国内审批程序，但却代表了一种对条约方国际身份的承认。周边国家还允许云南以海外代表办事处的形式派遣代表,并参与一系列双边和多边区域机制。

一 签署非条约协议

湄公河沿岸国家通过接受云南作为非条约协议的授权签署者表现了他们对云南国际关系行为体身份的承认。根据《中华人民共和国宪法》,对外条约的缔结、批准和废除属于中华人民共和国国家主席、全国人民代表大会和国务院的权限。在此框架约束下,云南省在对外发展过程中签署了一系列非条约协议。这些协议严格说来缺乏法律约束力,也不需要复杂的国内批准程序。云南签署的协议类型包括合作框架协议、谅解备忘录、意向书、贸易协议以及经济贸易、技术、运输和旅游领域的共同声明。

理论上,根据外交礼节,云南省各机构只应与外国地方政府签订协议。例如,2012年4月,云南省人民政府与柬埔寨班迭棉吉省签署合作协议,共同建设一个农业科友谊示范园;与越南老街省签署协议,共建一个跨境经济合作区(《云南日报》,2012)。老挝琅南塔省农林厅与云南出入境检验检疫局签署关于番石榴果蝇检测的谅解备忘录(《云南日报》,2010)。然而,云南作为国际机制参与者的身份不仅得到了外国地方政府的认可,也得到了湄公河次区域的一些国家政府的承认。例如,在2018年第二届中国—东南亚商务论坛上,中国国际贸易促进委员会云南分会分别与越南和老挝的国家商会达成了协议。通过签署协议,云南展现出在技术利用、环保法规制定与资金能力等方面的相对优势,并且作出了合作开发新能源产业的承诺。为了鼓励云南和湄公河次区域之间的游客流动,云南省旅游局与邻国的国家旅行社签订了一系列协议或谅解备忘录,强调与这些国家合作一同完善区域内旅行出入的便捷度,加快建设旅游配套服务设施,加强人力资源开发方面的互助。

二 云南的海外代表

湄公河沿岸国家允许云南省人民政府派驻外事代表。这在一定意义上构成了对云南国际行为体身份的承认。在处理对外事务上,省级代表机构采用了海外代表办事处的形式。首先,云南省海外代表处最开始设立于老挝、越南和缅甸的首都。从2010年开始,云南省逐步在31个国家(地区)设立了驻外商务代表处,实现了南亚、东南亚全覆盖,并延伸至东亚、西亚、非洲、欧洲、美洲和大洋洲等地。在省政府的授权下,在省商务厅和外事办的指导下,省海外代表处逐渐搭建了服务全省对外开放和经贸合作的海外工作平台。省海外代表处的资金使用情况由省财政部门监督。其次,中南半岛所有海外代表办事处的日常运营均由在国外经营业务的云南企业协助管理。据调研了解,之所以将海外代表处与省驻外企业关联,主要是借助这些企业在当地的社会资源与资金更好地提升服务效果。据了解,省驻外企业可以挑选自己的职工来负责协助管理海外代表办事处。例如,云南建设投资控股集团有限公司柬埔寨分公司总经理李少泉兼任云南省驻柬埔寨(金边)商务代表处主任。

海外代表办事处的任务是协助省政府收集信息、建立数据库、分析当地的社会经济状况以及协调安排省级领导人的访问。代表处根据投资者和政府需求,组织贸易博览会以及商务交流与谈判,此外还帮助云南企业熟悉当地的风俗、法规和法律。云南省驻万象商务(企业)代表处面向云南的投资者举办了关于当地环境保护和工业法规的讲座(搜狐,2017)。又如,云南省驻缅甸(内比都)商务代表处邀请了云南企业家分享他们与当地合作伙伴打交道的经验(云南网,2017)。湄公河沿岸国家的这些海外代表办事处进一步提高了云南在海外的存在感与知名度。2017年,云南省驻柬埔寨(金边)商务代表处还在金边贸易博览会旁举办了汽车拉力赛(《云南日报》,2017年)。

三 参与区域机构

邻国承认云南作为一个国际参与者的角色,也表现在这些国家同意云南参与众多双边和多边机构上。通过这些双边或多边机构,云南省可以直接与邻国代表进行谈判,并更好地将该省的项目纳入更广阔的区域发展图景之中。

起初，云南利用其区位优势加入了一些跨境工作小组。从表面上看，因为云南在法律与政治上无法与主权国家对等，因此这些工作组仅参与云南及其邻国北部地区之间的合作。但实际上，调研发现，跨境工作小组参与了云南与各邻国整体的经济交流。具体来说，为了加快信息和资源的流动，自 2004 年以来，云南与泰国北部地区组建了跨境工作小组。第一次会议由时任云南省省长徐荣凯和泰国外交部部长素拉杰·沙田泰（Surakiart Sathirathai）共同主持，双方承诺共同努力解决他们在工作小组合作中产生的问题（《云南日报》，2004）。会议上云南省与泰国达成多项协议，其中包括泰国西北部经济试验区和清迈烟草厂的建设，湄公河旅游业的促进，湄公河通航条件的改善（《云南日报》，2004）。在 2017 年 7 月举行的第 6 次工作组会议上，双方将共同利益的范围扩大到 14 个领域，包括交通运输与安全（陈松涛，2018）。

根据 2000 年 11 月《中华人民共和国与老挝人民民主共和国关于双边合作的联合声明》的要求以及 2004 年 3 月时任国务院副总理吴仪访问老挝时作出的关于"加强云南与老挝的边贸和经济技术合作"的指示，在老方提出"愿意加强老挝北部与云南的合作"的意愿下，云南省和老挝于 2004 年共同建立了中国云南—老挝北部合作机制，即中国云南—老挝北部合作工作组会议。中国云南省发改委和规划投资部老挝—中国合作司被指定为各方的联络处。据统计，截至 2019 年，云南—老挝北部合作工作组已经召开了 10 次高层会议，启动了一系列联合项目，为老挝提升为云南在东南亚的第二大贸易伙伴做出贡献。例如，在 2017 年 9 月的第 8 次会议上，双方同意在工作组的基础上加倍合作，增进相互了解和高层交流，提高清关速度，并在教育和人力资源开发方面进一步合作（云南省文化和旅游厅，2017）。双方同意中国"一带一路"倡议和老挝"陆锁国变陆联国"发展战略可以通过联合开发万象赛色塔综合开发区（Saysettha Development Zone）和磨憨—磨丁经济合作区（Mohan-Botan Economic Cooperation Zone）等旗舰项目来相互巩固（陈松涛，2018）。

　　滇缅经贸合作论坛是在云南成为缅甸最大贸易伙伴的背景下成立的（中华人民共和国商务部，2013）。论坛的任务是促进瑞丽—缪斯边境经济合作区的建立，规范边境贸易，加强边境控制，打击边境犯罪，加大罂粟替代种植计划力度，协调孟印中缅经济走廊的建设工作（云南网，2014）。截至2022年，论坛已连续开办9次洽谈会，成为缅甸在贸易、旅游、边境安全等领域与云南直接对接商谈的重要平台。

　　此外，云南还与越南北部省份建立了两项双边机制。其中一项是云南与越南河内、海防、广宁、老街组成的中越五省市经济走廊合作会议。该会议旨在协调与中越经济走廊的相关工作（新华网，2017）。在2019年第九次中国云南与越南广宁海防河内老街五省市经济走廊合作会议上，中越五省市围绕多个领域的合作展开了协商和研讨，签署了《会议纪要》，并就继续开展"光明行"活动、加强医疗卫生和旅游合作、建立友好城市等方面签署了一系列合作协议。会上，属于经济走廊沿线的越南安沛省正式加入机制。另一项是中国云南省与越南莱州老街河江奠边省联合工作组，其中老街是唯一在两个工作小组中都有参与的越南省份。联合工作组的核心任务不仅限于经济领域，比如便利口岸通关，促进中越经贸合作等，还涉及安全治理领域。例如，在2016年第6次会议上，各方在昆明就一系列非传统安全事务达成了协议，签署了建立林业合作制度、保护野生动物、监测野生动物疾病、防止森林火灾和管理非法跨境贸易等有关文件与备忘录。

　　在众多云南省参与其中的双边或多边机制中，最具影响力的还是大湄公河次区域经济合作机制。云南被授权在这个机制内代表国家处理所有与中国有关的边境贸易、投资、能源和非传统安全的问题（李明江，2014）。云南参与大湄公河地区经济合作的进程可分为四个阶段。第一阶段实际上早于该机制的创立。当时，云南与大多数湄公河国家都存在着严重的经济失衡问题。学者黄惠焜曾呼吁建立一个包括老挝、泰国、缅甸和云南在内的多边机制（杨洪常，2001；King，2002）。云南省也对这一提议给予了积极评价与高度重视。因此，在1992年8月，当亚洲开发银行官员到云南访问，研究建设大湄公河次区域经济合作的可行性时，云南对这一倡议的强烈兴趣和高效的筹备工作令外方印象深刻（Chen，Jian，Chen，2010）。经过初步研究，云南建议将交通基础设施作为未来全球交通基础设施合作中最主要的资金投入领域，并据此提出了雄心勃勃的道路发展规划（Chen，Jian，Chen，2010）。

第二阶段是从1992年到1999年年底。在这几年中，云南省尝试探测自身在该机制中的地位角色以及可能的活动空间。这在一定程度上是由于当时中央对这个区域组织的关注度相对不高，以及缺乏与湄公河次区域国家打交道的经验（杨洪常，2001；Swain，2002；Tubilewicz，Jayasuriya，2015）。这促使其他成员国将目光转向云南，与云南产生了更密切的接触。关于部长级会议的人员选派上，在GMS机制成立早期，外交部没有派遣任何人员，而中央派遣的唯一代表是来自中国人民银行的一名工作人员（新华网，2008）。相比之下，时任云南省人民政府秘书长吴光范连续四年被派遣去参加经济合作会议，并因其资历和经验而被认为是中国代表团事实上的"带领者"。

第三阶段是从20世纪90年代末到21世纪初。其间，中国对大湄公河次区域的兴趣不断加强。国家对该区域态度的变化可以从很多方面看出。比如，中央开始派遣副部级干部参加大湄公河次区域部长级会议，开始呼吁召开大湄公河次区域领导人峰会，并将一些云南主导的GMS项目提升到国家级别。值得指出的是，从云南这一地方角度来看，国家对大湄公河次区域经济合作机制的关注加强与参与加深导致两方面影响。一方面，这意味着云南过去在该区域的努力成果已经得到了中央的承认；另一方面，一旦中央方面直接参与到该机制中，云南的独特角色可能就会减弱，他国对云南代表的兴趣也可能会减弱。

自2002年中国与东盟签署《中国—东盟全面经济合作框架协议》以来，云南开启与湄公河沿岸国家新一轮接触，即第四阶段。时任云南省省长徐荣凯在政府工作报告中谈到，《中国—东盟自由贸易协定》给云南带来了许多机遇，全省应加强与大湄公河次区域各成员的合作，扩大其对整个东南亚的影响力。云南省社会科学院进一步呼吁深化云南省在大湄公河次区域经济合作项目中的参与，在《中国—东盟自由贸易协定》框架下为国家协调与东盟各国的具体合作。从此，国家更为重视云南在中国—东盟自由贸易中的协调作用。通过云南的参与，中国将从该地区获得的贸易收入和大量外汇，以基础设施建设投资的方式输入到湄公河次区域（Tubilewicz, Jayasuriya, 2015）。

除了大湄公河次区域经济合作外，湄公河沿岸国家也欢迎云南成为湄公学院（Mekong Institute）的常任理事。湄公学院是一个政府间组织，由新西兰、泰国以及泰国孔敬大学联合发起，旨在为湄公河次区域提供高质量的人力资源开发项目（Mekong Institute, 2018）。自成立以来，云南一直参与湄公学院的运营管理。尽管中国外交部要求中国常驻联合国亚洲及太平洋经济社会委员会（United Nations Economic and Social Commission for Asia and the Pacific，ESCAP，简称"亚太经社会"）代表团代表中国参加湄公学院指导委员会，但该委员会中唯一的中国代表席位实际上交给了云南省副省长（Mekong Institute, 2018）。云南省科技厅下属的科技发展研究中心也被选为湄公学院所管理过程中代表中国官方的协调机构（Mekong Institute, 2018）。

湄公学院还与云南省在人力资源和技术支持等方面开展各种合作项目。多数时候，当项目由云南赞助时，湄公学院和省外事办只需要在流程上向亚太经社会代表团报告，然后由常驻代表团批准后方可执行。然而，当项目由中央支持时，湄公学院必须向常驻代表团报告，并有权决定是否通知云南省外事办。在过去的十年中，湄公学院与云南省科学发展研究中心签署了合作框架协议，建立大湄公河次区域战略资源基地和大湄公河次区域科技创新与技术转移基地，并与省技术厅合作开办生物医药技术培训班，建设科学与技术论坛。

云南的参与也体现在与中央政府分摊对湄预算上。国家无意在湄公河研究的合作之中占据主导地位和投入过多资金，大约每年投入20万美元，另外 15 万美元通过各种项目支付。例如，国务院发展研究中心与湄公学院就建设知识共享中心进行了谈判，通过该中心给予额外的资金支持。湄公学院还为云南电网有限责任公司开设从基础设施建设到沟通技能等一系列课程培训，从中获得资金支持。需要指出，尽管云南省内部有不同的意见，但人们普遍认为，给予湄公学院的资金支持是值得的，云南的学员可以利用这个平台与外国同行接触，从而加深了解。

当作为国际参与者与众多双边和多边机构进行接触时，云南自身也在借助资源优势，逐渐积累影响力，在与机制、机构的合作中推动构建地区共同体。云南与东南亚国家拥有丰富的电力资源。近年来，云南国际有限公司与湄公河流域各国持续深化电力领域合作，推进电网互联互通建设，实现区域共享系统备用，努力构建服务澜湄流域安全、可靠、绿色、高效的跨区域国际电力合作平台。以中老联网为例，通过 500 千伏交流实现中国云南与老挝北部联网，实现近期 80 万千瓦、远期 200 万千瓦的电力交换，实现两国间电力互济，这是构建中老命运共同体的具体举措。云南省与湄公河流域国家广泛开展人文技术交流合作，例如，2017 年，云南积极开展中老、中缅、中越跨境旅游合作区建设方案的编制工作并编制完成《云南省边（跨）境旅游专项规划》，其旨在通过跨境旅游合作区建设，与周边国家实现"资源互享、产品共推"，推动客源、信息、人才的互相流动（《云南日报》，2017）。为了推动电力合作深入发展，云南国际公司每年全额资助来自泰国、缅甸、越南、老挝、柬埔寨的学生来昆明进行电力专业本科学习，累计培养留学生 102 名；邀请周边国家政府官员、电力领域专业人员来华考察交流；与政府间合作组织湄公学院合作培训近 300 名学员（云南网，2021）。

第五节　内部认可

除了外部承认，还需要内部认可。地方政府的国际关系行为体身份不仅需要他者（外国政府）承认，还需要权威主体（本国中央政府）的认可。中央政府逐渐认可了云南在湄公河次区域合作中的价值，肯定了云南省在中国周边外交中的独特地位。与外部认可一样，云南的内部肯定可以从中央政府的态度和行为中进行推断分析。本节的论证主要从四个方面进行，第一是中央政府委派云南代表参与地区事务；第二是云南省对重大外事工作和涉外事务的统筹协调；第三是对云南段国界及边境涉外事务的日常维护和管理；第四是建立对外贸易合作区。

一　国家代表团

云南省代表经常作为国家代表团的重要成员出席各种国际活动。在这些国际场合中，云南省代表所扮演的角色各不相同。第一种方式是让云南省代表在国家代表团内充当顾问。例如，时任云南省省长曾于2008年3月加入国务院总理温家宝率领的代表团参加大湄公河次区域经济合作第三次领导人会议。尽管当时云南省省长只是代表团中的一名普通成员，但在峰会间隙与老挝和柬埔寨领导人会谈时，他表示了对云南在大湄公河次区域领域合作前景的看法与信心（云南年鉴，2008；Su，2014）。另外，2017年4月，陈舜副省长出席了在北京举行的中国—越南双边合作指导委员会第十次会议。陈舜是由国务委员杨洁篪率领的中国代表团的成员之一。此次会议旨在制定中越双边合作计划，进一步提升双边务实合作的质量和水平，夯实两国友好的民意基础。会议期间，陈舜与越南老街省省长就建设河口—老街跨境经济区交换了意见（中国网，2017）。云南代表的出席与发言表明了中央对云南在发展区域关系上的重视。这种关系也会受到潜在投资者和他国政府的关注。当云南代表并未受邀参加2016年在海南举行的澜沧江—湄公河合作首次领导人会议后，云南省政界与学界就中央是否仍支持云南扩大地区经济影响力展开了激烈的讨论。

第二种方式是让云南在国家代表团内扮演更为积极的角色。这可能是由于国际交往中的某些议题更适合地方专员去参与商讨，也可能是由于国家避免在一些问题上投入过多精力。一个突出的例子是云南代表参加了大湄公河次区域部长级会议。在大湄公河次区域合作的最初几年，中国代表团由中国人民银行国际司司长率领，但副团长一职由云南省人民政府秘书长担任（Summers，2008）。由于云南代表在代表团中资历最高，因此成为代表团的具体事务负责人，负责代表团内部协调和领导人峰会前提交的方案草案（Su，2015）。在一次大湄公河次区域部长级会议开幕式上，云南省代表吴光范在国家代表团团长授意后，花了整整一个小时详细阐述了该省对大湄公河次区域合作的愿景（Chen，Jian，Chen，2010）。

第三种方式是让云南代表来代表国家。其中一个例子是湄公学院理事会组织的年度会议。云南是中国参与该理事会的主体省份。云南省负责外事事务的副省长率领中国代表团前往理事会会议（Mekong Institute，2018）。例如，在2015年的会议上，时任云南省副省长高树勋不仅表达了云南对湄公学院发起的项目的支持，更重要的是，作为中国代表团团长，他还呼吁相关国家机构对湄公学院牵头的项目加倍投入（云南省科技厅，2015）。

二 大型涉外活动

另外一种内部认可的表现来自于中央授权云南承办一系列大型涉外活动。十多年来，云南省通过涉外活动的举办获得了很多向世界展示地方发展的机会，并通过这些活动吸引外资。因为云南与湄公河国家有着独特的地理和社会联系，选择云南作为各种跨境活动的举办地也符合国家整体利益。同时，选择云南作为国际活动的主场反映了国家对云南的国际关系身份的认可。

云南的区位优势使该省能够吸引邻国大量访客参加各种官方和半官方活动，例如文化节、湄公河次区域大学生体育活动和"村长"论坛。例如，在1999年昆明世界园艺博览会期间，仅半年时间就有900多万中外游客来云南旅游，这为云南省带来160亿元人民币的收入（云南年鉴，2000）。另外，这些区位优势也帮助云南吸引了大量的投资。云南在第一届昆明进出口商品交易会上签订了价值8700万美元的合同。在2014年的昆明进出口商品交易会上达成了总计9.08亿美元的协议（d'Hooghe，1994；云南年鉴，2014）。在基层治理层面，2023年4月，澜沧江—湄公河合作"村长"论坛由中国农业农村部与云南省人民政府在云南省德宏傣族景颇族自治州芒市举办。云南省人民政府副省长陈舜和老挝农林部副部长本邝·坎本享出席论坛。可以看出，在一些专业性的具体事务上（如农村基层治理），国家尝试指派云南省作为主体省份代表国家与邻国的政府官员进行对接。会议建议进一步完善成员国农村基层合作机制，不断满足基层的农业国际合作需求，开展对澜湄国家"村长"的农业技术培训，开展投资合作，促进六国农业融合发展。来自柬埔寨、老挝、缅甸、泰国和越南政府部门、村庄/合作社，世界粮食计划署的代表，以及云南大营街村等一批国内具有知名度和影响力的村庄代表共计176人参加了论坛。

此外，云南不断扩大现有地区博览会的规模。例如，从2007年开始，云南将昆明进出口商品交易会与更高级别的中国—南亚博览会并列。此外，云南还与大湄公河次区域各国首脑建立高层论坛。在中国—南亚博览会期间各国首脑能与中国政府人员、商人进行直接交流（《人民日报》海外版，2015）。在2016年的论坛上，来自大湄公河次区域国家的十多位理事就加强区域互联互通、优化产能、建设命运共同体等问题交换了意见（人民网，2016）。尽管中央政府要求昆明进出口商品交易会与中国—南亚博览会在2017年后隔年举办，但仍特别允许云南在没有举办昆明进出口商品交易会和中国—南亚博览会的年份中举办省级南亚东南亚国家商品展暨投资贸易洽谈会。除了这些大型会议，中央政府还授权云南每年举办边境贸易博览会。虽然这些博览会都是由云南省发起，但瑞丽、景洪、河口、文山等地方政府是主要的承办者，这些博览会每年在边境附近举行。20世纪90年代以来，这些博览会促进了云南企业与湄公河国家企业在商品贸易、服务贸易、投资、旅游和文化交流等领域的合作，同时也为双方高级官员和企业家提供了交流的机会。无论是大型会议的扩张还是小型会议的创办，国家都赋予了云南一种"主场"地位，意味着对云南国际关系身份与能力的认可。

2017年以来，云南开始在新成立的澜沧江—湄公河合作机制下举办各类政治、经济和文化活动。与深受亚洲开发银行和日本影响的大湄公河次区域经济合作机制不同，澜湄合作机制是中国主导的区域合作机制，仅限中国和中南半岛五国参与。澜湄合作于2015年11月正式成立，不仅注重经济发展，还注重促进政治安全和社会各领域的合作。在前十年的大湄公河次区域合作中，中央政府已经正式指定云南作为中国在大湄公河次区域合作中的代表。尽管如此，在调研中，也有一些受访人疑惑云南省在澜湄合作中的地位是不是有所淡化。例如在2016年3月于海南三亚举行的澜湄合作首次领导人会议上，云南省的相关人员没有被邀请参加国家代表团。然而，调研中一些受访人解释说，云南代表缺席会议是因为此次会议与2016年博鳌亚洲论坛同期举行，中国代表团通常不包括除海南以外的代表。

其实，云南获得了组织安排一系列与澜湄合作相关的重大活动的机会，这表明云南在中国与湄公河沿岸国家关系中的国际影响力并没有减弱。虽然云南省错过了首次澜湄合作领导人会议，但在中央的协调下，云南于2015年11月举办了首次澜湄合作外长会。这次会议的重要意义在于，它被认为是澜湄合作的实质性起点（刘传春，2017）。时任中共云南省委书记李纪恒和省长陈豪专程从昆明飞往西双版纳傣族自治州，为澜湄合作国家代表团举行欢迎宴会，并就云南的经济发展发表讲话。同时表达了该省与周边国家深化合作的意愿（《云南日报》，2016）。2017年12月，澜湄合作外长会再次在云南举行。会议上，中央政府批准在昆明设立"澜湄合作中国秘书处联络处云南联络办公室"。该联络处隶属于云南省人民政府外事办公室，是澜湄合作六国的第一个地方协调办公室，是云南省参与澜湄合作机制的协调机构。2018年年底，国家还指定云南作为澜湄合作水环境管理圆桌对话会的主办城市。对话期间发布了《昆明倡议》，旨在改善跨境水资源管理，帮助澜湄国家最大限度地减少气候变化的不利影响（新华网，2018）。

云南省除了积极举办经贸博览会以外，还推进与其他国际平台的统筹发展，争取一些国际性会议落户云南。云南是全球34个物种最丰富的生物多样性热点地区之一，虽然土地面积仅占中国总面积的4.1%，但生态系统类型、生物多样性水平等均居中国前列。联合国《生物多样性公约》第十五次缔约方大会第一阶段于2021年10月在昆明召开，目前云南积极协助筹备办好COP15第二阶段会议（中国新闻网，2022）。云南的经济相比其他沿海省市而言并不算发达，但在推进生物多样性保护上富有成效。在生物多样性保护等领域云南积极探索建立新的国际合作模式，同时基于地区优势特色跳出湄公河地区范围，寻求全球范围内的影响力。

云南省在联合国生物多样性大会等国际组织合作框架下积极主动参与国际事务与全球议题。在经济利益与社会利益的驱动下，原本可能被边缘化的边境地方政府重新认识其地区优势，更有效地收集与分析当地信息，进行模式总结与经验推广，提高涉外活动能力与积极性。云南省率先开展极小种群及物种拯救保护和野生动物肇事补偿机制，率先探索国家公园新型保护模式等，给予全球生物多样性保护相关的国家做出榜样，展现出中国生物多样性保护的云南做法。针对野生亚洲象在云南以及中国周边国家进行周期性迁徙的特点，云南省提出应加强保护亚洲象的国际合作，动员和支持周边国家加入保护行列中（中国新闻网，2022）。

在云南省两会上，人大代表提出云南可探索面向南亚东南亚地区的生物多样性保护合作执法司法机制，打破行政区划限制，根据生物多样性系统区域形成针对性管辖。此外，还可以加强大数据生物多样性保护合作，实现与国际社会大数据惠益共享（中国新闻网，2022）。这是云南省追求突破地区限制，加强国际社会合作，依靠自身优势与经验追求在特定议题上的主导权与影响力的又一体现。

对于云南省来说，《生物多样性公约》第十五次缔约方大会选择在昆明召开本身是对云南省丰富自然资源与地理区位的肯定，《昆明宣言》的发表使全世界记住昆明，让云南生物多样性惊艳世界，"七彩云南"的知名度、美誉度、开放度全面提升。云南充分抓住这一契机利用自身资源禀赋优势与会议成功举办的条件，时任云南省省长王予波进一步表示要配合做好昆明生物多样性基金成立和运营工作，研究设立COP15会址永久性标志，追求举办这一涉外活动带来的潜在性、持久性影响（中国新闻网，2022）。

三 边境涉外事务

边境争端涉及主权问题，因此人们一般将其视为国家或中央政府的负责事务，次国家或非国家行为体的参与空间极其有限。当一个地方政府被中央授权或指定处理边境问题时，意味着这一地方政府的国际关系身份与能力得到了国家的特殊认可。

第一个例子是云南参与水坝建设。湄公河为沿岸超过8000万人提供饮用水、野生淡水鱼、水道运输、灌溉用水等重要生活生产资源（Goh，2017）。过去，中国和湄公河沿岸国家之间缺乏有效的沟通渠道，导致中国在推动湄公河沿岸的水坝建设过程中遇到来自当地社区的阻力。须知，大部分湄公河大坝建设的初步评估是在20世纪80年代进行的。当时中国还没有同一些湄公河沿岸国家实现关系正常化，同时因为当时云南还没有开展大规模的跨境合作，国内获得的当地信息非常有限。由于缺少对沿岸地区的深入了解，当时中国制定的湄公河开发计划未能对一些重要因素加以考虑，比如当地的环境生态系统、民族社区的情况等。

相比之下，云南拥有丰富的区域性专业知识。这不仅得益于云南与湄公河次区域国家之间的历史联系，更得益于云南社会与湄公河地区社会间的民族与家庭纽带。这些社会文化资本都有助于打破误解。因此，中央政府开始指定云南密切参与湄公河大坝建设事务。事实上，正是由于云南省政府和商业领袖可以通过各种非正式渠道与邻国同行进行有效沟通,云南可以及时准确地了解沿岸国家关于大坝项目的关切与反应。这一优势使云南在协助国家制定大坝规划时形成了一种次区域视角——不仅关注大坝建设在本国境内的影响,还关注其对下游国家的潜在附带风险。

云南独特的次区域视角进一步体现在云南所采取的措施中。例如,1998年湄公河次区域爆发洪水灾害后,云南在西双版纳实施了伐木禁令,以减缓灾情,控制边境工业污染。调研了解,在密松大坝项目中,云南建议密松大坝的投资方国家电力投资集团有限公司缩减项目规模,尽量避免缅甸的反坝人士和国际非政府组织的阻挠。

中央政府鼓励云南在湄公河流域的大坝建设中发挥更积极的作用。这是由于云南省的双重身份:既是非主权行为体,也是受主权约束的行动者。①一方面,云南作为中国的一个省,没有军队指挥权,也没有派遣和接受大使级官员的权力,是非主权行为体;另一方面,云南作为边境省份所处的地缘环境使其有别于其他的非主权行为体。云南的地方政府不得不时时面对涉及主权的边境现实环境。就大坝建设而言,与中央政府不同,云南承建的项目不会在他国国内受到过度的来自极端民族主义者的压力。这就是为什么在与沿湄公河国家的谈判中,云南能够避免湄公河的水资源争端,而更多关注流域内资源联合开发的可能性。

在国际关系中的身份模糊性使得云南在应对地区争议时可以有更加灵活地选择。当越南试图指责中国云南"改变"了湄公河的自然面貌,增加了下游的旱季流量,减少了营养沉积物的正常流量时,云南省政府

---

① 在关于"主权性质模糊"的讨论中,平行外交学者经常引用一些例子,比如美国一些州对那些劳工标准较低的国家采取强硬立场。可以理解的是,地方政府比联邦政府更容易采取这些措施,因为后者必须考虑到一般外交关系。另一个例子是西班牙的次地区——包括巴斯克地区、加泰罗尼亚和安达卢西亚——与阿拉伯撒哈拉民主共和国建立了密切的合作——其并未得到马德里的承认(Cornago, 2000)。冷战期间,联邦德国社会民主党(SPD)主导的国家主义(Länder)倾向于将平行外交努力集中在他们的外国左翼对手身上,这与保守派统治的国家主义形成了鲜明对比。这使得波恩能够与那些它认为难以建立关系的国家建立联系。在东亚,日本和中国的地方政府加强了商业和文化交流,以改善两国之间的关系。

予以反驳，阐明是越南自身造成了湄公河的流量不足，并通过证据表明，越南的水稻种植在过去30年里增长了30%。另外，在一些问题的处理上，云南的身份模糊性使得它更有可能做出大胆的让步。由于南海争端的涟漪效应，云南在参与开发湄公河时也遭到来自周边国家不同程度的阻力。但云南采取了一系列缓和局势的灵活措施，这在国家层面有时难以实现。这些措施包括解密水文资料和允许外国记者实地考察。这两项措施都是为了增加政策的透明度，从而修复互信，缓和局势。须知，在冷战期间，这些水文资料属于国家机密。在和平时期，部分材料与数据才开始可以对外公开。

除了大坝建设，云南还积极参与到中缅合作的油气管道建设中，这再次印证了国家对云南积极发挥地区作用的认可。这条天然气管道于2013年7月竣工，由中国石油天然气集团有限公司出资建设。2004年，云南大学杨晓辉首先提出了该项目的想法。当2006年胡锦涛同志在云南考察工作时，当时的云南省省长徐荣凯向胡锦涛同志介绍了缅甸北部的形势，并正式提议建设中缅油气管道。很多受访者认为，这些管道建成后带来的直接能源供应将缓解高能源价格和能源短缺，促进云南经济多样化，并增加其在中央的战略和政治价值（Wong, 2018）。

云南提出的项目建议得到了缅甸的积极响应。2005年7月，国家发展和改革委员会与缅甸能源部签署了合作框架协议，双方同意开展该项目的前期工作（张国宝，2017）。然而，由于担心缅甸政局不稳、西方国家对内比都的制裁以及中印关系等原因，中国三大石油公司最初对提交该项目的正式提案犹豫不决。面对这样的情况，中央政府指示云南省利用其与缅甸的非正式网络联系以确保这个项目的成功，这也增强了石油企业的投资信心。中国石油天然气集团有限公司（以下简称"中石油"）中标后，云南省人民政府与中石油签订了战略合作协议。云南省相关人员表示中缅管道项目和石化产业是建设面向西南开放的桥头堡的重要组成部分。中石油和云南对此高度重视并相互配合。省政府及其相关机构将对这些项目大开绿灯，给予全力支持（云南网，2012）。云南省继续与中石油签订战略合作协议，成立了由省长领导的指导小组，协助中石油开展征地、搬迁、基础设施升级等工作（Su, 2014）。

除了基础设施建设，中央政府还借助云南的国际角色来推动禁毒行动。云南一直是中国和金三角地区（泰国、老挝和缅甸交界处区域）之间最有效的通道，而昆明受地区毒品泛滥影响，成为贩运毒品的区域"分销中心"（Su, 2015）。特别是，邻国的禁毒运动削弱了向南的运输线路，导致在金三角以北的云南，毒品犯罪变得猖獗（马树洪，1994；Chin，2009）。20 世纪 80 年代末，由于外部环境的变化，严重依赖外援而自身又没有"造血"功能的缅甸，为增加收入，一些单位直接贩卖毒品，甚至设厂加工海洛因。贩毒收入一度成为缅甸的主要经济来源。发展到后来，很多缅甸的中高级干部都或多或少卷入毒品贸易。1989 年由于缅甸共产党人民解放军内部分裂而退出缅甸的政治舞台，毒品生产逐渐转移到缅甸北部和老挝，致使云南的毒品问题进一步恶化。邻国毒品相关犯罪对云南造成深刻的影响。据云南省公安厅禁毒局统计，截至 2022 年 5 月，云南省现有吸毒人员 12.73 万人，中国记录在册的吸毒者有一半都在云南，艾滋病感染者人数也明显增长。这阻碍了云南在原本的优势领域（如化工或冶金）的发展，因为邻国进口给这些领域的原料也可能被用于毒品生产（刘稚，2007）。

在这种情况下，中央政府指示云南与邻国开展联合行动，调查跨境毒品情况，加强情报共享，并与邻国共同组织人员培训（Su, 2012）。云南首先加入了区域执法分工：湄公河国家负责打击毒枭和跨国贩毒集团，而云南的任务主要集中在将普通毒贩绳之以法（Su, 2015）。中央政府还批准云南在缅甸、老挝、越南等国依法设立境外联络处。2011年年底，13 名中国船员在湄公河被枪杀，云南省与邻国的司法合作达到高潮。云南省与相关国家成立了特遣部队，组织现场检查、搜寻遇难者遗体，并护送中国船员回国（Su, 2012）。该特勤队后来转变为常规执法小组，与邻国同行一道，在湄公河航道上开展联合巡逻（王士录，2012；Parameswaran，2017）。

2006年4月，国务院发布《关于在缅甸老挝北部开展罂粟种植发展替代产业问题的批复》（国函〔2006〕22号），文件明确规定鼓励和支持云南省及各地各类有实力的企业到缅甸、老挝北部开展罂粟种植、发展替代产业。回顾过去，自20世纪90年代以来，云南省在国家禁毒委员会的支持下一直参与这一方案。云南省的省级和私营企业都由省政府牵头，与金三角地区的政府和企业合作，协助后者制定和实施罂粟替代种植政策和计划。在21世纪之交，从合成化学物质而不是天然成分中生产海洛因成为新可能。①在这种情况下，仅靠罂粟替代种植计划已不足以消除金三角地区管制麻醉品的生产和使用。只有通过地区减贫脱贫，才能有效地控制与毒品有关的犯罪。云南省参与中国与湄公河国家的禁毒合作得到了中央政府的更多关注，因为云南不仅协助国家指导湄公河地区的农民通过甘蔗、咖啡、鳄梨等其他粮食和经济作物取代罂粟种植，而且还通过转移种植和加工技术，建设工厂、学校、医院以及加强交通基础设施等措施，促进缅甸和老挝的发展（陈铁军，2011）。

在中央启动湄公河地区罂粟替代种植方案后，云南省也成立了自己的工作组，通过开展联合研究和制定中长期规划加强与湄公河国家在禁毒方面的合作。国家对云南省在该项目中主导作用的认可，也促使省政府向财政部、商务部和国家禁毒委员会等争取更多的资金和优惠政策，以支持云南企业跨境开展相关业务。2008年5月，云南省人民政府还获准成立了替代发展协会，以协调云南省人民政府、相关企业和湄公河沿岸国家政府之间的合作（云南省替代种植发展行业协会，2011）。需要补充的是，自罂粟替代种植计划启动以来，金三角地区的海洛因产量减少了近300吨，缅甸和老挝北部的数百万农民不再以种植罂粟为生（刘稚，2007）。但仍然存在很多问题，比如一些农民又回到种植罂粟的老路上（Angeles，2016），一些参与公司伪造其对土地的实际用途，

---

① 在过去，海洛因制造商必须从罂粟中提取吗啡类生物碱，进而制造海洛因。提取过程较为简单，需要有化学品原料和水的供应。合成药物的生产，如迷幻药、麦角二乙酰胺和甲基苯丙胺，降低了制造药物的成本，并使制造过程更加隐蔽。

从而进行非法种植。

中央政府对云南省参与国际合作的能力与身份的认可也可以从国家指示云南省对进入中国境内的缅甸籍边民给予必要协助和安置看出。当缅甸掸邦果敢自治区发生武装冲突后，云南省和州市政府就迅速向缅籍边民提供人道主义援助，为难民搭建帐篷，提供食品和自来水，并联系他们在云南的亲友。近年来，在国家"劝和促谈"的指导方针下，云南省和平进程"中间人"的角色所发挥的作用一直在上升。

四 建立经济"特区"

内部认可还体现在云南的经济"特区"建设过程中。1984年，经中央政府批准，云南初步建立了27个边贸加工区，覆盖面积92325平方千米，人口超过460万人，同时出台边贸加工区优惠政策。这些政策包括取消边境居民不得在边境20千米以外经商的规定，简化边境贸易特许经营申请程序，降低近200种商品的进口关税，允许边境居民尽可能多地买卖商品等。

继批准建立第一批边境贸易区之后，中央政府允许云南建立更多的经济"特区"，以巩固其与湄公河次区域的地理、商业和社会联系。例如，昆明、曲靖、玉溪、楚雄等城市所构成的城市群面积占云南总面积的24.4%，占全省GDP的60%（张怀志等，2014），中央政府和云南省都希望把这一城市群转变为中国西部经济增长的引擎，成为连接中国与印度洋和太平洋的桥梁、中国面对南亚和东南亚市场的战略区域（王伟忠，吴映梅，杨琳，2011；Su，2014）。为了实现这一目标，《云南省"十四五"区域协调发展规划》中清晰阐释了对这些城市的分工设想。报告要求昆明市在城市集群中发挥主导作用，提升核心竞争力和服务业；鼓励曲靖与周边国家合作，建设更先进的产业和服务基地；建议玉溪抓住昆明—曼谷高速公路竣工带来的机遇，举办更多的国际会议，促进高水平的教育和研发；指派楚雄为孟中印缅经济走廊建设提供综合服务，成为有机农产品生产和现代物流枢纽。

此外，中央政府还批准云南设立多个跨境经济合作区，带动偏远乡镇的发展。为了加快云南跨境经济合作区的建设，中央政府出台了两项政策文件。一是在关于"一带一路"《推动共建丝绸之路经济带和21世纪海上丝绸之路的愿景与行动》，中央政府建议云南和其他边境省份探索经济合作区的新模式。二是在2016年1月，国务院又出台支持边境重点地区建设的文件《关于支持沿边重点地区开发开放若干政策措施的意见》，重点提出建设开放试验区、国家边境口岸、边境城市、跨境合作区。在这些政策文件的要求下，云南加大了与周边国家的经济合作区建设力度。

具体而言，云南建立了一批跨境经济合作区，例如河口—老街经济合作区、瑞丽—木姐经济合作区、保山—曼德勒缪达经济贸易合作区、磨憨—磨丁经济合作区（郭小年，罗圣荣，2012）。这些跨境经济合作区地理位置优越，河口位于云南南部，与越南老街省接壤，拥有193千米的边境线。它们被两条狭窄而低浅的河流隔开，密集的跨境支流使它们仿佛融合为一座"跨境城市"（Colin，2014）。瑞丽是最靠近印度洋的云南城市，与缅甸缪斯市接壤，边境线长达169.8千米，是中缅通信光缆、油气管道和西泛亚铁路的中国境内的起点。磨憨位于云南最南端，西经伊洛瓦底江，面朝缅甸。它以靠近中国对老挝的最大陆地港口而闻名，并因此而成为东南亚国家通过湄公河进入中国的门户。

这些跨境经济合作区是多功能的。在河口—老街经济合作区内将建立一个商业和贸易区，涉及从物流加工到金融保险的各个领域（郭小年、罗圣荣，2012）。同样，瑞丽—木姐经济合作区将提供出口加工和组装、进口资源加工、仓储和物流以及金融服务等领域的服务（李涛，2013）。磨憨—磨丁经济合作区规划为一个集信息咨询、教育、线下体验店、休闲和生态度假为一体的区域中心（罗圣荣，2012）。临沧—果敢经济合作区在头三年给予入驻企业免税优惠，并允许企业在接下来的四年缴纳一半的税款。其他的跨境经济合作区则更为慷慨，连续五年为企业免征税款，并在接下来的五年免征一半税款。除此之外，所有的跨境经济合作区都提供了绿化景观、生态保护、蓄水等用地的优惠，而临沧一果敢经济合作区则更进一步，连续三年为海内外华人投资者提供免租场地。这些经济合作区提供的其他优惠政策包括对劳动者就业和新兴产业的支持，以及便利贷款服务。

中央政府进一步同意云南地方政府和企业与邻国合作，共建境外经济合作区的建议，这些合作区完全在境外设立。在云南的案例中，云南省对境外经济合作区感兴趣的具体原因是有两点。首先，云南希望利用缅甸和老挝的特殊优惠条件。由于缅甸、老挝两国已被联合国、欧盟和40多个国家列为最不发达国家，在两国经营业务的云南企业可以享受普遍优惠制待遇，从而，云南在缅甸和老挝生产的商品将不受关税和配额限制地进入外国市场。其次，云南希望通过这些境外经济合作区将其大宗商品交易和投资间接延伸至欧美市场。

目前，云南正致力于建设跨境经济合作区，大力发展开放型经济。最初的项目是腾冲边境经济合作区，距离曼德勒58千米，距离附近的曼德勒缪达11千米。合作区占地45平方千米，逐渐发展成为集传统产业、高科技产业和服务业于一体的综合性工业城市（保山市人民政府，2017）。第二个项目是老挝万象赛色塔综合开发区，是中国在老挝唯一的国家级境外合作经贸区。该园区位于万象市中心东北方向，占地17平方千米，包括两个农产品和轻工业商品加工基地，一个物流和现代商业中心，以及一个高级住宅区（中华人民共和国商务部，2013）。赛色塔综合开发区投资主体为老中联合投资有限公司，老中联投公司由云南省建设投资控股集团有限公司的海外投资平台——云南省海外投资有限公司与老挝万象市政府共同出资组建。云南拟投资9800万美元，将该区域打造成老挝经济增长的先头阵地、次区域优势产业基地和面向东南亚市场的现代服务业中心。第三个是缅甸皎漂特别经济区。云南省建设和投资控股集团有限公司与中国国际信托投资公司共同投资建设。缅甸皎漂特别经济区的核心是皎漂港。该港与瓜达尔港（巴基斯坦）、汉班托塔港（斯里兰卡）和吉大港（孟加拉国）一样，是构成中国在印度洋战略要道的关键节点之一。中缅油气管道、云南从缅甸海上气田进口天然气和从中东进口石油，也都从皎漂港开始运输。

2021年中老铁路开通，《区域全面经济伙伴关系协定》生效，云南试图借此进一步提升自己在南亚、东南亚以及"一带一路"沿线地区中的国际战略地位。《云南省人民政府办公厅关于印发云南省"十四五"现代服务业发展规划的通知》提出，云南立足国家畅通"大循环、双循环"的战略需求、聚焦中老铁路在畅通南亚、东南亚等"一带一路"沿线国家中的国际大通道功能，布局和拓展面向环印度洋沿岸地区的国际运输服务网络，建立高效安全跨境物流网（云南省人民政府办公厅，2022）。在跨境经济合作区建设与出境交通通道建设的基础上，云南省政协与民主党派也多次提出构建云南成为辐射南亚、东南亚的区域跨境物流中心，争取将国内出口货物及东南亚进口货物吸引到云南自贸区特别是相关口岸进行仓储和分流；加强与邻国海关及边检沟通，针对生鲜货物实行双边快速检验检疫模式，针对普通商品实行一次检验结果互认的高效便捷通关模式，提升通关效率（中国新闻网，2022）。

第六节　小结：地方政府的国际施动性与规范影响力的形成

本章聚焦地方政府如何成为国际关系行为体的施动性条件。笔者着重从两个维度分析了地方政府在对外关系上如何建构自身的主体能动性。第一个维度是塑造对外关系的能力与实力。这是由地方政府调动自身的经济与社会资本所实现的。具体而言，云南省通过发展跨境基础设施与开展经济外交来积累与转化物质性的经济资本的。社会资本是无形的，深嵌在血缘、民族、文化关系之中。比如，跨国的民族纽带帮助地方政府实现特定的外交目的。第二个维度是权威主体与其他国家对地方政府国际身份的承认。身份的存在是一种社会建构的实践过程与符号交换的过程，需要权威主体与他者的认同，需要在主体间的互动中被不断确认。在云南的案例中，云南的国际关系身份被中央与周边国家所认可。湄公河沿岸国家承认云南在地区多边或双边协议中的合法身份，接收云南省派往本国的海外代表，并且接纳云南作为地区性机构与机制的核心成员。

云南在开展对外交往活动的过程中逐渐传递与扩散了中国的规范性影响。为了获得中国的经济援助、投资和市场，湄公河国家与中国合作的最初行动是基于理性的成本—收益计算所驱动。但在这一过程中，云南的角色变得愈加复杂与微妙。在云南的国际互动中，逐渐形成了两种规范性影响的扩散机制：一种是自上而下的、有组织的规范传递；另一种是自下而上的、非正式的规范扩散。自上而下的进程是精英驱动的，包括云南与湄公河国家的政府间对话、基于双边和多边合作机制的社会化过程以及云南参与或主导的互联互通建设的谈判。自下而上的过程包括从日常实践（商品交换、贸易和民族社区交往）中产生的共同体联系，以及云南在湄公河地区的物质化呈现——集中体现在该地区广泛建设的大规模的基础设施上。

国家通过云南所传递或再造的规范影响更多依赖于物质激励与转化。云南参与或主导的湄公河相关项目大多建立在当地的发展需求之上，为国家借由云南深入其规范性嵌入创造了有利的条件。内部需求与外部供应的契合度决定了每个国家对云南规范性影响的接受程度。这种将基础设施投资与推动规范性力量结合在一起的战略，是由湄公河沿岸国家共同的内部需求促成，即通过改善本国的国民经济和基础设施来加强政权合法性与稳定性。然而，基础设施投资能否有效转化为对规范的接受，有赖于根本利益的契合。在老挝和柬埔寨，基础设施融资已经有效地产生了规范性影响，这反映在这些国家的领导人将中国的理念，特别是"人类命运共同体"纳入他们的政治话语系统之中，从而阐释本土的发展。相比之下，中国"从基础设施到规范"的转化路径在越南表现得十分曲折和困难。"基础设施建设—规范性生成与传递"的机制同时被柬埔寨、老挝与越南的外交影响力、投资依赖度、地缘政治环境与历史记忆再塑。

第六章
"一带一路"视阈下国际关系参与者的轨迹比较

本书已经探讨了中国省级外事活动的结构性与施动性条件。本章从比较视角来挖掘中国省级外事工作的区域差异，通过中国外交的"地方性"分析丰富对于"一带一路"的深层思考。为了确保比较研究分析的简约性与清晰性，本章提出三个分析维度（权威、动机和手段），并以此出发来探讨中国各省份是否以及如何通过参与"一带一路"倡议来扮演与建构自身的国际角色。首先，研究发现"一带一路"倡议不是单一结构的国家权力的自上而下的建构结果，而是不同层次秩序模式和谈判形式之间复杂互动的产物。这一过程导致了政策实施的灵活性、不确定性与矛盾性。其次，我们可以将"一带一路"视为一种"解释性宽松"框架、一种"综合性"政策，其中省级行为主体可以竞争自身的外部影响。

本章的研究说明，省级行为体是国际互动的促使者、施动者与承载者，同时省级行动者的国际参与也反向制造或加深了省际竞争。分析指出，云南、广东与江苏成为国际关系参与者是基于地方、国家与国际三个层次的利益动机。在中央的权力规制内，省级政府依然具有自身的对外主动性与施动力。具体而言，本章阐释了广东省和云南省如何利用基

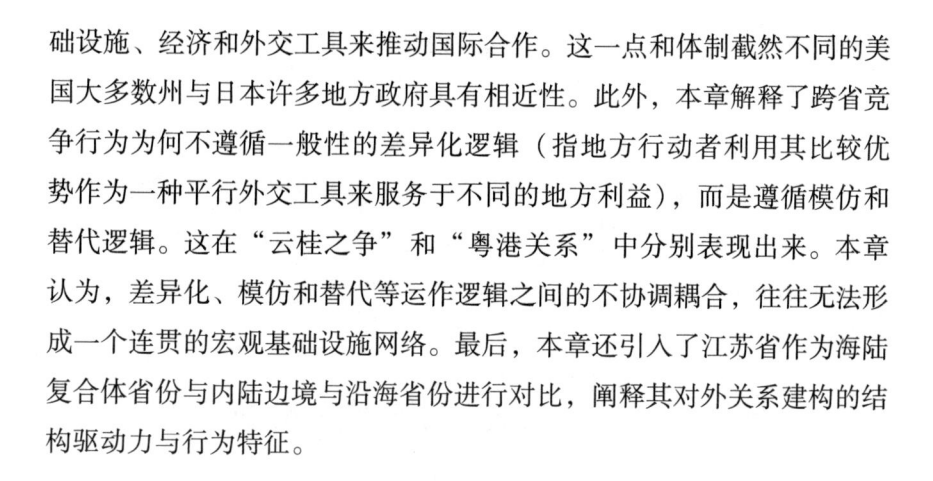

础设施、经济和外交工具来推动国际合作。这一点和体制截然不同的美国大多数州与日本许多地方政府具有相近性。此外，本章解释了跨省竞争行为为何不遵循一般性的差异化逻辑（指地方行动者利用其比较优势作为一种平行外交工具来服务于不同的地方利益），而是遵循模仿和替代逻辑。这在"云桂之争"和"粤港关系"中分别表现出来。本章认为，差异化、模仿和替代等运作逻辑之间的不协调耦合，往往无法形成一个连贯的宏观基础设施网络。最后，本章还引入了江苏省作为海陆复合体省份与内陆边境与沿海省份进行对比，阐释其对外关系建构的结构驱动力与行为特征。

第一节 内陆边境 VS 东部沿海

自 20 世纪 90 年代初以来，关于中国地方外事的学术焦点主要集中在沿海地区。本章选择了广东和云南作为研究对象的理由是多重的。从时间顺序来看，中国对外开放最初是在 20 世纪 70 年代末。中国东南沿海的各省份首先施行开放，其中最具有代表性、最为成功的省份就是广东。以西部大开发为标志的中国第二轮对外开放始于 1999 年。在这轮开放过程中，国家将云南列为最重要的省级参与者之一。中央给予云南省更多的涉外事务统筹协调权力，使其能更为积极地参与跨境合作。因此，可以说，广东和云南是中国对外开放过程中的两个代表性省份与成功案例。

从地缘战略的角度来看，广东和云南都是中国积极融入经济全球化的关键。广东作为拥有中国最长海岸线的省份之一，自公元 3 世纪以来一直作为中国的对外门户和国际贸易的主要渠道。如今，广东仍然是中国的经济中心之一，占全国海洋生产总值的 1/5。相反，内陆地区的云南是中国面向东南亚和南亚的周边外交的重要力量。在大湄公河次区域经济合作框架中，云南经常以中央授权的身份参与区域事务。同时，与广西、新疆、吉林等中国其他边境省份相比，云南也遇到了更为复杂的非传统安全问题，比如水安全、毒品问题与跨境犯罪问题。

在"一带一路"倡议下，为进一步推进对外关系，广东和云南被授予了特定的战略角色。探索这些省份在制定和执行国家外交政策时的不同地缘与经济逻辑，以及其对外交往特点，对理解"一带一路"倡议下中国地方开展对外交往的内在逻辑与特征具有意义。

第二节 比较省级外事研究与分析框架

自20世纪70年代以来，国际关系学者曾形成多种对于地方政府国际关系活动的分析框架。然而，这些分析框架都存在局限性以及层次重叠等问题。本书理论部分对此进行了探讨。本书论证了中国省级政府在国际关系中的身份建构、施动资本、能力与动机，但是在与中央的关系上，地方更依赖于协调性原则与调试性路径，而非竞争或者挑战中央权威。地方可以在对外活动中根据自身利益对中央政策进行适度诠释，但是需要因循中央制定的规则、框架与原则，而非"自立门户"。因此，在整体外交的决策权衡中，中央或国家因素占有基础性地位，其对地方的对外思维与逻辑具有根本塑造力与重构力。但需要指出，尽管之前的研究对非西方国家的地方外事经验与实践进行了深入探讨，但其国家内部不同的地方外事行为体是否具有差异？如果有，那么这种差异的表现与内在逻辑是什么呢？

对此，笔者对理论分析框架进行调整，以服务于本章的比较分析。本章的比较对象是中国的两个省份。换言之，它们的对外活动是建立在中国央地关系的基本权力结构之上的。在一个权威性的政治体制内进行比较，那么就必然首先需要考虑权威因素。特别是在"一带一路"背景下，地方政府如何捡定国家的"一带一路"框架从而实现自身的对外利益？因此，笔者将"权威"作为第一层次进行分析。另外，动机

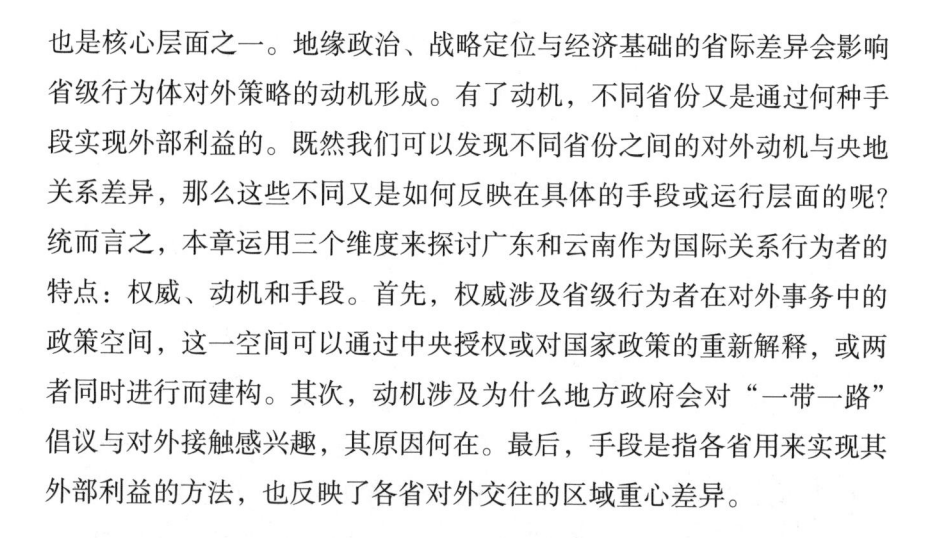

也是核心层面之一。地缘政治、战略定位与经济基础的省际差异会影响省级行为体对外策略的动机形成。有了动机,不同省份又是通过何种手段实现外部利益的。既然我们可以发现不同省份之间的对外动机与央地关系差异,那么这些不同又是如何反映在具体的手段或运行层面的呢?统而言之,本章运用三个维度来探讨广东和云南作为国际关系行为者的特点:权威、动机和手段。首先,权威涉及省级行为者在对外事务中的政策空间,这一空间可以通过中央授权或对国家政策的重新解释,或两者同时进行而建构。其次,动机涉及为什么地方政府会对"一带一路"倡议与对外接触感兴趣,其原因何在。最后,手段是指各省用来实现其外部利益的方法,也反映了各省对外交往的区域重心差异。

第三节 "一带一路"与地方政府

中国的央地关系是动态的、双向的与复杂的。"一带一路"倡议是一个转换器,各省通过这个综合性、框架性的转化机制,将自身的外部利益与国家的统领性话语相协调,从而在中央规制框架内发挥自身的主体能动性,实现地方利益。

"一带一路"推动了世界主要经济走廊沿线更广泛的经济发展。这些国际地缘经济走廊将中国与世界各地的商业和工业中心连接起来。通过整合这些经济走廊和全球运输网络,"一带一路"促进区域互联互通,并重新建构中外贸易流动的路径与方向,以重组与优化当前的全球供应链和物流系统。2013年12月,在习近平总书记提出"一带一路"倡议3个月后,国家发改委邀请了14个省级政府(包括广东和云南)加入"一带一路"主题研讨会。从此,省级的对外利益诉求与活动开始嵌入"一带一路",从而获得自身的合法性,争取资金支持。因此,我们可以说,从此省级的对外活动的内在逻辑开始呈现出"一带一路"化的特点,即通过与"一带一路"总体规划的行动对接、话语统一与政策融合，地方形成了新时代对外活动的基本机制与制度中轴。

云南和广东许多的对外活动与政策可以追溯到"一带一路"启动之前。为了获得中央关注与国家财政支持，省内大量的长期对外项目则放入"一带一路"的项目集群内，进行"重新整合"。由于这种特殊而关键的作用，笔者将"一带一路"作为本章分析的理论与政治背景。"一带一路"倡议对中国和世界均意义重大。通过参与和建设"一带一路"，国内次国家行为体在管理跨境经济和安全问题上获得其国际身份的合法性与合理性。

此外，笔者将"一带一路"阐释为一种政策转换过程，指的是在外交决策中建立中央和地方行为体之间关系的商议、授权和反馈过程。"一带一路"的转换框架表明，在复杂社会与政治系统中，省级行为体利益诉求多样、背景条件各异，因此无法形成绝对意义上的政策统一，而更多的是整体统一或相对一致。因此，我们必须关注每个省份的个体行为，分析其个体行为逻辑。实际上，"一带一路"倡议并不可以简单地理解为自上而下的产物；"一带一路"倡议是一个建构性与开放型的框架，而地方政府不仅是参与者，还是关键施动体之一。"一带一路"倡议是一个"资源池"，其中不仅涉及中央权威对地方政府的权力下放，还包括相关的政策支持与财政转移。地方政府对"一带一路"资源的竞争与协调过程是《推动共建丝绸之路经济带和21世纪海上丝绸之路的愿景与行动》文件出台的内在背景之一。

第四节　权威

一　对外权力的下放

2015年3月，经国务院授权，国家发改委、外交部、商务部三部委联合发布推动共建"一带一路"的愿景与行动。除了提出新的合作领域外，该文件还有选择地概括了各部委、地方政府和国有企业在

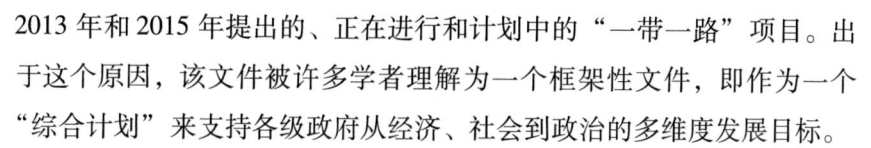

2013年和2015年提出的、正在进行和计划中的"一带一路"项目。出于这个原因，该文件被许多学者理解为一个框架性文件，即作为一个"综合计划"来支持各级政府从经济、社会到政治的多维度发展目标。

在第六章关于中国对外开放区域的论述中，中央明确了各省市在"一带一路"建设中的责任。该文件曾直接提到广东，其中中央建议建设粤港澳大湾区。文件中又有两处提到广东。一是加快广东三个经济特区的建设。这可以理解为上述湾区发展的具体步骤。二是与广东省最重要的城市广州和深圳的港口和机场设施的改善有关。从这些声明中可以看出，中央并没有明确授予广东在"一带一路"建设中的具体权力。然而，该文件也指出，包括广东在内的沿海地区可以深化改革，创造开放型经济的新机制，加强科技创新，形成参与和引领国际合作与竞争的新优势。

国务院2015年批准印发的《中国（广东）自由贸易试验区总体方案》（以下简称《规划》）（国务院，2015）进一步扩大了广东的自主权。在《规划》第三部分中，"一带一路"被直接提到了三次，即在广东建设三个自由贸易试验区。《愿景与行动》强调了广东作为区域交通中心的潜力，而2015年的文件则表明了成为区域交通中心的具体手段。《愿景与行动》中没有涉及的三个政策领域出现在该计划中，表明中央决定在"一带一路"建设中进一步利用广东的经济优势。这些政策理念可以在该计划关于促进贸易、提供跨境金融服务和促进海外投资的声明中找到。与"一带一路"不太直接相关的是第五部分，该部分要求广东简化通关程序，并调整税收体系，使其与国际标准接轨。

2015年1月，习近平总书记考察云南并作出重要讲话，要求云南主动服务和融入国家发展战略，闯出一条跨越式发展的路子来，努力成为我国民族团结示范区、生态文明建设排头兵、面向南亚东南亚辐射中心，谱写好中国梦的云南篇章。尽管讲话中没有明确提到"一带一路"，但这为两个月后发布的《愿景与行动》中对云南国际角色的定位奠定了基础。文件指出，发挥云南区位优势，推进中国与周边国家国际交通走廊建设，打造大湄公河次区域经济合作新亮点，使该地区成为中国向南亚和东南亚开放的桥头堡。尽管没有提到具体的项目，但该文件指出，云南参与"一带一路"应优先考虑交通联通、贸易和投资。

与广东类似，中央在云南设立自由贸易试验区的计划中也提出了具体的任务。除昆明外，这些保税区分别位于与老挝、缅甸相邻的边境城市红河和瑞丽（国务院，2019）。在《中国（云南）自由贸易实验区总体方案》中，"一带一路"被提及两次。第一次提及出现在建议将该省打造成联通"一带一路"与中国长江经济带的走廊，从而成为连接南亚和东南亚的枢纽。这与《愿景与行动》要求云南成为跨境互联互通的重要组成部分相呼应。第二次提到"一带一路"是在国际科学合作部分，这一部分呼吁云南与周边国家合作设立孵化器和科研基金，支持科技初创企业。除了这两次提到"一带一路"，该文件19项决议中有12项与"一带一路"有关。例如，中央政府建议加快跨境金融服务，批准周边国家的运输车辆进入云南自贸试验区，培育旅游、医疗服务、电子商务等跨领域的跨境产业。虽然这些目标在"一带一路"蓝图中未被提及，但它们对实现"一带一路"计划的目标具有重要意义，特别是在设施互联互通、资金融通和人员互联互通方面。

二 扩大外部权力

2015年年初，广东开始努力利用国家政策，以扩大其在"一带一路"框架内的权力空间。2015年12月，广东发布《广东省参与丝绸之路经济带和21世纪海上丝绸之路建设实施方案》计划，以回应国家层面的"一带一路"倡议。该方案以广东在传统丝绸之路的突出地位为出发点，指出广东曾是中国唯一一个与海上丝绸之路沿线地区保持海上贸易和其他形式互动的省份。该方案继续阐述广东在《愿景与行动》中提出的"一带一路"合作领域，包括基础设施建设、贸易、投资、跨境金融等。例如，尽管国家级文件只鼓励广东通过升级物流基础设施、机场和海港来扩大其在交通运输领域的影响力，省级文件还设想广

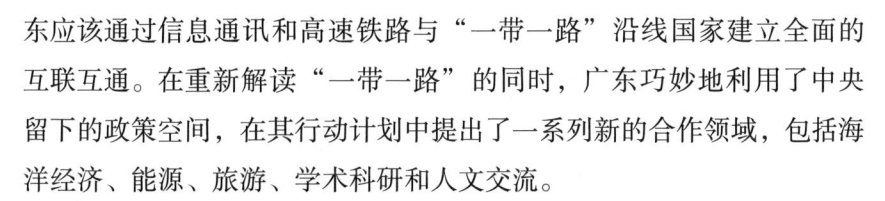

东应该通过信息通讯和高速铁路与"一带一路"沿线国家建立全面的互联互通。在重新解读"一带一路"的同时,广东巧妙地利用了中央留下的政策空间,在其行动计划中提出了一系列新的合作领域,包括海洋经济、能源、旅游、学术科研和人文交流。

云南在2014年开始努力争取在"一带一路"建设中获得更多的自主权。2014年全国人大会议期间,时任中共云南省委书记通过强调云南与邻近东南亚国家的地理、历史与现实联系,为云南参与"一带一路"倡议争取更多的政策资源与空间。他提出,云南在"一带一路"的主要任务是将云南变成中国通往(西南)周边国家的门户,升级与大湄公河次区域的合作,促进孟印缅经济走廊的建设,并鼓励边境城镇的开放。实际上,云南的这些区域定位早已提出,但是在云南代表团分组讨论政府工作报告会议上:将其与"一带一路"联系起来,利用"一带一路"的总体影响力推进云南的长期地方利益的实现。提议中的前两个目标被成功地纳入《愿景与行动》,并提升为国家级战略目标。

云南还发布了一系列响应《愿景与行动》的文件。2016年10月,该省发布了《关于支持沿边重点地区开发开放若干政策措施的实施意见》。该文件建议加强云南与湄公河沿岸国家之间的交通基础设施建设水平。它还敦促与湄公河国家建立一个联合机制,以便利旅客和商品的清关。为落实《愿景与行动》中云南的投资职能,文件鼓励跨境交易市场上的矿产、森林和其他资源的交易权,为计划在海外投资的云南企业提供各种金融服务,促进人民币与湄公河国家货币之间的兑换。该文件还提出了"一带一路"蓝图中未提及的几个合作领域,其中在政治上最敏感的问题之一是加强边境地区国际执法合作,在沿边重点地区成立独立的国际执法安全合作机构。2019年3月,云南省发布了"一带一路"政策的最新解读《关于新时代扩大和深化对外开放的若干意见》,提出了100项具体任务。该文件呼吁省党校和云南民族干部学院为来自南亚和东南亚国家的人员干部提供培训。"一带一路"倡议实际上也是地方政府向海外的知识、理念或规范的扩散。

三 综合性问题：非法移民的问题

省级政府在"一带一路"中的权力扩大也是自上而下的政治需求与自下而上的供应能力相结合的结果。这从对非法移民问题的应对上就可以看出。流入云南、广东两省的非法移民大多来自"一带一路"沿线国家。2008 年，广东省人民政府记录有 2200 名非洲人注册为长期签证持有者，大约 16.5 万名非洲人持有临时旅游签证，其中 80% 居住在广州。由于文化差异和缺乏互信，中国公民和居住在广州的非洲人之间的关系一直很紧张，省政府依靠广州公安局来防止当地居民与非洲居民冲突的出现或升级。

多数非洲主要国家是中国国际立场的支持者，因此需要避免与国内非洲裔社区的矛盾，特别是要避免这种矛盾上升至国家层面，影响中非国家间关系。因此，中央支持通过广东地方政府去处理这一棘手的社会问题。例如，2019 年 4 月，一些非洲国家领导人前往北京参加第二届"一带一路"国际合作高峰论坛，表达了他们想加入"一带一路"倡议的强烈意愿（新华网，2019）。2019 年 7 月，37 个非洲国家联名致函联合国人权理事会主席和人权高专，表示对中国新疆民族政策的支持，敦促部分国家在从未访问过新疆的情况下，停止借未经证实的信息对中国进行无端指责。正是在这样的政治外交背景下，中央授权广东稳定辖区内的中非社区关系，同时调查非法移民问题。在实施严格移民政策的同时尽量不损害中非合作的整体利益。

同样，云南也与缅甸政府合作来管控缅甸难民的流入，特别是在缅北地区发生冲突之后。一个鲜明案例就是缅甸的果敢镇。果敢镇是一个汉族社区，毗邻云南临沧。云南省采取了许多有效的措施防止冲突外溢。例如，在中央的授权下，云南省本着人道主义精神对进入中国境内的缅甸边民给予了妥善安置和救助，让他们住在帐篷里，提供食物和自来水，并帮助难民联系他们在云南的亲戚或朋友。为了进一步稳定边境局势，云南省人民政府甚至在缅甸的和平建设进程中积极斡旋（Sun，

2012）。这些有力地说明了云南省独特的国际影响力。

正如前文所述，省级政府参与"一带一路"建设，既有自上而下的执行，也有自下而上的互动。《愿景与行动》不是一个具体的行动计划，还留有重释或补充的适当空间。地方政府一方面必须遵从中央权威，另一方面对框架的内在灵活性与模糊性进行利用，以建构自己的战略身份与政治地位，实现自己的经济利益。

第五节 动机

许多学者已经对广东和云南开展对外合作的各种驱动因素进行了大量分析。其中，经济驱动因素可以说是最大的驱动力。前文也对此层面进行了大量的论证，在此不再赘述。与云南相似，经济因素也是广东省走向国际互动的重要推力。例如，在人民币国际化方面，广东进行了政策创新，从而推动与共建"一带一路"合作国家（地区）的合作。广东省允许省内企业在海外获得人民币贷款，批准境外机构在中国境内发行债券，授权银行向外国金融机构发放人民币贷款。

但是，省级政府增强外部影响力的决定也可能是由国内竞争驱动。广东和云南在"一带一路"建设中一直试图加深自己的参与，从而分别淡化香港和广西的外部影响。笔者通过"省间模仿"的视角进一步框定这种关系。本书的"模仿"是指省级实体在扩大外部影响时，为了获得相对于国内同行的比较优势而采用的一种同行模仿策略。研究发现，省级模仿行为（包括重复的政策和采用同质化的地缘政治定位）是由中央规制地方实体的顶层设计（见后文对香港的分析）和自发的、自下而上的、地方层面的区域影响力争夺所驱动的。

一 粤港竞争

广东与香港在地理和文化上一直紧密相连。在经济上，广东是中国改革开放的先行地区和前沿阵地。在 20 世纪八九十年代,广东为香港提供了极大量的廉价劳动力和土地。在此期间,数百万来自广东的劳动力直接或间接为香港公司工作,解放了香港的劳动力用于服务行业,为香港经济腾飞作出巨大贡献。由于这种高度互补的产业关系,在对外经济关系上,广东并不是香港的"同行竞争者"。然而,由于 30 年来中央对广东的激励性政策,加之在经济事务上不同寻常的地方灵活性,广东已经成为中国内地经济国际化发展的最成功范例。2018 年,深圳全年 GDP 首次超越香港,成为粤港澳大湾区 GDP 排名第一的城市。

  在这样的背景下,广东与香港的关系产生微妙的变化,由原来的线性产业互补关系,变为含有某种竞争元素的区域竞争性互补关系。广东不再仅仅作为香港的经济腹地,而是直接嵌入到全球化的经济互动之中。特别是,广东比香港更加积极地运用"一带一路"倡议加速了自身的经济外交进程,从而与香港形成某种程度的国际影响力竞争。前海深港现代服务业合作区的加快建设就是一个很好的例子。前海占地约 15 平方千米,完全建在填海土地上,其目的是营造有利于现代服务业孵化和繁荣的政策环境,加快多种类型高端服务业的集聚,推动整个珠三角地区的产业发展。2010 年,经国务院批准,广东省制定了《前海深港现代服务业合作区总体发展规划》。虽然该规划坚持加强与香港在服务行业的合作,将前海作为创造香港与内地互动的新模式。但从省级视角来看,广东必然渴望借助香港的国际化先发优势,通过自身与内地腹地的深度互动,最终赶超香港。

  广东以前海经济特区为实验田,适应、融入并改进国际贸易与投资原则,进而体现了与香港在外部影响力上的竞争关系。香港根据"一国两制"原则行使自治权。理论上,该原则让香港能够在经济和法律制度方面保持一定原有规则、享有一定自治空间,从而为外国投资者提供一定相对熟悉与稳定的投资经营环境。在过去的四年里,广东采取相关措施相仿了一些香港的制度元素与政策工具,并强烈要求前海特区改进其营商措施,以匹配相应国际标准的环境。例如,在中国尚未加入世界贸易组织《政府采购协定》的情况下，广东省于 2018 年 12 月在前海主动举办了一场以《政府采购协定》为主题的专门会议，试图让前海特区成为中国内地扩大开放的先锋。为了进一步缓解外国投资者对中国缺乏外国财产保护的担忧，前海提议效仿现有区域自由贸易协定的一些关键原则。例如，前海尝试引入了《全面与进步跨太平洋伙伴关系协定》的一系列条款，包括原产地规则、知识产权保护和为商人提供临时入境签证的便利。

需要补充的是，这种竞争性关系依然是以大湾区的区域内互补性经济框架为基本盘的。粤港竞争并非恶性的地方竞争，而是促进香港与广东更好地挖掘与建构自身的国际行为体"个性"，通过在区域内的有限竞争，建构更为多元的国际身份内涵，在个体优势充分开发、个体功能更加全面的基础上进行统筹规划，实现更高层次的对外开放。因此，可以说，粤港竞争是一种自下而上的对外开放改革驱动路径，也是一种对传统的地方国际关系行为体（香港）进行改革倒逼。

二 云桂竞争

广西与越南接壤，在北部湾拥有许多港口。云南与广西的省际竞争进一步刺激了云南与"一带一路"沿线国家的联系。广西与其他省份一样，也在《愿景和行动》中被提到要充分发挥广西与东盟国家相邻的独特地缘优势，加快北部湾经济区的开放和发展，建设通向东盟地区的国际走廊。考虑到云南在"一带一路"框架中的作用主要得益于其跨境运输，广西与云南的经济外交同质化趋向更明显。两个省份并没有粤港竞争中那种先在的明显的产业互补性，因此如何定位它们的区域分工与角色差异依然是一个有待解决的问题。特别是，当这种同质化元素偏多的边境省份参与到对东南亚的经济外交中时，就出现了竞争加剧、话语与资源争夺的问题。

值得注意的是，云南和广西已经在东南亚市场竞争了十多年。20 世纪 90 年代，云南是中国—东盟交往的先行者。2001 年中国—东盟自由贸易区成立之前，云南就是中国参与大湄公河次区域经济合作机制的主体省份。相比之下，由于工业基础薄弱，以及从20世纪80年代末至90年代初中越关系紧张，广西在与东盟国家的交往中基本处于被动状态。然而，进入21世纪以来，广西明显加强了与东南亚的交往。这也激励了云南加深对外合作，不甘落后。特别是2005年，中央政府批准广西加入大湄公河次区域经济合作机制，从而结束了云南作为中国在该区域唯一中方代表的地位。2004年，云南和广西均申办中国—东盟博览会，最终广西省会南宁成为中国—东盟博览会的永久举办城市。自2006年起，广西还呼吁建立泛北部湾经济合作区，包括越南、马来西亚、新加坡、印度尼西亚、菲律宾和文莱。该计划的核心是"一轴两翼"①沿线的基础设施和经济功能升级。这一计划表明，与云南在湄公河次区域的影响力相比，广西在整个东盟的经济影响力越来越大。此外，广西还积极沟通争取泛北方案提交给东盟部长级会议讨论，试图将其升级为国家战略。因此，可以看出，广西首先通过强化其在整个东盟内的身份角色，试图超越云南借助澜湄合作的次区域身份而构建的东盟区域身份。广西尝试直接建构其在东盟内的身份优势，而不是通过次区域的功能外溢而逐渐形成更高尺度的身份建构。

广西和云南之间的竞争导致它们互相效仿对方的政策。云南为了弥补失去永久举办中国—东盟博览会的机会，争取到了中国—南亚博览会的主办权。但是，这两个博览会在功能上具有很大的重叠性，即与会者大多来自同一个国家。但中央不得不分别安排这两个博览会，以缓解地方竞争。此外，在"一带一路"倡议提出后，这两个省份都试图成为连接中国和东南亚的交通中心。广西号称是连接中国西南与新加坡及其他地区的新西部陆海通道的门户，而云南则通过公路、铁路、电力和电信系统加强了与湄公河国家的连接。广西承诺促进人民币跨境结算，向东盟国家开放金融市场。云南推动金融服务业集聚，鼓励金融机构在周

---

① "一轴"指的是新加坡—南宁经济走廊，"两翼"指的是湄公河次区域和东南亚海洋区域。

边国家设立分支机构。云南在路径上更偏向于湄公河次区域，而广西则更偏向于直接与东盟的核心国家进行对接，从而建构自身在东盟的关键地位。

如前文所述，云桂竞争所导致的双边模仿关系导致了政策和举措的重复性。两省份相互争夺外部资源以实现自身利益最大化，这当然不符合中国和东南亚的整体关系与利益。因此，中央决定通过允许云南和广西举办各自的国际博览会，并在它们新设立的自由贸易试验区中赋予两省份不同但同样重要的外部责任来调和外部利益。然而，这与中央对粤港竞争的态度是有一定差别的。为了整体利益，国家总体上反对滇桂竞争，试图引导各省利用自己的比较优势去把自己的事做好。相比之下，国家对大湾区内的竞争的默许，进一步倒逼香港改革：一方面激励更好地融入国家政策；另一方面促使香港更主动地寻找自我革新的道路。

值得注意的是，省际竞争不仅反映在广东和云南的案例中；相反，它已经成为许多省份增强外部影响力的一个方式。例如，为了赢得更多的旅游投资以发展国际旅游业，陕西和河南都在通过各种公关宣传活动，将自身塑造成为古丝绸之路的真正发源地。"一带一路"倡议还在世界各地引发了省级投资热潮，这在一定程度上是由于天津、江苏和沿海地区之间对成为全球制造和交通中心展开的地方竞争。此外，一些内陆省份，如四川和陕西，在中国和欧洲市场之间的货物运输中相互竞争。为此，这些省份努力开通更多的中欧铁路专线，同时采取政府补贴政策以降低外国客户的运输成本，从而提高本省的竞争力。因此可以说，"一带一路"倡议下的地方对外竞争是全方位与全域展开的，涉及内陆与沿海之间、内陆省份之间以及沿海省份之间的对外贸易、制造出口与国际物流等诸多领域。

第六节 手段

前文分析了广东和云南在"一带一路"建设中地方行为体属性的

前两个维度,接下来,笔者将阐释最后一个维度。研究结果表明,广东和云南主要利用了如下几类手段来扩大对"一带一路"沿线国家的合作。

一 经贸全球化/区域化

经贸全球化或区域化是广东与云南在对外关系发展上的首要途径。广东的对外贸易长期依赖欧美市场,但随着"一带一路"建设过程中地方参与的发展深入,广东已经走出对欧美市场的单一依赖。广东省与共建"一带一路"合作国家的贸易份额从2013年的16.4%上升到2017年的22.1%(广东省统计局,2017),贸易额从约1000亿美元上升到1280亿美元,该省的十大贸易伙伴中有六个位于东南亚。与此同时,广东与西亚和北非的贸易占了其贸易总量的20%以上(广东省统计局,2017)。在对外投资方面,广东的投资遍及多个大洲,并包括一些著名的避税天堂,如维尔京群岛和开曼群岛。事实上,这些岛屿一直是中国最热门的投资目的地之一(见表6-1和表6-2)。广东在2016年发展设立广东销路基金,支持企业赴共建"一带一路"沿线国家投资(南方日报,2016)。

云南对外经济活动缺乏广东那样全球化的地缘经济广度,但在深化与周边国家的经济交流方面往往具有持续性。2018年云南对外贸易总额中有46%来自与东南亚国家的贸易(《云南日报》,2019)。2017年,在云南省6个国际贸易额最高的城市中,4个位于边境地区。2019年8月,云南省人民政府批准向境外企业发行人民币债券,只要收购公司总部注册在云南,就可以在中国境内销售。

表6-1　　　　2016—2018年中国对外直接投资情况　　　(单位:万美元)

	目的地	区域	2016—2018年	2018年	2017年	2016年
1	香港特别行政区	东亚	55814587	17678641	18566179	19569767
2	维尔京群岛	拉丁美洲	5418128	1186129	2329193	1902806

续表

	目的地	区域	2016—2018年	2018年	2017年	2016年
3	美国	北美	4125689	1016648	1172359	1936682
4	开曼群岛	拉丁美洲	3264459	954137	442906	1867416
5	新加坡	东南亚	1590302	1162147	1108308	921854
6	韩国	东亚	1593336	570054	433333	589949
7	德国	欧洲	1449079	514227	425748	509104
8	日本	东亚	1141112	426621	370505	343986
9	澳大利亚	大洋洲	1124252	227486	451814	444952
10	英国	欧洲	941198	350828	306963	283407

资料来源：中华人民共和国国家统计局。

表6-2　　　　2016—2018年广东省对外直接投资情况　　　（单位：万美元）

	目的地	区域	2016—2018年	2018年	2017年	2016年
1	香港特别行政区	东亚	2694944	901999	514510	1278435
2	美国	北美	278224	34644	49668	193912
3	维尔京群岛	拉丁美洲	163816	58839	63148	41829
4	澳大利亚	大洋洲	69008	49765	12302	6941
5	开曼群岛	拉丁美洲	51360	10048	8593	32719
6	柬埔寨	东南亚	28398	15328	10231	2839
7	法国	欧洲	28386	312	357	27717
8	泰国	东南亚	24900	2552	1268	21080
9	印度尼西亚	东南亚	24744	1195	1085	22464
10	新加坡	东南亚	22234	9584	1750	10900

资料来源：《广东省统计年鉴》。

自20世纪90年代中期以来，云南省的投资目的地主要是湄公河次区域国家。自"一带一路"倡议提出以来，湄公河次区域在云南省的对外投资中的份额越来越大。2018年，云南省对外投资总额近12亿美元，居全国第16位。其中对"一带一路"沿线国家投资7亿美元，累计投资 66 亿美元。如表 6-3 所示，老挝和柬埔寨仍然是云南投资者的主要目的地。

表 6-3　　　　2016—2018 年云南省对外直接投资情况　　　（单位：万美元）

	目的地	区域	2016—2018 年	2016 年	2017 年	2018 年
1	香港特别行政区	东亚	155901	52061	59840	44000
2	老挝	东南亚	92490	32499	51024	37500
3	缅甸	东南亚	63994	27069	20400	15000
4	柬埔寨	东南亚	28346	9466	10880	8000
5	非洲	非洲	1052	564	298	19027
6	其他地区	其他地区	15792	5937	6009	3846

资料来源：云南省商务厅。

此外，这两个省份都在积极地举办跨境贸易活动。通过组织国际活动，省政府创造了更多的机会来展示地方发展成果和吸引外国投资。迄今为止，广东主办的最具影响力的对外活动是中国进出口商品交易会（以下简称"广交会"）。广交会创办于 1957 年，由商务部和广东省人民政府联合主办。在办会之初，中国所面临的国际形势复杂多变，广交会成为当时连接中国生产商和世界市场的唯一纽带。半个多世纪以来，广交会已发展成为一个进出口并重的核心贸易平台，成为中国走向国际化的重要地方途径，也成为广东省经济外交的核心"功能性"与"符号性"平台。与广东相似，云南针对周边地区组织举办了一系列重要贸易活动，比如昆明进出口商品交易会、中国—南亚博览会以及南亚东南亚国家商品展。本书之前的篇章也有所论述，因此这里不做过多赘述。

二　基础设施

基础设施是中国地方政府开展对外活动的物质性经济资本。广东省基础设施完善的重要表现之一是中国铁路快运系统的建设。2011 年，为了促进中国与欧洲国家的经贸交流，重庆首次推出了中铁快运服务这一概念。随着"一带一路"建设，中欧班列开行数量从1条增长到56条，而年发车量从2011年的17列飙升到2018年的6300列（国家信息中心"一带一路"大数据中心，2018）。在《愿景与行动》中，中铁快运在"一带一路"中的作用十分突出，它要求协调中欧走廊的铁路运输和港口通关，培育中铁快运品牌，建立连接东、中、西部地区的跨境运输走廊。2013年11月，在东莞电子产品出口不断增长的推动下，广东在东莞成立了首家中铁快运。随后，在2016年和2017年，广州和深圳的中铁快运也分别进行了扩建。2017年，从广东出发的高铁列车完成了200趟行程：从广州到莫斯科的46列货运列车行驶了7000千米，运送了4141个20英尺标准箱；东莞至汉堡货运列车36列，运送了3164个标准箱；在深圳至杜伊斯堡之间，22列货运列车运送1828个标准箱（毛艳华，2018）。

广东省进一步发展海洋基建，从而提升自身的经济交往能力。"一带一路"倡议更有力推动了广东的港口发展。作为中国南部沿海工业化程度最高的省份，广东拥有世界前二十大集装箱港口中的两个——广州港和深圳港。这两个港口积极响应"一带一路"倡议，发挥中转运输、集装箱运输等航运物流优势，为广东对外贸易的发展发挥了重要作用。2013年，广东港口总货运量达4900万标准箱。4年后，随着"一带一路"倡议的实施，这一数字增至6200万标准箱。广州港依托先进加工制造业腹地，2016年前后货运量大幅增长，货物吞吐量突破2000万标准箱大关（毛艳华，2018）。与此同时，深圳港虽然陆地面积有限，但仍是世界上最繁忙的集装箱港口之一，2017年吞吐量达2030万标准箱，并与22个世界级港口建立了合作关系，包括德国汉堡港和比利时泽布吕格港。在"一带一路"倡议推动下，广东国际集装箱航线增加到350条，运输到100多个国家。在深圳港运营的236条航线中，超过一半的航线是往返于深圳和欧美各国。广州港也丰富了其国际海上贸易，在2010年和2016年，其通往美洲和非洲的航线贸易额翻了两番

(广东省统计局，2017）。

可以看出，广东的基础设施项目体现出强烈的全球主义特点，而云南则专注于提高边境地区的基础设施能力。云南在建立周边次区域经济走廊方面发挥了建设性作用，有助于促进商品、资本和劳动力跨境流动，有助于将次区域层次的地方（云南与湄公河周边国家）经济合作与治理提升到超国家层次的国际（中国与东南亚国家）治理合作。"一带一路"倡议提出以来，云南加大了对孟中印缅经济走廊、大湄公河次区域（特别是滇泰南北经济走廊）等经济走廊项目的投资力度。对孟中印缅经济走廊的投资于20世纪90年代首次在云南学术界被讨论。这一走廊计划为云南和中国西部内陆省份提供了一个通过印度加尔各答通往孟加拉湾的海运出口。加速这些经济走廊发展的第一步是完成泛亚铁路网的建设。同时，云南也在通过改善跨境河流航运条件来发展水运。

与此同时，云南在老挝边境修建了昆缅高速公路和从昆明到磨憨总长1250千米的昆曼高速公路。不仅如此，云南还积极推动跨境电信合作。除了参加亚洲开发银行发起的区域技术援助和分区域电信论坛项目，该省还为老挝电信服务提供商提供电信服务，在河口和老街之间架设光缆路由器。这些措施在本书之前篇章已有所讨论，在此不做赘述。

三 经济特区

经济特区是地方政府发展对外关系的重要地缘经济手段。与此同时，大量的非政府实体的参与也帮助广东和云南更有效、更充分地使用了特区工具。具体而言，省内企业协助省政府在"一带一路"沿线国家建立了境外经济合作区。截至2022年，在省政府支持下，广东企业已经在"一带一路"沿线国家建立了16个境外经济合作区，为广东企业创造了大量的投资机会。这些合作区位于埃塞俄比亚、尼日利亚、白俄罗斯、伊朗、沙特阿拉伯和越南。2016年，广东泛亚聚酯有限公司牵头在沙特阿拉伯建成了贾赞基础和下游产业城。另一个具有代表性的项目是白俄罗斯明斯克的光电产业园，它是由总部设在广东的招商局集团有限公司投资建设。为了把这个园区变成一个照明行业的中心，广东动员相关企业投资升级其物流、生产、营销和客户服务。同样，近年来，云南的省级企业也加大了境外经济合作区建设力度，建立了一系列针对周边区域的合作经济区，如万象赛色塔开发区、磨憨—磨丁经济合作区、中柬文化创意园与皎漂经济特区等。

四 友好城市关系

在自愿、平等互利的基础上，广东和云南还成立了国际友好城市协会，与外国城市建立友好关系。自2013年以来，广东国际友好城市协会已与"一带一路"沿线的6个外国省份建立了伙伴关系，包括印度的古吉拉特邦、捷克的南摩拉维亚和吉尔吉斯斯坦的奥什。"一带一路"倡议也成为广州和深圳建立国际友好城市的催化剂。广州与智利的圣地亚哥、肯尼亚的蒙巴萨建立了新的友好城市关系，深圳与欧洲、非洲、中东、中亚和东南亚的许多城市建立了友好城市关系。在"一带一路"倡议的助力下，云南省友好城市协会也加强了与友好省份的合作。关于云南的国际友好省市关系，本书前章已有所阐述，在此不做赘述。拓展国际城市关系是两省塑造国际网络的重要途径。

五 海外华人社区与商会

两省华人华侨社区也成为广东和云南与共建"一带一路"合作国家建立更紧密合作关系的重要力量。广东是著名的侨乡。截至2021年年底，广东省3000多万海外华人华侨，分布在世界160个国家和地区。五年来，海外华人社团协助广东省举办了广东国际商贸洽谈会、中国（广东）—东盟合作华商交流会等各种展示广东省经济成就的活动。云南也是对外移民的传统大省。云南省开展"一带一路"合作多年来，更加积极鼓励湄公河次区域国家的华人华侨参与到云南的经济发展中。

截至2021年，云南利用外资的80%来自湄公河次区域的华侨，云南外资企业的70%由云南籍华侨经营。

另外，为了服务与团结散布在世界各地、规模庞大的海外侨商群体，作为对外移民大省的广东与云南也在很早就建立了各自的商会系统。这些民间团体逐渐成为两省扩大对外影响，组织海外社会资源的重要工具。近年来，广东外资企业先后赴共建"一带一路"合作国家组织考察，与当地商会签署多项协议。广东省工商业联合会还加快了广东省私营部门国际商会的发展，为有兴趣参与"一带一路"建设的私营企业提供更多的法律和投资建议。云南省工商业联合会的主要任务是帮助省内企业更好地利用大湄公河次区域经济合作机制，同湄公河国家公私部门开展深入合作。值得注意的是，广东省工商业联合会的主要职能是促进经贸，但云南省工商业联合会还需要帮助省政府解决一些跨境紧急问题。因此，云南省工商业联合会更偏重于综合性治理的角色，而非"在商言商"。

通过对广东和云南两省战略手段运用的比较分析，可以看出两省的外部焦点存在较大差异。广东的对外关系基本上是"等距"互动和商业导向——只要有足够的经济机会，它就试图与大多数共建"一带一路"合作国家建立联系。相比之下，国家对云南的外事工作的定位更倾向于以地区和平稳定为导向，并主要致力于建立或维护周边关系。从政治地理学的角度，"一带一路"倡议的核心是互联互通。互联互通的经济模式与基础架构所带来的地缘经济连通与互嵌，将帮助被联通国家养成一种地缘经济"期盼"，即通过互联互通经济模式所带来的发展去克服现实主义地缘政治中固有的、国际零和关系所内生的恐惧感。从地缘经济学的角度看，经济发展是消除贫困和政治不稳定的解药，是实现区域和平的良方。云南所使用的经济工具不仅可以理解为一种网络化的技术路径，还代表了一种深层的政治理性、行政技术和物质系统的运行逻辑。在对外关系中，通过形成一套自身的政治与经济嵌合治理路径，云南才得以协助中央去协调跨境民族关系和稳定边境地区。

第七节 海陆复合型省份的国际身份

云南是内陆边境省份，广东是典型的沿海省份。两省的地理位置天然地与国际相连。但是中国还有很多省份兼具内陆与沿海的地理要素，比如江苏。一般而言，江苏是个沿海强省，但是实际上，江苏的主要经济城市与政治中心都是位于江苏的"内陆"地区，而不是紧靠在海边。严格来说，江苏只有连云港、盐城和南通三个城市，是属于沿海城市，但是这些沿海地区竞争力普遍不强。这就构成了内陆主导兼具沿海要素的海陆复合型省份。这种省份是否也具有开展国际活动的能动性呢？为了回答这一问题，笔者引入江苏省进行对比分析。

江苏省位于中国大陆东部沿海地区中部，与上海市、浙江省、安徽省、山东省接壤，跨江滨海，湖泊众多，地势平坦。国家统计局数据显示，2021年江苏省常住人口为8505.4万人。江苏省作为中国古代文明发源地之一，共拥有13座国家历史文化名城。不难发现，江苏省不论是在自然条件还是在传统文化上，都有着得天独厚的发展优势与基础。进入新时代，江苏在规划上属于长江经济带，下辖13个设区市全部进入全国百强，综合实力百强区、百强县、百强镇数量位居全国第一；其发展与民生指数（Development and Life Index，DLI）也位居全国省域第一，是中国综合发展水平最高的省份。可以说江苏省拥有足以超越大多数省份，甚至一些小型国家的经济基础条件，这支持着它向外扩展，寻求新的发展可能。江苏不仅省域经济综合竞争力居全国前列，还拥有全国最大规模的制造业集群，实际使用外资规模居全国首位，人均GDP自2009年起连续居于全国第一位，是中国经济最活跃的省份之一，且其与上海、浙江、安徽共同构成的长江三角洲城市群已成为六大世界级城市群之一。良好的制造业基础、最初在政策红利下对外资的巨大吸引力以及以国际化大都市上海为辐射中心的城市群，这些都是江苏国际化道路上不可小觑的巨大推力,"一带一路"倡议下江苏省选择在对外经济合作上着力并扩大新领域交流是理所当然的一步。

就扩大对外开放而言,江苏的机遇在于它已经在长期发展中积累了雄厚的经济实力、创新能力、产业竞争力、文化软实力。"一带一路"建设、长江经济带发展、长三角区域一体化发展这三大机遇的交汇叠加、深入实施,为江苏的未来发展打开了新的广阔空间。由此,江苏以高质量建设"一带一路"交汇点为中心,在设施联通、贸易畅通、民心相通三个方面都作出了系统部署。

江苏省坚持把"一带一路"交汇点作为促进国内国际双循环的战略通道,深入践行五大行动计划,深化与共建"一带一路"合作国家战略布局耦合,建成具有国际影响力的"一带一路"交汇点。为此,江苏省先后就"互联互通"出台了《江苏省推进"国际综合交通体系拓展计划"专项行动方案》,加快构建内畅外联的综合交通体系,并推进新一代信息基础设施建设;就"产能合作"出台了《江苏省推进"国际产能合作深化计划"专项行动方案》,分类推进优势产业国际化,推动高水平引资引智;就"丝路贸易"出台了《江苏省推进"丝路贸易"促进计划专项行动方案》,大力开拓沿线国家市场,加快发展跨境电商;就"合作园区"出台了《江苏省推进"重点合作园区提升计划"专项行动方案》,不断提升境外合作园区建设水平,推动省内合作园区高质量发展;就"人文交流"出台了《江苏省推进"人文交流品牌塑造计划"专项行动方案》,深化科教文旅交流,扩大体育医卫交流并拓展对外交流合作平台(江苏一带一路网,2020)。

对于设施联通,江苏省大力推动中亚中欧班列提质增效和可持续发展,以徐淮海陆空港建设为工作重点,支持连云港建成战略支点,深化国际运输服务交流合作,以期建设高效畅达的海陆空综合性立体化国际运输大通道,健全国际海陆联运网络和航空运输网络,不断提高国际物流通道建设水平。2022年,江苏中欧(亚)班列克服新冠疫情反复、俄乌冲突、口岸拥堵等影响,发挥全省统筹优势,实现全年开行1973

列,搭载标箱14.21万箱,双创历史新高,运行质效进一步提升。徐淮海多个港口也喜报频传,新亚欧陆海联运通道标杆示范建设取得明显进展,连云港港海河、海铁联运量持续走高,主要节点和重要枢纽的支撑带动能力大幅提升,打造徐州国际陆港、淮安空港、连云港海港"物流金三角"。

对于贸易畅通,江苏省立足现有优势,以推动外资外贸稳中提质为远景目标,以南京、苏州为深化服务贸易创新发展试点,健全外商投资准入前国民待遇加负面清单管理制度,推动和引导外资深度参与江苏省先进制造业集群建设和现代服务业集聚发展,打造全国一流的江苏特色电子口岸。与此同时,江苏省联合共建"一带一路"合作国家,打造多个大型品牌展会,发展跨境与境外产业园区,推动国际产能合作升级,进入经贸合作新阶段。江苏省中阿(联酋)产能合作示范园获批了全国首家"一带一路"产能示范园区;柬埔寨西哈努克港经济特区被誉为"一带一路"务实合作、民心相通的样板园区。截至2018年年底,江苏省已与共建"一带一路"合作国家和地区实现外贸进出口全覆盖,稳步深化双向投资,在全国开放大局中地位凸显。

对于文化交流,习近平总书记曾赋予江苏"争当表率、争做示范、走在前列"的新时代新使命,江苏省高质量建设"一带一路"交汇点的努力也将文化交流一并视为工作重点,致力于营造良好的人文环境。江苏省聚焦民心相通,完善交流机制,塑造包括"留学江苏""智汇江苏""精彩江苏""赛事江苏""健康江苏""友好江苏"等在内的教科文体医政多个具有江苏特色、国际影响的交流品牌,同时缔结一批友好城市和友好交流地区,旨在到2025年形成人文交流、政治互信和经贸合作相互促进、相得益彰的对外开放新格局。在此过程中,江苏省以高层交往为引领,以友城合作为依托,以品牌建设为抓手、以民心相亲为目标,不断扩展与世界各国的人文交流空间。截至2019年,江苏省共计与35个共建"一带一路"合作国家和地区缔结了105对友好省州和城市与165对友好交流省州和城市。江苏省还建成了全国首创的留学生

"人才地图",开展包括"水韵江苏"系列活动在内的大量文化主题推广活动,并于2022年12月定向发布了近30个契合共建"一带一路"合作国家可持续发展需求及产业政策、可快速落地转化的先进适用技术项目。

作为海陆复合型身份的江苏,其对外关系的建构过程呈现出两个突出特点。第一,江苏的对外交往位于"双环"之间。云南的经济体量在国内占比较小,和东南亚特别是湄公河地区的经济依存关系较深。广东长期以来是中国对外开放的前沿,对以海洋为中心的贸易和供应链体系的依赖度较深。相比之下,江苏的经济发展既依托于国内的市场与产业链体系,也依托于全球体系。二者在江苏的整体经济中占比更为均衡。此外,作为连接沿海经济带、长江经济带与内陆经济带的中心省份,江苏对外发展的根本定位既不会像云南那样作为联通某一区域的大通道或桥头堡,也不会像广东那样打造面向全球的贸易中心、运输通道与金融门户。江苏的经济构成、产业链结构和地缘特点恰恰处于国际大循环与国内小循环之间,是国际国内双循环的交点。国际国内双循环的交点与支点地位是江苏开展自身国际关系的结构性资本与动力来源。

第二,江苏的对外交往是省内均衡分工的结果。在云南的对外交往过程中,昆明的中心和领导地位十分突出与明确,其他城市处于协治地位。这些次级的小型城市呈散点状分布于边境线周围,主要是为了便于边境治理,维护民族关系和规划跨境经济合作区。广东的对外关系主要依托于粤港澳大湾区。大湾区内主要城市相互协调、相互竞合,在战略地位上同等重要。大湾区的发展直接决定了广东国际化的能力与水平,直接决定了广东开展对外活动的施行资本与驱动强度。深圳与香港之间的府际关系、广州与深港之间的府际关系都深刻影响着广东的对外关系。相比之下,江苏对外关系中的内部分工更加均衡。在对外联通层面,徐州、淮安与连云港都不是江苏的经济中心或制造中心,但是三市的基础交通设施功能被有意强化,通过陆海空港建设,构成江苏参与"一带一路"对外开放的"物流金三角"。在对外贸易层面,江苏主要

第六章 "一带一路"视阈下国际关系参与者的轨迹比较

依托苏州、无锡等江南制造业集群优势,深化服务贸易创新发展试点。在文化与政治交流层面,江苏主要依靠南京及其他城市的整体支撑。故此,江苏对外关系的工具运用与能力建设更好地反映了省内的府间协同与整体规划。

第八节 小结:"一带一路"倡议下省级外事工作的竞争与协调

本章探讨了在"一带一路"建设的背景下,广东与云南如何成为中国对外合作的国际关系参与者。首先,中央授予这两个省开展国际活动的自主权。在实践中,两省各自通过对"一带一路"的诠释来扩大对外自主权。其次,各地的对外互动日益频繁,互相之间的地方竞争日益激烈。这一趋势促使两省通过效仿国内的同行竞争者,从而加大对"一带一路"的参与力度。最后,外部事务的压力使这两个省份通过一系列战略工具深化了对"一带一路"的参与。

通过对广东和云南对外开展经济活动的比较,笔者发现了一些结构上的差异。例如,虽然两者分别与香港和广西存在一定竞争关系,但中央对这些关系的安排与应对是不同的。换句话说,对于云南和广西的同质化竞争,中央更倾向于采用自上而下的权威式分配,给予两省份明确的特定任务去完成,缓解不必要的省际竞争。相比之下,广东与香港的功能互补性更明显,所以中央默许了更多的地方竞争元素,从而建立一个更加自主与活跃的大湾区内部生态。此外,广东的对外交往以强烈的利益驱动为导向,与世界各国建立贸易关联。相反,长期的跨境冲突和犯罪促使云南通过加快互联互通和减贫项目来建设边疆民族关系和塑造边境安全态势。

笔者在比较分析了云南与广东的对外交往之后,引入并剖析了作为海陆复合型省份的江苏。江苏省的对外关系建构过程呈现出两个突出特点。一是江苏省开展对外活动的逻辑原点形成于自身作为国内外双循环的交点。相比之下,广东与云南更偏向于以海洋为中心的国际大循环或者面向东南亚特别是湄公河次区域的地区小循环。江苏省无论是地理位置还是产业结构都更需要同时依托于国内外双循环,从而通过对外活动进一步加深双循环的互动与互镶。二是江苏省开展对外活动是省内"多市协治"的结果。相比于大湾区的府际竞合与云南的一核多点,江苏省的对外工作分工更加均衡与平等,网络化与协同化特征更加鲜明。苏北偏重国际陆海空基础设施建设,苏南偏重贸易与产业链的国际化,苏中省会南京则主导国际文化与政治交往。南北分工构建了江苏对外工作的区域协调发展格局。

本章丰富了对地方政府国际角色的关键分析维度的理解,并采用比较的视角来阐述中国地方外事的情境性。这一比较视野可以弥补人们对于单一制国家内地方国际行为体间差异的理解缺憾。一国之内,省际与府际之间在对外关系建构过程中产生的种种差异将帮助人们形成更为多元化与更为包容的地方外事理论。国际关系中省级能动性的形成与发挥并非仅有一个单一的模版,而是随着省内结构与外部环境的变化而不断变化。比如江苏省内发展均衡,发展水平长期领先全国,结合自身区域发展实际,坚持苏南引领、苏中崛起、苏北赶超分类指导。不同区域板块发展定位、增长动能差异互补、协调共进。这种互补协调成为江苏经济发展的战略依托。因此,江苏参与"一带一路"规划分工是基于该省长此以往的内在发展特质、各市资源禀赋与需求差异的。对外关系的建构是基于苏南产业经济发展优势与苏北、苏中的空间资源优势的有效结合。

此外,我们必须避免将各省在"一带一路"框架内的外部互动视为国家权威机构单一与一体化的脚本安排。行为体属性的概念是一个持续的、展开的过程,可以通过细致入微的、比较的实证工作来理解。"一带一路"是一种国家与各地对外开放的"同步"展开,即国家制度自上而下的规范性力量与地方政府自下而上的创造性力量相互构建和共

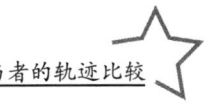

同演变，形成了中国对外交往的最终格局。这一动态关系从根本上定义了中国省级政府在"一带一路"框架内的国际角色。对这一国际角色的深入把握就需要我们不仅去审视中央的规制力，还要去探究不同省份的内在差异性。一如外交政策本质上是一种内政的体现，地方政府的国际关系行为是这一次国家单元（州、省、邦等）内部政治的反应。因此，无论是联邦制还是单一制国家，都需要研究者首先理解每个次国家单元的"性格""思维""体质"与背景，然后我们才可以理解它们的"外交"逻辑与本质。

第七章
结语：走向协同外交

国际关系是一门观察、描述、分析与预判国际社会演变和发展的学科。国际关系的实践通过建立跨国机构、联盟和全球治理规范来创建规则和秩序，从而试图填补国家间的无序空间。随着国家权力的下放和身份政治的崛起，既定的国际秩序不再稳定。全球化被某些国家指责为对国家观念甚至个体普世观念的侵蚀，而"现代性"被误解为对不同个体的强制同质化与统一性归简。"现代性之罪"是一种对现代化发展的误读。尽管现代性框架下以主权为核心的等级叙事依然稳固，但不同的地方制度、文化与治理传统会继续存在，互相碰撞，形成共鸣，不断重生。

沙哈尔·哈梅里（Shahar Hameiri）和李·琼斯（Lee Jones）认为，"全球"作为一个地缘尺度不是在某个高寒、遥远的权力层面上展开的，而更多的是在国家之下悄然呈现。国际组织、全球治理与人类安全等实体或概念经常与它们所宣称代表或保护的对象——具体而微的人类个体或千差万别的地方群体——相距太远，因此这些实体或规范需要更接近它们的言说对象、更接近它们要处理的具体问题、更接近那些细微又时而困顿的现实。对此，人们企图抛弃过时的主权概念，将那些单一、有限、层级化的传统国家观念加以"拆解"（Hameiri, Jones, 2016）。

第七章 结语：走向协同外交

詹姆斯·罗森瑙（James Rosenau）用"裂合"（fragmegration）一词来形容这一不同寻常的"拆解"过程。一方面，"裂合"概念将全球化过程理解为一种整合与分裂、一体化与碎片化的同时演进。另一方面，信息革命、自由市场、美国霸权、中国崛起的新旧全球化表征与民粹主义、宗教原教旨主义和反霸权主义的地方化力量相互作用。在这一新旧交替叠加与转型的全球化时代，世界政治一方面走向更大的地方化和分散化，另一方面走向更大的聚合性与互联性。人们曾经设想，一个"现代"国家必须坚持不懈地朝着一个理想的国家间状态发展，最终建立一个总体的权威结构，使各国能够更有效地处理影响全人类的全球性问题。在"裂合"的全球化时代，建立某种全球统一性的构想并未消散，但却受到新的挑战。也许，全球治理需转向国家之内。次国家机构与政府转变已经逐渐深刻地影响到国际议程的制定（Hameiri, Jones, 2016）。也许，人们必须深度重构威斯特伐利亚体系，鼓励由地方政府、非政府组织、政府间组织、跨国公司组成的多层次与网络化互动。

这种重构在全球各地不断上演。在欧洲，西班牙的加泰罗尼亚有时被称为"不完整的主权国家"。在加泰罗尼亚独立运动的压力下，西班牙的国家政治变得越发复杂与支离破碎。与此同时，在英国，脱欧的长期影响尚未显现，苏格兰、威尔士与北爱尔兰等"构成国行为体"的独立运动使得国家政治走向内部的裂化。这些"内部国家"的次主权属性使政治整合前景渺茫，一体化进程举步维艰，岛府之间各行其道。在1972年1月26日的澳大利亚，4名原住民代表在堪培拉联邦议会大厦前的草坪上插了一把巨大的遮阳伞，建立了世界上最小的大使馆——"帐篷大使馆"。如今，纳瓦霍族等美国原住民部落正在考虑建立自己的"大使馆"。从全球角度看，越来越多的非传统角色正在加入对国际关系的塑造。由于背景与利益诉求的巨大差异，这些非国家行为体的国际化尝试往往是分散的，没有明确的组织和统一的导向。尽管他们的目标有所交集，但能否被各国接纳为合法与独立的国际行为体仍有待观察。

本书审视了在世界舞台上众多登场的非传统角色之一：中国的省级政府。本书探讨了云南如何在改革开放后，特别是20世纪90年代以来，逐渐成为国际关系行为体的条件、路径与特点。本书指出了云南成为国际关系行为体的结构性与施动性条件。在同时满足这两类条件后，云南才可能在国际关系中制定计划、展开行动、影响与改变他者、获得身份与认同。换言之，在同时满足这两类条件后，云南的外事活动才能显现出自身的能动性，才成为一个真正意义上的积极的国际关系塑造者。回顾历史，改革开放后，中央在一系列国内外战略环境的结构性变化下，开始赋予了云南更大的对外政策空间。云南借助自身的实力与能力，抓住外部环境带来的机遇，努力拓展周边关系，主动塑造自身的地缘政治与地缘经济态势。在这一过程中，云南培育、调动与发挥了自身的经济与社会文化资本，通过"基础设施化"等后物质主义手段，在物质化的过程中塑造主体间关系、对外关系和周边关系。社会与文化纽带也是云南省级外交的重要塑造工具。最后，地方外事是一个社会化过程，一个交往性过程。这一交互过程的完成需要外部权力符号秩序对行为体身份的承认。这一承认来自作为他者的外国政府或国际社会，也来自作为权威主体的高层机构或国家政府。

第一节　研究内容回顾

首先，本书讨论了中国的外交现代化与地方政府外事活动现代化，论证了外交现代化中"地方"的意义。"地方"的全球化是中国外交现代化的重要条件之一。基于这一认识，本书回顾了国内外学术界对于地方外事的研究。特别是，本书还着重对处于外交学光谱一端的平行外交研究进行了批判性回顾——在众多的外交学流派中，平行外交对"地方"的价值最为关切，以至幻想一种由"地方"构建的"后国际"关系世界。诞生于西方经验的平行外交无法充分解释中国外交中的地方

第七章　结语：走向协同外交

性，但是本书在对平行外交等相关流派的批判与反思中呈现出一种更具包容性、跨范式的分析结构。同时，本书又在地方外事的国别比较中展开对中国地方外事的范式思考。这种对中国范式的召唤是开放的——我们在比较中召唤某种基于内生经验的中国范式，更呼唤某种对范式本身的超越。

其次，本书聚焦云南省外事工作，分析了构成云南省国际能动性的结构性条件与施动性资本。就结构性条件而言，笔者讨论了哪些内源性结构条件触发或推动了云南开展对外交往，比如沿边开放、在边境管理上的央地分工等。笔者还讨论了哪些外源性结构条件为云南开展外事活动创造了外部机遇，比如地区主义的不断发展、国际贸易规则的对内压力和域外国家竞争。然后，笔者将布迪厄的资本概念融入平行外交的行为体属性理论，以呈现构成地方政府国际行为体身份的施动性条件。笔者从多个方面分析云南省开展对外交往的施动性资本。第一是经济资本，由基建合作与经济联系等手段构成。第二是社会资本，涉及对跨境民族关系的利用与建构。只有具备了相应的经济与社会资本，地方政府才具备成为国际关系行为体的能力与实力。第三是基于建构主义理论而提出的"符号资本"概念，涉及体制内与国际社会给予次国家行为体国际身份的认同。

最后，笔者比较了云南、广西、广东与江苏的外事行为差异，丰富了基于中国背景的比较地方外事理论。具体而言，笔者阐释了广东和云南如何利用基础设施、经济和外事工具来推动国际合作。此外，笔者解释了跨省竞争行为为何不遵循一般性的差异化逻辑，而是遵循模仿和替代逻辑。这在"云桂之争"和"粤港关系"中分别表现出来。差异化、模仿和替代等运作逻辑之间的不协调耦合，往往无法形成一个连贯的宏观基础设施网络，因此需要国家予以谨慎的平衡与协调。此外，笔者还引入了江苏作为海陆复合体省份与内陆边境、沿海省份进行对比，阐释其对外关系建构的结构驱动力与行为特征。

第二节　结论与理论创新点

本书指出，以地方政府为国际关系行为体的研究可以分为三个阶段：第一阶段从20世纪70年代开始，此时学术界的研究重点在于北美地区，更多地致力于描述地方政府对自身外交能力的认识。第二阶段始于20世纪80年代，学者们开始从单纯的描述与案例研究转向对理论的建构。其中伊夫·杜恰切克和帕纳奥蒂斯·索尔达托斯正式提出了"平行外交"这一理论概念。当时学术界一种普遍的观点认为：随着非国家与非（传统）政治力量（跨国企业和市场化等新兴要素）日趋增强，国家在国际关系中的影响力会逐渐减退，最终或呈现出跨国、主权国家和次国家行为体多中心并存的局面。在具体的实践研究中，不难发现"平行外交"这一概念确实极大程度上依托于美国和加拿大等西方国家独特的政治环境。在欧洲一体化研究中逐渐形成的多层治理理论认为，相比于其他类型政体，联邦制国家的地方政府在政策提出以及实施阶段更能发挥其独立的作用。

相对地，非西方背景下单一制国家的地方外事研究较为缺乏。特别是，在强国家与大政府的背景下，国家之下的行为体往往被视为缺乏主体性与独立性，因此不适宜以传统平行外交理论进行分析。非西方背景下单一制国家的地方外事缺少一种"自内而外"的视角。直到从2000年开始的第三阶段，平行外交的研究版图上才逐渐出现了非西方国家的身影。这一转向一定程度上源于中国、印度等发展中国家在经济和政治地位上的崛起。尽管如此，既存的学术偏见仍然难以根除，单一制国家边界省份的跨境行为并未得到与其实际意义相匹配的关注。正是在这样的学术背景下，对中国边境省份的国际关系研究的需要显得更为迫切。

21世纪初以来，中国各省份日益强化的外部行动主义尚未得到足够的重视。另外，学术界采用的分析框架又缺少对地方政府的国际行为体属性全貌的呈现，以适用于单一制强（国家）政府背景下的地方外事分析。故此，本书通过结构性与施动性条件两个分析面向来研究中国边境省份的国际行为体属性。本书进一步提出，施动性条件由至少三种资本类型（经济资本、社会资本与符号资本）构成。

就结构性条件而言，本书发现，虽然中央集权单一制国家的地方政府不能完全自主或独立地参与国际关系构建，但是在国际互动中地方政府依然具有发挥主体能动性的结构条件。这种结构条件表现为地方政府开展对外活动、构建自身国际关系身份的内在驱力与外在动力。以云南为例，边境地区的开放、中央政府边境治理的效率局限，以及与广西在澜湄次区域的竞争，这些都形成了云南参与国际关系的意志与意愿。从而，在周边环境与央地关系的变化下，云南形成了成为一个国际关系行为体、参与国际互动、制造地区影响的内在需求与自主意向。

与此同时，在中央集权单一制国家背景下，省级政府的外部利益必然受到中央政府对省级外事机构的结构性约束。内在驱动也必须与外部环境相衔接，才可能形成完整的结构条件，构成地方政府的国际关系施动性与主动性的基础。就云南而言，冷战后湄公河地区局势的历史演变、中国与湄公河国家关系的正常化、跨国地区主义的影响等都为云南开展对外关系创造了有利的环境。改革开放之后，中国选择参与、融入或自主发展区域合作组织（如大湄公河次区域经济合作机制），以及国际组织的机制与规则对中国内部发展战略的再塑造（如世贸规则对于西部大开发战略的影响），进一步为云南参与国际关系创造了外部机遇。地方政府在内部和外部不断变化形成的结构间隙中开拓自身的政策空间与身份路径。

本书进一步提出，研究中国地方外事的主体能动性需要一个多范式结合的认识框架。从结构性条件看，全球化、地区化与市场化构成了地方政府发展为国际关系行为体的推力因素。这与后冷战时期国际关系的整体变化趋势相一致。从施动性条件看，探究地方外事活动逻辑既需要现实主义视野，也需要建构主义视野，既源于行为体所具备的能力与实力，以及对于自身能力、实力的认识与运用，也源自其他行为体或者他者的回应与互动。如果我们将地方政府视为国际关系场域中的主体之一，那么只有获得他者的承认，地方政府的国际关系行为体身份才能确认。身份的承认是国际关系建构主义学派的核心议题。承认指一种主体间的认同过程，通过这一过程，施动者得以称为有自尊、受尊重的社会或国际社会成员，在此意义上，承认是构成施动者身份的共同决定因素。因此，国际关系行为体身份也是一种主体间过程，是由自我持有的内在观念与他者持有的外在观念共同建构而成的（亚历山大·温特，2014）。换言之，次国家行为体的自我领悟是不够的，国际身份的形成还必须依赖于其他国际行为体对该行为体的再现与该行为体的自我领悟二者之间的一致。获得其他国际行为体的承认是国际身份得以确立的必要环节（曾向红、陈明霞，2022）。

  从现实主义的角度，本书探讨了地方政府如何运用经济与社会资本进入地方外事场域，影响国外行为体而形成国际合作。具体到云南对外能力的建构与运用上，笔者指出省政府所运用的三种外部拓展工具：基础设施建设（如建立国际大通道）、经济联系（如边境贸易与投资）和社会民族纽带（如友好省市关系与边境民族关系）。基础设施建设与经济联系的分析阐明，地方政府的外事行为可以是一种物质化过程的产物，也可以是物品交换的长期实践所带来的溢出效应。跨境社会民族关系的分析显示，地方外事的形成不单是基于跨境基建、物流与投资的物质与资本的全球化/区域化产物，也是基于文化与族群关系的人的全球化/区域化产物。通过对地方外事的能使资本——特别是经济与社会资本的分析，本书进一步丰富了中国地方外事理论的多范式性，囊括了实践学派（各类交往实践推动国际身份构建）、后物质主义（物质化过程构建国际身份）与功能主义（低政治推动高政治、经济文化互动推动政治关系的确立）等一些在传统外交理论研究中鲜有涉猎的思想范式。

  从建构主义的角度，获得本国与外国的承认是地方开展对外活动的必然环节。只有如此，地方政府的对外能力与实力才可能转化为一种合理的、被认可的国际身份。本书指出,云南参与签署非条约协议是该省的国际关系行为体身份获得他国承认的关键表现之一。实际上,地方开展对外活动的这种承认形式在很多平行外交研究中已有所探究,但多基于欧洲经验,对中央集权单一制国家鲜有论述。现有研究经常引用的案例包括:比利时各地区的国际条约制定权力(Paquin,2010),奥地利和意大利毗连地区之间为降低贸易壁垒而缔结的协议(Pelinka,1990),以及瑞士各州的国际条约制定权力(Wildhaber,1990)。同时,云南的国际关系行为体身份也得到了中央政府的认可。云南是国家开展"一带一路"合作的重要载体省份,也是中国参与澜沧江—湄公河合作机制建设的主体省份之一。实际上,地方政府代表国家参与国际机制或协定谈判在现有平行外交研究中也常有论述,但都是以西方国家为对象。涉及案例包括:加拿大各省参与关贸总协定谈判、渥太华代表团参与加美自由贸易协定谈判(Feldman and Feldman,1990)、蒂罗尔州代表与维也纳官员参与协商南蒂罗尔问题(Duchacek,1990),以及澳大利亚州政府官员出席联合国海洋法会议和国际糖业会议(Ravenhill,1999)等。

最后,本书基于云南、广东与江苏的三省比较,发现了一些结构与偏好上的差异。例如,虽然广东与云南分别与香港和广西存在一定的府际竞争关系,但中央政府对这些关系的安排与应对是不同的。本书发现,对于云南与广西的同质化竞争,中央更倾向于采用自上而下的权威式分配,指派两省不同的对外任务,设置差异化的国际/地区定位,以降低不必要的竞争态势。相比之下,从产业与历史发展角度看,广东与香港的功能互补性更明显,所以中央允许了更多的地方竞争元素。通过内部的有机竞争去建立一个更加自主与活跃的大湾区生态。"湾区外交"是广东与香港对外关系的上层逻辑。此外,广东的对外交往主要以经济利益为驱动,与世界各国建立普遍的贸易关系。相反,长期的跨境冲突和犯罪问题促使云南的对外关系重点放在促进与维护周边关系,通过加快互联互通和减贫项目来巩固地区关系、塑造边境安全态势。云南是澜沧江—湄公河区域一体化的核心参与者，而澜沧江—湄公河区域一体化是稳定中国西南周边的核心机制之一。

江苏是一个海陆复合型省份。本书指出，江苏的对外关系建构呈现出两个突出特点。其一，江苏是国内小循环与国际大循环的交点，因此其对外关系的战略基点即是双循环的结构交点。相比之下，广东长期以来是中国对外开放的最前沿，其对外关系更多地服务于营造跨洋越洲的国际大循环；而云南对外经营的重心是东南亚特别是湄公河次区域，因此其关注的地理范围更为有限。其二，江苏对外发展的省内布局体现出该省内部的区域协调优势。本书指出，江苏的次国家政府外交是省内"多市协治"的结果。相比于"湾区外交"中的府际竞合（如广东与香港的竞争与合作）与云南对外开放过程中的一核多点（昆明为核心、边境多市为重点的对外开放格局），江苏省的对外工作分工更加均衡与平等，网络化与协同化特征更加突出。

第三节　中国范式的有形与无形：
　　　　协同外交

为了更深入地呈现与分析地方政府进行对外交往的主体能动性，本书通过对"平行外交"理论的再构，论证了单一制国家背景下地方政府外事活动的内在逻辑与行为特点。具体而言，首先，本书对如何分析中国地方政府开展外事活动的能动性与自主性提出了理论框架。这一框架具有一般性与普遍性价值，因为它不仅仅可以用于对联邦制国家的分析，还可以用于对单一制国家的分析。然后，这一框架又接受不同背景下开展外事活动的特殊性。基于此，笔者认为，中国省级地方外事呈现出党政统筹的特征，即央地关系在地方外事上以授权和协调为主。在对外事务上，中国的地方政府之于中央政府的关系既不同于美国（如纽约州之于华盛顿）与澳大利亚（如维多利亚州之于堪培拉）等联邦制

第七章 结语：走向协同外交

国家，更不同于魁北克之于渥太华、加泰罗尼亚之于马德里的斗争关系。前者往往受到党争的影响，后者更多是由于民族文化的冲突所致。中国实行一党领导、多党合作的制度，因此不存在西方两党或多党制意义上的党争基础。由于干部任免规则、军政关系、经济依赖性等原因，云南等少数民族省份的对外活动亦从根本上不具备进行分离运动的动机。中央与地方在对外事务上的权力等级关系明确。在央地关系的金字塔结构与规制性力量下，地方开展对外活动只可能在一党领导、中央统筹协调之下进行，也只可能在国家议程设定的范畴内建构自身的国际关系行为体身份、发挥在对外事务上的主体能动性。在中国地方开展对外活动过程中，党政统筹既是一种制约性力量，也是一种能使力量。例如，"一带一路"倡议一方面将不同省份各自的对外议程聚拢限定在国家总体对外导向之内，另一方面促使各省份制定自身的"一带一路"文件。这一本土化过程使地方政府得以在一个更为宏大的全球图景之下重新调整本地对外活动的根本逻辑与策略偏重，确立自身在国际关系中的角色定位。

其次，本书强调中央和地方在对外发展中的互补性价值，体现了中国在外交格局上多元立体的构成特征。本书分析了中国各省份在对外活动上动机、偏好与分工布局的异同。例如，在动机上，全球化/区域化与地方外事权的扩大构成了云南、广东与江苏积极拓展对外关系的共同动机来源。但是，世贸规则自外而内的改革倒逼，西部大开发自内而外的发展推力，"一带一路"对各省份不同的战略定位，形成了三个对象省份的不尽相同的动机起点。从偏好看，地处东南沿海的广东在对外关系上以全球贸易为重心，地处西南内陆的云南以稳定周边关系、促进周边外交为偏重，作为海陆复合型省份的江苏则聚焦如何打通国内外双循环从而更好地嵌入中国的全球化进程之中。从分工布局看，三个省份都根据自身内部的地区分工与地理环境特点形成了不同的内部开放格局。这些次国家层面上的异同构成了中国外交多元化与立体化的结构内涵。在此结构之下，地方外事不仅仅是"大外事""一盘棋"格局的产物，也是中国"整体外交"的重要能使条件。例如，中央指派云南参与澜湄区域的跨境水治理、出面协调缅北地区的武装冲突、主持承担周边地区的罂粟替代种植项目，等等。这些在地区或国际事务上的专项指派一定程度上回避了中央政府直接参与可能导致的主权敏感性问题，使得周边关系中不同类型的跨境事务都能有自身更为有效的处理路径或介入尺度（国家、次国家或非国家行为体）。这体现了多元立体格局下央地协治在对外关系上的互补性价值。

最后，中国地方政府的外事活动体现出府际竞合的特点，即地方政府之间进行同行竞争、模仿与合作，最终形成一个有机的、蕴含内在张力的整体外交网络。在目前基于西方联邦制经验的平行外交研究中，鲜有对地方政府间的竞争与合作进行比较分析的研究。本书不限于联邦制国家，而提出在中央集权单一制国家内也存在地方政府之间在对外关系上的竞争与合作。本书亦不限于国际或国别比较，而采用府际比较的分析视角对地方外事的国内差异进行剖析。府际竞合构成了推动中国地方外事的"同行"面向。这三种推力逻辑包括：基于比较优势的差异化逻辑、部分源于同质化竞争的模仿逻辑以及在中央规制之下的替代逻辑。在中央的整体协调与引导下，三种"同行"间的互动逻辑既蕴含竞争又不排斥合作，既是一种相互学习的过程，也是一种形成自我身份的过程。分析指出，府际模仿与替代策略是由中央规制地方实体的顶层设计和自发的、自下而上的、地方间的区域影响力争夺所共同导致的。

中国省级外事呈现出的三个特征（党政统筹、多元立体、府际竞合）既说明平行外交理论在中国背景下具备一定的解释力，也强调了中国外交结构的特殊性。通过与现有主流定义进行对话，我们可以对这些特征进行概念化的归纳。外交学者帕纳奥蒂斯·索尔达托斯指出，在"平行外交"的概念下，国家行为体和国家以下各级行为体之间可以存在四种关系模式。第一种模式是"合作—协调"，意味着地方政府和中央政府能够在地方政府的对外活动中进行协调和合作，避免优先级不明的尴尬与矛盾。第二种模式是"合作—联合"，是正式或非正式地将区

第七章 结语：走向协同外交

域等次国家行为体纳入国家大政外交政策的制定和执行环节。第三种模式是"平行—和谐"，这表明地方政府可以独立行动，但仍在很大程度上与政府保持协调一致。第四种模式是"平行—不和谐"，指地方政府自主追求目标，即使可能与中央政府的决策出现矛盾甚至相悖。中国地方政府的对外活动模式大多介于第一种和第二种之间，但又无法用严格意义上的平行外交进行界定。地方政府在对外关系上不和中央的外交总体战略与政策发生对抗，而是作为其代理人，保持了一种分层次、分向度的主次关系。这体现在党政统筹的特征中，或权力自上而下的塑造中。

中国地方政府对外活动的复杂性在于，其对外关系的塑造模式不仅介于"合作—协调"与"合作—联合"两种关系模式之间，还会在"平行—和谐"与"平行—不和谐"两种关系模式之间不断摇摆、调试与矫正。多元立体的特征决定了地方政府在对外关系中具有部分独立的动机、自身的偏好与不同的内部分工。地方政府"私"的一面决定了它并不完全被上层的权力结构吸收，而是在一定程度上保持了自我的意识、理性与身份，进而才形成一种多层次外交的"平行空间"。在庞大与强势的中央权力规制下，地方政府仍在对外关系上与国家保持协调一致，所以这一平行结构并非僵化的二元对立意义上的平行，而是协调趋同下兼具"公"（即地方保持与国家战略的一致性）"私"（即地方自身的利益寻求）两面的和谐共生的平行结构。但与此同时，大国内部的地方间关系错综复杂。为了在对外关系中更好地实现自身利益、提升权力地位，地方间的府际竞争（如云南与广西的一些同质化的对外政策）有时使得地方政府的对外活动偏离国家政策目标，形成"不和谐"的因素。这就需要国家重新介入，进行及时的协调，避免"不和谐"要素不断放大。

本书将这种在中央集权单一制背景下综合了四种模式的对外关系塑造形式称为"协同外交"。协同外交既在不同程度上反映了四种模式的存在，又同时游离于四种模式之外。在中央的"招唤"与地方的"响应"之间，在国内的"呼唤"与国际的"回应"之间，在这些自上而下与自下而上，由内而外与由外而内的交互过程与社会化进程之中，协同外交在四种模式之间不断演化，在党政统筹、多元立体与府际竞合三种关系中不断调试，寻找自身在特定的时代背景下或具体情境中的最优形态。进而言之，中国地方政府对外活动所体现出的协同外交既有形又无形。考虑到中央集权单一制国家的中央政府在外交事务上的绝对权力，前文所探究的协同外交的三大基轴（党政统筹、多元立体、府际竞合）可以被想象为一种带有层级结构的或者金字塔式（中央统领在上，多元性与竞合性为两个下角）的外交场域。这是一种有形的存在，一种几何想象的图形化呈现，在一定意义上也反映了中国地方一些特质。但是在更深层，我们需要认识到，中国地方外事并不可以简单地归化为有规有矩的图形结构，中国地方外事是在不断变化、不断吸纳、不断解构与再构中显现，因此具有某种"无形"的内涵。中国地方外事的结构只是一种分析视角，帮助人们通过一种几何性思维接近而非完全把握研究对象的本质，但其实这一结构更是一种"意相"，它在哲学意义上无形无构，根据情景自我调节与进化，在形态的不断演化中自我呈现、消逝、再现。

　　追溯历史表征，很难用"秦制"或者"周制"等历史或制度研究的习惯性描述来简单对应中国地方外事的结构特征。改革开放以来，中国地方外事就好像中国的经济发展与改革一样，在很大程度上是一种归纳经验主义的产物，是在特定理念（如中国的政治制度与外交的基本原则等）介入下的实践主义与经验主义的产物。中国地方政府进行的对外联系不同于联邦制国家的平行外交，因为平行外交中有时出现的地方与国家的外交竞争甚或对抗在中国不具备存在基础与合理性。中国地方政府进行的对外联系也不同于世界上绝大多数的单一制国家的地方实践，因为中国地方政府不仅具备国际关系行为体的基本属性，其在对外关系上（特别是在"一带一路"建设中）的活跃程度、规模与深入程度是绝大多数单一制国家所无法比拟的。这种中国范式，毋宁说，超范式的出现难以用固定的图形化结构加以框定，因为它永远呈现一种多面向的状态，一种进而未达的趋势，一种内在的化解与协调。因此，在更深层，中国的协同外交不是一种简单的结构归化的表征，而是一种在未定型的模糊中不断创造的"意相"。

第四节　现代性与超越现代性

中国的协同外交既是中国外交的现代化表征，也是对现代性的一种超越性尝试。从政治现代化的三个维度看，协同外交是国家建构、经济发展与民主建设三种趋力共同作用的结果。中国很强的国家传统与官僚制传统为中国地方政府对外活动的现代化转型提供了国家建构的基础优势。一党领导、多党合作的制度避免了地方政府由于党争而引发"分离外交"的可能，为地方政府的对外活动设置了安全阀。中央的权力高度集中保证了地方政府在处理一些国际事务时所扮演的次主权角色不会畸变为"另一主权"。特别是，强政党扮演着政治与经济整合者的关键角色，避免了边境省份在全球化进程中越开放越分离的巨大风险。因此，在中国的协同外交中，地方政府的对外活动是与国家建构过程相协调的，从根本上，是为国家建构服务的。同时，中国国家建构的社会主义属性决定了中国的现代化道路是以巨大规模人口为基础、以共同富裕为目标、以和平发展为路径的。因此，中国地方政府在对外关系中的低政治属性与经济外交身份使得它在联系中国式现代化与全球特别是广大发展中国家的经济发展上占有优势地位。

经济全球化是中国现代化进程的重要环节。像中国这样复杂庞大的国家，仅仅依靠中央政府作为中国走向经济全球化的载体是远远不够的，地方政府积极构建对外经济联系是经济全球化的重要路径。地方开展对外活动可以规避主权敏感问题，更容易聚焦低政治领域，因此在一定程度上有助于更顺利地推动在多样政治体制、复杂地缘环境条件下的经济全球化。同时，由于国内的地方利益诉求不同、经济条件有别，地方外事可以更好地衔接本地与他国的具体需求与资源供给。

民主建设不仅指的是公民或个体层面的权力意识培养、机制建构与程序保障，还涉及政治系统内部的治理关系问题。和公民表达与问责制一样，政治系统内部的民主化也是民主建设的一部分。作为权力下层的政治机构也需要表达与自主活动的空间，从而推动上层政治机构的决策更加合理化，政治结构运行更加灵活有机。改革开放之后，地方政府逐渐参与到国家的整体外交运行之中。多元立体的格局以及地方政府之间的竞争关系导致了一种外交场域的民主化走向。但在党政统筹的基本构架下，民主化仅仅是一种走向，而非转向，因为它并没有从根本上违背国家一元统领甚或权力再聚合的要求。通过多元立体与府际竞合的关系结构转型，每一个省级政府都在一定程度上可以被视为一个具有"府格"的行为体。中国现代化外交体系与能力的建设需要对地方政府不同"府格"的认识，有赖于基于"府格"差异的国际发展能力与意识的培育。

通过分析国家建构、经济发展与民主建设三个方面，笔者认为协同外交是中国外交现代化的一种表征。现代化作为一种社会化与政治化过程是基于人们对于现代性的某种理解。现代性是一种面向未来而生的存在状态，一种对于确定性的不断寻找，一种进化与进步的线性的时间观念，一种向未来敞开，不断解蔽与解构自我的过程。因此，这种现代性既是有形的，因为无论是通过何种理性工具，现代主体总是在试图获得确定性；现代性又是无形的，因为在寻找确定性的过程中，现代主体不断变化自身、不断打破已有的形态、穿越现有的边界：现代性的实现蕴涵着对于本体的超越。

同理，中国地方外事场域的现代化也包含着对于自身的超越。更严格地说，这种超越性表现在我们不能简单地将此"场域"理解为一种经典意义上的边界分明、主客对立的"容器空间"形式。这一"场域"

不单具有传统意义上的几何图形结构（指国家、次国家与非国家的尺度分化、权力层级与范畴边界等），还体现了拓扑学意义上的无限形构过程。从中华人民共和国成立后国家对外交场域的绝对垄断，到改革开放后场域角色的不断增加，相互关系的网络化、多元化、民主化与复杂化，再到新时代场域权力关系的再聚合与"一带一路"倡议下网络结构的重新排列组合，中国的地方外事体系可以由一种抽象化的图形所表达，更由一种以实践为前提、经验不断饱和、不断变化的形构态势所生成。

在拓扑学意义上，圆和正方形是等价物，由于其共同属性而归于同一拓扑集。两个等价的拓扑实体会根据其拓扑性质相互变形。拓扑空间并非一般意义上的几何空间。几何对象是固定的形式。拓扑对象是反形式、去形式化。几何对象位于空间中并在其中移动。拓扑对象根本不在空间中，拓扑对象就是空间本身，是运动中的空间构形过程。换言之，几何对象是在空间中移动的形状。拓扑对象不是形式，不是经典物理学中的"容器空间"，而是不停息的空间变形过程。其中，空间是主体性的外部，而时间是主体性内部，随着内部时间的变化，外部空间也不断转化，形成流动的有态无形的时空"耦合"与统一。中国的地方外事场域是权力的几何空间，由金字塔、层级化的央地关系所决定；与此同时，中国的地方外事场域不是一成不变的固定的关系结构与权力形式，不是可以简单图示化的"容器空间"，而是随着时间情景的变化而不断变化的主体间关系的网络运动过程。

改革开放以来，地方外事场域的不断演化，很难用联邦与非联邦或单一与分权进行简单定义。外交整体在多极之间不断变形、此消彼长，但在现代化的过程中又总是回到国家中心，从而在拓扑学意义上保持整体空间的一贯与统一。特别是，这一变化的最终结果无法代表中国地方外事场域，中国的现代化也无法预设某种最终的外交结构并将其永久固化。外交现代化的经验与实践过程本身呈现了某种开放而非固化的场域关系。因此，由协同外交所表征的中国地方外事现代化是一种过程性、非终极性的现代化，一种拓扑性、非线性的现代化。具体而言，"一带一路"倡议的提出是中国外交现代化过程的一种态势，一种主体性模式的变化而非某种国际关系固化结构的框定。地方政府在"一带一路"倡议极为宽泛的框架下重塑自身的对外战略与政策，通过不同操作模式、多层地理尺度的国际关系实践，形成一种事实上的次国家政府对外系。在复杂多样的地方活动之上，"一带一路"倡议作为地方政府开展对外活动的转化机制勾勒出一种独特的中国现代外交模式："一带一路"倡议可以被视为中国政府开展对外活动行为基础的背景假设与时空氛围，为地方政府参与当下国际关系建构了一套隐性知识。而我们所理解与见识的"一带一路"倡议实际上是这一庞大氛围与具体实践的后验之物，是一种归纳经验主义的表象。

第五节 对周边外交的现实启示

本书主要关注中国的边境省份。边境省份的对外参与是中央对外开放的重要条件之一。这一关系也为边境省份创造了有利的政策空间。面对平衡区域发展和处理边界问题的矛盾时，中央同样需要依靠边境省份去为问题"脱敏"或去间接地与域外大国展开竞争。本书最后一节就对边境省级政府、中央政府与周边国家分别提出三点政策建议。

第一，诚然，对于中国的边境省级政府来说，省级政府对于外部利益的追求取决于中央政府的态度。如果中央政府不愿意下放权力，省级政府就难以与外国建立密切联系。然而，这并不意味着边境省份只是被动的政策接受者。事实上，这些省级政府可以主动争取中央给予它们更大的政策空间。在协同外交的框架下，省级政府可以组织专家就具体的跨境治理问题进行专项研究，分析中央政府与省级政府在这些问题上的功能互补性，从而主动挖掘自身的外交价值。这不仅增加了这些省份在对外关系中的吸引力，也使中央进一步意识到它们在中国周边外交中的

第七章 结语：走向协同外交

重要性。

第二，对于中央政府来说，中国的平行外交结构避免了地方进行"分离外交"（即通过对外活动寻求独立）的可能性，因此在一个相对稳定的外交系统里，国家可以给予地方更大的对外活动自主空间，以充分发挥地方主体的自主能动性。在经济资源和边境经验相对有限的情况下，边境省份可能在某些领域表现更好，比如促进边境贸易和管理跨境事件。国家需要对不同边境省份的相对优势加以评估，充分利用边境省份的内部资源来寻求外部利益，应对极为复杂的周边环境。目前，美国与北约企图扰乱中国周边地区，国家需要提升对于边境省份外交资源的重视，因为地方的对外活动不仅可以平衡域外国家的影响，还可以降低行动本身的政治敏锐性。在保证中央作为最终仲裁者的地位前提下，地方在对外关系上的竞争态势将有利于外交关系的创造性发展。府际竞争可以促使各省份更充分地挖掘自身的外部利益，并且通过政策调整，将自身外部利益与国家利益相结合，以争取更多的中央支持。

第三，中国也需要加强与邻国的沟通，阐释中国发展地方外事对于邻国的意义，使地方政府成为邻国建立对华联系、深化合作的重要渠道。这种沟通可以内置在现有地区机制之中，比如大湄公河次区域经济合作机制，也可以逐渐建立新的专项机制以满足中国地方政府与国际社会的沟通需求。这种机制的建立有可能降低地区合作的政治敏感度，特别是涉及边境问题的时候。邻国政府可以就特定议题选择国家或地方政府沟通机制，以获得更有效的合作路径。这种机制的正式化有助于周边国家优化对华合作方式。同时，在中国影响力不断向周边扩散的背景下，需要考虑到一些周边国家的国内民族主义情绪所带来的反作用。周边国家政府往往通过与中国的经济合作所带来的经济发展表现作为赢得民心、稳定政权的重要手段之一。周边国家政府为了避免当地的民族主义情绪对于与中国合作的过多干扰，可以选择将一些合作项目临时转至次国家层面进行开展，从而避免在国内引发更多争议。与此同时，为了在对外合作竞争中胜过国内同行，一些省份往往会为外国投资者提供更好的条件。周边国家也可以借助中国国内的地方竞争,确实在合理范围内优化自身利益,实现共赢。

第六节 对全球外交的启示

通过协同外交的视角,中国的地方外事活动正在慢慢融入"全球外交"多种多样的形式之中。国家外交是不同对外实体以及整个对外系统沿着各自的轨迹发展到一定节点的呈现。由于组成国家对外系统的每个实体自身的变化发展,整个系统随着时间的推移而变化发展。各级实体的行动和互动过程已经从根本上塑造了对外体系的整体,构成了外交范式的进化与转变。如果我们可以将国际关系中时间的推进视为一个横轴(外交的时间性坐标),全球外交的形式会以某种节奏——或许,也是有规律地沿着这一时间横轴不断演变。如果我们选取一个特定的时刻或者瞬间,对这个运动中的系统进行纵向切面,那么我们就可以在这个横截面上观察到丰富的条纹层次和样态各异的参与者。在这个意义上,本书是一面放大镜,帮助读者仔细"品鉴"不同横截面上的纹理、颜色与变化。

通过这个审视这一横截面,分析时空流变所带来的条纹关系之易变,我们可以建立关于多层次外交的理论框架,还可以形成地方政府对外行为的逻辑视角。通过识别横截面上的细微信息,我们可以归纳所有层次的外交实体并对每个实体的内在成分进行检验分析。从理论上讲,横截面的垂直图像反映了等级、权力、国家身份和承认的传统观念,并显现了运作于当今的治国结构中的"多重、重叠、交叉的权力网络"。这些权力网络相互交织,创造了"嵌套的主权"(nested sovereignties)(Mann,1986)。横截面的垂直图像还呈现了地理空间和历史深度,外交的文化地理尺度越深,其受到"社会力量"(即政治、经济、文化等)(Mann,1986)的影响也就越大,被不同身份、不同主权观念与能动性的实体所理解与演绎的差异也就越大。

纵轴更清楚地表明，尽管某些行为者在特定领域具有更大的影响力或权力，但全球化进程赋予了国家之外的不同角色在全球舞台上行动的权力。地方政府已经成为众多国际行为体之一。尽管有时缺失明确的战略协调，所有这些行为体在权力的中线上积极行动、时上时下，探测与塑造自身的生存与发展空间。不同类型、层次与经验意义上的"主权"构成了"交叉主权"的现象。如何管理这些越发复杂的"主权"关系就需要我们对于次国家或非国家行为体进行地方化的回归与理解。地方是次国家与非国家行为体的地理基础与历史根源。没有地方，就不可能形成次国家与非国家层次外交的行为动机，就不可能形成次国家与非国家行为体在国际关系中的自我想象与身份。

因此，本书呼吁地方政府积极探索国际关系的百年变局，更主动地创造自身的国际角色，担当国际责任。地方政府是大国实现"轻灵"外交必须发展的中层群体。相比于中型或小型国家，大国外交的现代化需要一个更为复杂缜密的理性化过程：参与者更加多样，功能分化更加细腻，协同机制更加科学。只有一个高度多元、柔性与饱满的地方外事"底盘"，大国外交才可能不陷于僵化或迟钝。与此同时，大国不应只是默认或偶然出现的国际主义行为体，而应积极致力于将国际决策行为的底部（公民个体、社区/部落、县域、州/省，等等）与顶部（国家、政治精英、政府决策层，等等）更有效地联系起来，在国家内部建立地方与中央的广泛协作与互动机制。

另外，地方政府积极参与全球化是一种心态，需要地方政府培育自身的自信、审视自身的能力，并寻求其他更为成熟的次国家行为体的建议和指导。次国家行为体不仅仅需要从央地关系思考全球，还要从全球层次反观自身，理解自身的世界角色与责任。这就需要地方政府不单将自身定位于一国之内，还要作为一个国际成员去发现自身对于国际社会的意义、对于人类命运共同体的价值。对于地方角色，这是一种新的思考。每一个地方对于自身的全球身份的理解都将不尽相同，因为要成为一个可信的全球行为体首先意味着要更好地了解地方之内的人,要从地方自身的条件与经验出发,将地方的记忆、诉求、情感和意向与世界的框架、趋势相联系。这就需要一方面避免地方主义的狭隘视角对于全球思维的干扰,另一方面避免国际化与本土化的脱节。通过国际激活地方,通过地方重塑国际。只有地方实现了现代化,国家才能真正实现现代化。只有地方真正参与了全球化,国家才能真正引领全球化。

历史告诉我们,民族、国家以及民族国家都不是自然发生的。与世界中的其他存在一样,这些形式是由人类的需求、实践与想象力所创造的。地方政府开展的对外活动在民族国家的历史演变中意味着什么尚未完全显现。但近十年来,人类战争规模持续升级,新冠疫情对世界产生巨大冲击,各类民粹主义持续泛滥,逆全球化势力抬头已是现实。我们似乎生活在一个与"地方全球化"刚刚发展并逐渐蓬勃的时代完全相反的时代之中。在西方,州政府、市政府、政党和政治家们不断提出自己对于全球问题的解决方案。他们相互斗争,甚至与联邦斗争,有时仿佛"所有人对所有人"的现实主义图景在现实中上演。新冠疫情暴发后,当美国很多州长谈到他们需要作为一个"国家"竞争以获得应对疫情所需的物资供应时,加州政府避免了完全利己的竞争行为。但即使加州通过与邻近州合作"对抗"联邦权力,这在一定程度上似乎重现了更古老的联盟建构和制衡模式。

世界大变局迫使我们的治理方式发生了范式转变,这种转变仍然是不可预测的。在动荡和不确定性剧增的国际环境下,国家竞争空间的急速膨胀与地方力量的迅速兴起形成国际力量的两极。重复民族国家曾犯下的错误,或者在更深层次上重建国际秩序,或者让更多的主体参与国际治理,都不能完全实现解决全球问题所需的多层次外交。"一带一路"倡议及其所代表的协同外交如何避免在国际关系震荡期间"所有人对所有人"的现实主义困境与乱象,如何进化已延续数百年的现代主权政治,如何拓展政治学想象的边界,如何走向一种新的人类范式或对范式本体的超越还有待未来研究。

主要参考文献

中文文献

邓小平,1993,《和平和发展是当代世界的两大问题》(1985年3月4日),《邓小平文选》第3卷,人民出版社。

胡锦涛,2012,《坚定不移沿着中国特色社会主义道路前进 为全面建成小康社会而奋斗——在中国共产党第十八次全国代表大会上的报告》,人民出版社。

毕世鸿,2016,《冷战后日本与湄公河国家关系》,社会科学文献出版社。

陈松涛,2017,《2017年云南经济社会发展及其澜沧江—湄公河合作的参与》,载刘稚主编《澜沧江—湄公河合作发展报告(2017)》,社会科学文献出版社。

陈铁军,2011,《抓住新机遇,实现新跨越:2010年云南省与东盟合作的新发展》,载王士录主编《东南亚报告:2010—2011》,云南大学出版社。

陈铁军,2013,《云南着力打造边境经济合作区》,载孙建勋主编《东南亚报告:2012—2013》,云南大学出版社。

陈志敏,1992,《云南对外通道及口岸》,云南人民出版社。

陈志敏,2001,《次国家政府与对外事务》,长征出版社。

陈志敏、罗林主编,2004,《大通道:中国连接东南亚南亚国际大通道建设及融资方案》，云南人民出版社。

郭小年、罗圣荣，2012，《云南省跨境经济区建设：现状、问题与建议》，载刘稚主编《大湄公河次区域合作发展报告（2011—2012）》，社会科学文献出版社。

贺圣达，2007，《大湄公河次区域合作：复杂的机制合作机制和中国的参与》，载柴瑜、陆建人、杨先明主编《大湄公河次区域经济合作研究》，社会科学文献出版社。

黄嘉谟，1976，《滇西回民政权的联英外交（1868—1874）》，"中央研究院"近代史研究所。

李义敢，2004，《云南省参与澜沧江—湄公河次区域合作2003—2005年规划研究》，云南民族出版社。

刘均胜，2007，《次区域合作中的宏观经济政策协调：通过功能性合作加强大湄公河次区域合作中的宏观政策协调》，载柴瑜、陆建人、杨先明主编《大湄公河次区域经济合作研究》，社会科学文献出版社。

刘稚，2007，《大湄公河次区域国际禁毒合作的现状和前景》，载柴瑜、陆建人、杨先明主编《大湄公河次区域经济合作研究》，社会科学文献出版社。

刘稚，2007，《大湄公河次区域国际禁毒合作的现状和前景》，载柴瑜、陆建人、杨先明主编《大湄公河次区域经济合作研究》，社会科学文献出版社。

刘稚，2015，《大湄公河次区域合作发展报告（2015）》，社会科学文献出版社。

马曜，1983，《云南简史》，云南人民出版社。

毛艳华，2018，《广东参与"一带一路"建设蓝皮书》，广东人民出版社。

乔健，1999，《加入WTO背景下的中国职工状况》，载江流主编《中国社会形势分析与预测》，社会科学文献出版社。

屈燕林，2008，《活跃的云南边境对外经贸合作：2007年云南边境对外经贸合作发展与思考》，载《王士录主编东南亚报告：2007—2008》，云南大学出版社。

屈燕林，2009，《云南边境对外经贸合作：2008年云南边境对外经贸合作发展与思考》，载《王士录主编东南亚报告：2008—2009》，云南大学出版社。

王士录，2012，《团结、合作、发展成为中国—东盟关系的主旋律》，载王士录主编《东南亚报告：2011—2012》，云南大学出版社。

王纬现，2014，《2013年云南省参与大湄公河次区域（GMS）合作进展情况综述》，载雷著宁主编《东南亚报告（2013—2014）》，云南大学出版社。

王毅，2007，《世纪谈判：在复关/入世谈判的日子里》，中共中央党校出版社。

吴兴男，1997，《云南对外贸易—从传统到近代化的历程》，云南民族出版社。

伍加伦、江玉祥，1990，《古代西南丝绸之路研究》，四川大学出版社。

谢本书，1993，《云南近代史》，云南人民出版社。

杨洪常，2001，《云南省与湄公河区域合作：中国地方自主性的发展》，香港中文大学出版社。

杨明，2005，《云南发展与东盟经贸关系的优势产业分析》，载王士录《东南亚报告：2004—2005》，云南大学出版社。

尤中，1994，《云南民族史》，云南大学出版社。

云南省人民政府，1994，《云南人民年鉴》（1994年卷），云南年鉴社。

云南省人民政府，2000，《云南人民年鉴》（2000年卷），云南年鉴社。

云南省人民政府，2001，《云南人民年鉴》（2001年卷），云南年鉴社。

云南省人民政府，2002，《云南人民年鉴》（2002年卷），云南年鉴社。

云南省人民政府，2003，《云南人民年鉴》（2003年卷），云南年鉴社。

云南省人民政府，2004，《云南人民年鉴》（2004年卷），云南年鉴社。

云南省人民政府，2005，《云南人民年鉴》（2005年卷），云南年鉴社。

云南省人民政府，2006，《云南人民年鉴》（2006年卷），云南年鉴社。
云南省人民政府，2007，《云南人民年鉴》（2007年卷），云南年鉴社。
云南省人民政府，2008，《云南人民年鉴》（2008年卷），云南年鉴社。
云南省人民政府，2009，《云南人民年鉴》（2009年卷），云南年鉴社。
云南省人民政府，2010，《云南人民年鉴》（2010年卷），云南年鉴社。
云南省人民政府，2013，《云南人民年鉴》（2013年卷），云南年鉴社。
云南省人民政府，2014，《云南人民年鉴》（2014年卷），云南年鉴社。
云南省人民政府，2015，《云南人民年鉴》（2015年卷），云南年鉴社。
云南省人民政府，2016，《云南人民年鉴》（2016年卷），云南年鉴社。
郑卫东、张哲，2007，《云南服务大外交》，云南民族出版社。
周小兵，2007，《东亚小区域合作的发展》，载柴瑜、陆建人、杨先明主编《大湄公河次区域经济合作研究》，社会科学文献出版社。
《中共中央关于党的百年奋斗重大成就和历史经验的决议》，2021，人民出版社。
［美］亚历山大·温特，2014，《国际政治的社会理论》，秦亚青译，上海人民出版社。
Chap Sotharith，2007，《在中国—东盟自由贸易区的地位和作用》，载柴瑜、陆建人、杨先明主编《大湄公河次区域经济合作研究》，社会科学文献出版社。

陈迪宇，2008，《云南与"大湄公河次区域经济合作机制"》，《国际观察》第6期。
陈俊、万永林，2008，《近30年来有关云南籍华侨华人研究述评》，《云南师范大学学报》（哲学社会科学版）第2期。
陈利君，2015，《云南建设辐射中心的内涵与对策建议》，《云南社会科学》第6期。
陈楠，2018，《城市外交与中国特色大国外交——思想契合、战略对接与机制创新》，《国际展望》第1期。

陈维，2017，《中国城市外交：理念、制度与实践》，《公共外交季刊》第2期。

陈翔、韦红，2016，《"一带一路"建设视野下的中国地方外交》，《国际观察》第6期。

陈昕，2014，《云南省参与GMS旅游合作回顾与展望》，《云南民族大学学报》（哲学社会科学版）第1期。

陈玉刚，2010，《中国外交研究的新机遇》，《国际观察》第1期。

陈志敏，2000，《在西部大开发中加快云南对外开放》，《创造》第6期。

陈志敏，2010，《中国的地方外交》，《国际观察》第1期。

邓蓝，2010，《大湄公河—恒河十年合作倡议：十年发展与前景展望》，《东南亚南亚研究》第4期。

丁工，2017，《试论云南在中国"大周边"战略中的地位和作用》，《印度洋经济体研究》第1期。

董孟雄、陈庆德，1984，《云南近代华侨的形成、结构和华侨资本的作用》，《思想战线》第5期。

方芸，2016，《云南境外代替发展的问题和思考》，《东南亚南亚研究》第1期。

何军明，2021，《"一带一路"背景下地方政府对外经济交往：理论、概念与特点》，《长春理工大学学报》（社会科学版）第2期。

黄忠、唐小松，2016，《中国周边公共外交评析》，《当代世界与社会主义》第6期。

金东黎，2015，《云南省对东南亚的地方公共外交研究》，《云南农业大学学报》（社会科学）第6期。

李晨阳，2015，《从桥头堡到辐射中心——云南对外开放的探索》，《世界知识》第10期。

李慎明，2004，《对新中国成立后毛泽东战争与和平思想及实践的几点辨析、概述和思考》，《当代中国史研究》第2期。

李涛，2013，《云南省在推进跨境经济合作区建设中的难点与突破》，《东南亚纵横》第9期。

刘传春，2017，《中国对外合作机制的身份认同功能：以澜湄合作机制为例的分析》，《国际论坛》第6期。

卢光盛，2009，《地方政府参与区域合作的国际制度分析——以云南、广西为例》，《东南研究》第1期。

罗圣荣，2012，《云南省跨境经济合作区建设研究》，《国际经济合作》第6期。

马树洪，1994，《"中南半岛"的毒品问题》，《亚洲探索》第3期。

马树洪，1995，《正在崛起的东南亚经济及其对中国西南的影响》，《云南社会科学》第4期。

牛飞、牛嘉，2011，《桥头堡建设与云南面向东南亚的次国家政府外交建设》，《中共云南省委党校学报》第5期。

任远喆，2017，《次国家政府外交的发展及其在中国跨境区域合作中的实践》，《国际观察》第3期。

苏长和，2008，《国际化与地方的全球联系——中国地方的国际化研究（1978—2008年）》，《世界经济与政治》第11期。

苏长和，2010，《中国地方政府与次区域合作：动力、行为及机制》，《世界经济与政治》第5期。

苏长和，2008，《中国外交能力分析——以统筹国内国际两个大局为视角》，《外交评论》第4期。

田听清，2018，《澜湄合作框架下的贸易和投资便利化研究》，《国际问题研究》第2期。

王存刚，2012，《当今中国的外交政策：谁在制定？谁在影响？——基于国内行为体的视角》，《外交评论》第2期。

王明进，2018，《"一带一路"背景下边疆地方政府外交》，《区域与全球发展》第6期。

王伟忠、吴映梅、杨琳，2011，《滇中城市群外向型经济发展分析与战略选择》，《中国外资》第 2 期。

杨倩，2003，《试论毛泽东关于战争不可避免思想的演变及其影响》，《军事历史研究》第 4 期。

杨祥章，2018，《我国地方政府参与中国—东盟合作的动力、进程与特点》，《和平与发展》第 4 期。

杨勇，2007，《中国多层外交论刍议》，《云南行政学院学报》第 1 期。

杨勇，2007，《中国外交中的地方因素》，《国际观察》第 4 期。

曾向红、陈明霞，2022，《国际关系中的承认困境》，《国际政治研究》第 6 期。

张国宝，2017，《十年磨一剑的中缅油气管道》，《中国经济周刊》第 17 期。

张鸿，2003，《加入 WTO 与我国西部大开发的政策调整》，《探索》第 3 期。

张鸿，2003，《入世与我国西部大开发的发展模式选择》，《国际商务研究》第 1 期。

张怀志，2014，《滇中城市群空间经济联系与地缘经济关系匹配研究》，《地域研究与开发》第 2 期。

张永斌，2014，《世界主要国家与我国处理中央与地方关系的历史考察》，《上海行政学院学报》第 2 期。

赵卫华、金东黎，2014，《云南省在构建与周边国家新型外交关系中的角色和作用》，《云南行政学院学报》第 6 期。

朱应庚，1991，《解放思想，加快云南对东南亚开放的步伐》，《思想阵线》第 4 期。

江长新，2011，《次国家政府参与国际合作问题研究——以吉林省政府为例》，博士学位论文，吉林大学。

王立军，2012，《全球化背景下的中国地方政府国际合作》，博士学位论文，山东大学。

黄嘉谟：《努力建立国际化的区域经济》，《云南日报》1991 年 6 月 5 日。

肖组经：《中央给政策，云南胆子要大》，《云南日报》1997 年 4 月 5 日。

《李纪恒会见逻粒省省长苏比伦》，《云南日报》2012 年 4 月 5 日。

《云南省委省政府与中石油在京举行座谈会》，《云南日报》2018 年 12 月 18 日。

《中老北部合作机制建立 5 年机制建设不断完善》，《云南日报》2009 年 7 月 9 日。

《2017 年云南电网累计对越老缅三国送电 14.37 亿千瓦时》，《人民日报》2018 年 5 月 15 日。

《广东省政府发起设立丝路基金》，《云南日报》2016 年 1 月 16 日。

《南博会：激发区域合作勃勃生机》，《人民日报》（海外版）2015 年 6 月 16 日。

《云南—泰北合作工作组第一次会议开幕》，《云南日报》2007 年 6 月 5 日。

凤凰资讯：《"一带一路"云南迎 4 大机遇》，2014 年 7 月 7 日，news. ifeng. con/a/20140707/41046234_0. shtml。

广东省统计局：《2016 年广东国民经济与社会发展统计公报》，2017 年，http：//www. gd. gov. cn/gdywdt/bmdt/content/post_76073. html。

广东省统计局：《2017 年广东国民经济与社会发展统计公报》，2018 年，http：//stats. gd. gov. cn/tjgb/content/post_1430134. html。

国务院：《中国〈广西〉自由贸易试验区总体方案》，http：//www. gov. cn/zhengce/content/2019-08/26/content_5424522. htm，2019 年 8 月 31 日。

江苏一带一路网：《江苏省"一带一路"建设 2020 年工作要点图解》，2020 年 4 月 13 日，http：//ydyl. jiangsu. gov. cn/art/2020/4/13/art_

76295_9043535.html。

昆明市商务局：《昆明市 2018 年外贸运行分析》，2019 年 1 月 23 日，http：//swj.km.gov.cn/c/2019-01-23/2886952.shtml。

昆明信息港：《云南省与越南河江莱州奠边省联合工作组第六次会议举行》，2016 年 12 月 27 日，http：//xw.kunming.cn/a/2016-12/27/content_4468513.htm。

蓝玉芝：《瑞丽近期将投资 3.15 亿改造瑞丽至八莫公路》，http：//www.dh.gov.cn/Web/_F0_0_28D0791P482MYGQI5CF88AOBS6.9htm。

蓝玉芝：《瑞丽近期将投资 3.15 亿改造瑞丽至八莫公路》，http：//www.dh.gov.cn/Web/_20910.htm。

李秀中：《广西于云南"较劲"20 年，谁将是面向东南亚的门户？》，第一财经，2019 年 8 月 29 日，https：//www.yicai.com/news/100313388.html。

李义敢等：《积极参与澜沧江—湄公河次区域合作是中国西部开发的重大战略》，第三届中国软科学学术年会会议论文，云南省科学学研究所，2000 年 12 月 5 日。

全国人民代表大会：《中华人民共和国宪法》（1982 年 12 月 4 日），http：//www.npc.gov.cn/zgrdw/npc/zt/qt/gjxfz/2014-12/03/content_1888093.htm。

人民日报（海外版）：《云南："桥头堡"上看未来》，http：//www.hainet.cn/n/2011/1226/c232604-16630503.html。

人民日报（海外版）：《云南："桥头堡"上看未来》，http：//paper.people.com.cn/rmrbhwb/html/2011-12-26/content_983556.htm?div=-1。

搜狐网：《昆明理工大学党委书记田军到访金边商务代表处》，2017 年 12 月 29 日，http：//www.sohu.com/a/213636987_99894402。

搜狐网：《泰国清莱经济特区投资推介会在昆明举行》，2016 年 8 月 6 日，http：//www.sohu.com/a/109361495_390221。

搜狐网：《云南驻金边商务代表处：搭建滇缅合作桥梁》，2017 年 12 月 28 日，http：//www.sohu.com/a/213394878_179633。

唐世平：《复旦教授：少沉迷中国历史，多了解世界文明》，2022 年 4 月 3 日，腾讯网，http：//mt.sohu.com/20171031/n521123176.shtml。

万象赛色塔综合开发区官网，http：//www.lvsdz.com/list/zllhtzpc/7/481/auto/20/0.html。

云南省替代种植发展行业协会，http：//www.ynada.org/about.xhtml。

云南省委统战部：《云南省统战部的主要任务》，http：//www.swtzb.yn.gov.cn/bbgk/zyzn/201503/t20150303_306893.html。

云南省委统战部：《云南省统战部的主要任务》，http：//www.ynswtzb.gov.cn/page/23。

云南网：《第五届中国云南—缅甸合作论坛在昆举行：推动滇缅合作迈向新阶段》，2018 年 4 月 4 日，http：//yn.yunnan.cn/html/2018-04/04/content_5150306.htm。

云南网：《推动滇越合作：云南与越北边境 4 省签署警务备忘录》，https：//news.ifeng.com/c/7fcJkq5Zg0p。

云南网：《云南与中石油签署战略合作协议》，https：//m.yunnan.cn/system/2022/05/06/032067393.shtml。

中国共产党新闻网：《陈豪主持召开跨境经济合作区建设推进会议》，2016 年 8 月 24 日，http：//cpc.people.com.cn/n1/2016/0824/c117005-28662785.html。

中国共产党新闻网：《中国—东盟国家外长特别会议在云南举行 李纪恒举行欢迎宴会》，2016 年 6 月 15 日，http：//cpc.people.com.cn/n1/2016/0615/c117005-28448018.html。

中国国际友好城市联合会，https：//www.caifc.org.cn。

中国新闻网：《云南省与越南双方签署 7 个双边合作项目》，2016 年 12 月 26 日，http：//www.chinanews.com.cn/sh/2016/12-26/8105381.shtml。

中华人民共和国交通运输部:《昆明至河内全程贯通650公里高速公路》,2014年9月26日,http://news.163.com/14/0926/11/A72K9BEP00014SEH_mobile.html#。

中华人民共和国中央人民政府:《2018年云南外贸进出口总值达1973亿元》,2019年1月16日,http://www.gov.cn/xinwen/2019-01/16/content_5358275.htm。

中华人民共和国中央人民政府:《云南省加快建设面向南亚东南亚金融服务中心》,2016年12月11日,http://www.gov.cn/xinwen/2016-12/11/content_5146437.htm#1。

中华人民共和国中央人民政府:《国务院关于印发6个新设自由贸易区试验区总体方案的通知》,2019年8月26日,http://www.gov.cn/zhengce/content/2019-08/26/content_5424522.htm。

中华人民共和国中央人民政府:《国务院关于支持沿边重点地区开发开放若干政策措施的意见》,2016年1月7日,http://www.gov.cn/zhengce/content/2016-01/07/content_10561.htm。

英文文献

Acharya, Amitav, 1994, *An Arms Racein Post-Cold War Southeast Asia: Prospects for Control*, Singapore: Institute of Southeast Asian Studies.

Aguirre, Iñaki, 1999, "Making Sense of Paradiplomacy? An Intertextual Enquiry about a Conceptin Searchofa Definition", *Regional & Federal Studies*, Vol. 9, No. 1.

Albina, Elena, 2010, "The External Relations of Tatarstan: In Pursuit of Sovereignty, or Playingthe Sub-Nationalist Card", in David Criekemans, *Regional Sub-State Diplomacy Today*, USA: Martinus Nijhoff Publishers.

Aldecoa, Franciscoand Michael Keating, 1999, "Introduction", in Francisco Aldecoaand Michael Keating, *Paradiplomacyin Action: The Foreign Relations of Subnational Governments*, UK: Frank Cass.

Aldecoa, Franciscoand Michael Keating, 1999, "Toward Plurinational Diplomacyinthe Deeperand Wider European Union (1985 – 2005)", in Francisco Aldecoaand Michael Keating, *Paradiplomacyin Action: The Foreign Relations of Subnational Governments*, UK: Frank Cass.

Allen, Davidand Michael Smith, 1990, "Western Europe's Presence in the Contemporary International Arena", *Review of International Studies*, Vol. 16, No. 1.

Amin, Samir, 2004, "US Imperialism, Europe, and the Middle East", *Monthly Review*, Vol. 56, No. 6.

Atkey, Ronald, 1970, "The Role of the Provinces in International Affairs", *International Journal*, Vol. 26, No. 1.

Babbie, Earl, 1970, *The Practice of Social Research*, UK: Cengage Learning.

Baldwin, David, 1985, *Economic Statecraft*, USA: Princeton University Press.

Balthazar, Louis, 1999, "The Quebec Experience: Successor Failure?" in Francisco Aldecoa and Michael Keating, *Paradiplomacyin Action: The Foreign Relations of Subnational Governments*, Canadian Journal of Political Science, Vol. 34, No. 4.

Barnett, Doak, 1985, *The Making of Foreign Policyin China: Structure and Process*, UK: Westview Press.

Batabyal, Anindya, 2006, "Balancing China in Asia: A Realist Assessment of India's Look East Strategy", *China Report*, Vol. 42, No. 2.

Baylis, John, Steve Smith and Patricia Owens, 2008, *The Globalization of World Politics*, UK: Oxford University Press.

Benny Cheng Guan Teh, 2011, "Japan-China Rivalry: What Role Does the East Asia Summit Play?", *Asia Pacific Viewpoint*, Vol. 52, No. 3.

Bi, Shihong, 2017, "China and Japan, in the Mekong Region: Competition and Cooperation", in Lam Peng, *China-Japan Relations in the 21st Century: Antagonisdespite Interdependency*, UK: Palgrave Macmillan.

Biba, Sebastian, 2018, "China's 'Old' and 'New' Mekong River Politics: The Lancang-Mekong Cooperation from a Comparative Benefit-Sharing Perspective", *Water International*.

Bisley, Nick, 2007, *Rethinking Globalization*, UK: Palgrave Macmillan.

Blatter, Joachim et al., 2008, "The Foreign Relations of European Regions: Competences and Strategies", *West European Politics*, Vol. 31, No. 3.

Blumenthal, Danand Joseph Lin, 2006, "Oil Obsession: Energy Appetite Fuels Beijing's Plansto Protect Vital Sea Lines", *Armed Forces Journal*, Vol. 48, No. 1.

Bowles, Paul, 1997, "ASEAN, AFTA and the 'New Regionalism'", *Pacific Affairs*.

Breslin, Shaun, 2013, "China and the South: Objectives, Actorsand Interactions", *Development & Change*, No. 44.

Breslin, Shaunand Richard Higgott, 2000, "Studying Regions: Learning from the Old, Constructing the New", *New Political Economy*, Vol. 5, No. 3.

Bretherton, Charlotte and John Vogler, 2006, *The European Union as a Global Actor*, UK: Routledge.

Brian Hocking, Jan Melissen, Shaun Riordan and Paul Sharp, 2012, *Futures for Diplomacy: Integrative Diplomacy in the 21st Century*, Clingendael.

Brown, Seyom, 1974, *New Forcesin World Politics*, USA: Brookings Institution Press.

Bräutigam, Deborah and Tang Xiaoyang, 2012 "Economic Statecraft in China's New Overseas Special Economic Zones: Softpower, Businessor Resource Security?" *International Affairs*, Vol. 88, No. 4.

Burgess, Michael, 2006, *Comparative Federalism: Theory and Practice*, UK: Routledge.

Bursens, Peter and Jana Deforchem, 2010, "Going Beyond Paradiplomacy? Adding Historical Institutionalism to Account for Regional Foreign Policy Competences", in David Criekemans, *Regional Sub-State Diplomacy Today*, The United States: Martinus Nijhoff Publishers.

Chan, Gerald, 2018, *Understanding China's New Diplomacy: Silk Roadsand Bullet Trains*, UK: Edward Elgar Publishing.

Chan, Steve and Cooper Drury, 2000s, "Sanctions as Economic Statecraft: An Overview", in Copper Druryand Steve Chan, *Sanctionsas Economic Statecraft: Theoryand Practice*, UK: Palgrave Macmillan.

Chandran, Nyshka, "The Japan-China Rivalry is Playing out in Cambodia's Election", https://www.cnbc.com/2018/07/18/japan-and-china-compete-for-influence-incambodia.html, Acess time: August 24, 2018.

Chao, Chung-chi, 2015, "The Kokang Incident and the Contradictory Relations between China and Burma", *Asian Ethnicity*, Vol. 16, No. 4.

Chen, J., Fei, Y., Lee, P. T.-W., & Tao, X., 2019, "Overseas Port Investment Policy for China's Central and Local Governments in the Belt and Road Initiative", *Journal of Contemporary China*, Vol. 28, No. 116.

Chen, Zhimin, 2005, "Coastal Provinces and China's Foreign Policy Making", in Yufan Haoand Lin Su, *China's Foreign Policy Making: Societal Forceand Chinese American Policy*, USA: Ashgate.

Chen, Zhimin, Jian Junbo, and Chen Diyu, 2010, "The Provinces and China's Multi-layered Diplomacy: The Cases of GMS and Africa", *The Hague Journal of Diplomacy*, Vol. 5, No. 4.

Cheung, Peter, 2012, "The Politics of Regional Cooperation in the Greater Pearl River Delta", *Asia Pacific Viewpoint*, Vol. 53, No. 1.

Chin, Ko Lin, 2009, *The Golden Triangle: Inside Southeast Asia's Drug Trade*, USA: Cornell University Press.

Chng. com. cn, "Yunnan United Power Development Co. , Ltd", http://www.chng.com.cn/eng/n75871/n75965/n1112742/index.html, Access time: March 19, 2019.

Cho, Il Hyunand Seo-Hyun Park, 2013, "The Rise of China and Varying Sentiments in Southeast Asia Toward Great Powers", *Strategic Studies Quarterly*, Vol. 7, No. 2.

Chu, Yanli, 2008, *Foreign-Related Activities of the Chinese Local Governments and Agents of Globalization: A Case Study of 31 Provincesin Mainland China*, USA: Universityof Southern California.

Clarke, Michaelm, 2003, "Xinjiangand China's Relations with Central Asia, 1991 – 2001: Across the 'Domestic- Foreign Frontier'?" *Asian Ethnicity*, Vol. 4, No. 2.

Cohn, Theodore and Patrick Smith, 1996, "Subnational Governments as International Actors: Constituent Diplomacy in British Columbia and the Pacific Northwest", *BCS Tudies: The British Columbian Quarterly*, No. 110.

Colin, Sébastien, 1994, "The Participation of Yunnan Province in the GMS: Chinese Strategies and Impacts on Border Cities", in Nathalie Fau, Sirivanh Khonthapane and Christian Taillard, *Transnational Dynamicsin Southeast Asia: The Greater Mekong Subregionand Malacca Straits Economic Corridors*, Singapore: Institute of Southeast Asian Studies.

Conlan, Timothy, 1988, *New Federalism: Intergovernmental Reform from Nixonto Reagan*, USA: Brookings Institution Press.

Constantinou, Costas, and James Der Derian (eds.), 2010, *Sustainable Diplo- macy*, New York: Palgrave Macmillan.

Cook, Erin, "Why Japan Is Wrong on Rights in Cambodia", https://thediplomat. com/2018/04/why-japan-is-wrong-on-rights-in-cambodia/, Acess time: August 22, 2018.

Cornago, Noé, "Exploring the Global Dimensions of Paradiplomacy: Functionaland Normative Dynamicsinthe Global Spreadingof Subnational Involvementin International Affairs", https://s3.amazonaws.com/academia. edu.documents/31982820/924-FRCU0105-int-cornago.pdf? AWSAccessKeyId = AKIAIWOWYYGZ2Y53UL3A&Expires = 1540447967&S ignature = GQpwmZnpZLCaoJWImxSSOYaEno8% 3D&response-content-disposition = inline% 3B% 20filename% 3D924_ FRCU0105_ int_ cornago. pdf, Access time: January 7, 2016.

Cornago, Noé, 1999, "Diplomacy and Paradiplomacy in the Redefinition of International Security: Dimensions of Conflict and Co-operation", in Francisco Aldecoaand Michael Keating, *Paradiplomacyin Action: The Foreign Relations of Subnational Governments*.

Criekemans, David, 2010, "The Foreign Policy and Diplomatic Representation of the Belgian Regions: Flanders and Wallonia Cpmpared", in Ferran Requejo, *Foreign Policy of Constituents Unitsatthe Beginning of 21st Century*, Spain: Institut d'Estudis Autonòmics.

Denetclaw, Pauly, "A Native Embassy Row? Indian Country Today", https://newsmaven.io/indiancountrytoday/news/a-native-embassy-row-navajo-nation-is-looking-for-a-dc-home-mYTKMERKCUeHnWFnmrnx9A/, Access time March 18, 2019。

Doidge, Mathew, 2008, "Regional Organizationsas Actors in International Relations: Interregionalism and Asymmetric Dialogues", in Jurgen Rulandetal, *Asian-European Relations*, UK: Routledge.

Doyle, Michael, 1983, "Kant, Liberal Legacy, and Foreign Affaris", *Philosophyand Public Affairs*, No. 12.

Drezner, Daniel, 1999, *The Sanctions Paradox: Economic Statecraft and*

International Relation, UK: Cambridge University Press.

Duchacek, Ivo, 1984, "The International Dimension of Subnational Self-Government", *Publius: The Journal of Federalism*, Vol. 14, No. 4.

Duchacek, Ivo, 1990, "Perforated Sovereignties: Toward a Typology of New Actorsin International Relations", in Hans Michelmann and Panayotis Soldatos, *Federalism and International Relations: The Role of Subnational Units*, UK: Oxford.

Duran, Manuel, 2011, "French Regionsas Diplomatic Actors: The Case of Provence-Alpes-Côted'Azur", *French Politics*, Vol. 9, No. 4.

d'Hooghe, Ingrid, 1994, "Regional Economic Integration in Yunnan", in David Goodman and Gerald Segal, *China Deconstructs: Politics, Trade and Regionalism*, UK: Routledge.

Economy, Elizabeth, 2005, "China's Rise in Southeast Asia: Implications for the United States", *Journal of Contemporary China*, Vol. 14, No. 44.

Elazar, Daniel, 1997, "Contrasting Unitary and Federal Systems", *International Political Science Review*, Vol. 18, No. 3.

el-Dessouki, Ayman, 2012, "Structural Contextsand Paradiplomacy of Iraqi Kurdistan", *Elnahda*, Vol. 13, No. 2.

Fan, Hongwei, 2011, "China's Look South: China- Myanmar Transpor Corridor", *Ritsumeikan International Affairs*, Vol. 10, No. 43.

Feldman, Elliot and Lily Feldman, 1990 "Canada", in Hans Michelmann and Panayotis Soldatos, *Federalism and International Relations: The Role of Subnational Units*, UK: Oxford.

Fewsmith, Joseph, 2001, "The Political and Social Implications of China's Accessionto the WTO", *The China Quarterly*, No. 167.

Fukuyama, Francis, 1992, *The End of History and the Last Man*, USA: The Free Press.

Gabrys J., 2014, Programming Environments: Environmentality and Citizen

Sensing in the Smart City, *Environment and Planning D: Society and Space*, Vol 32, No. 1.

Gamble, Andrew et al., 1996, *Regionalism and World Order*, UK: Macmillan.

Giang, Nguyen, "China is Making Mekong Friends", http://www.eastasiaforum.org/2018/05/19/china-is-making-mekong-friends/, Access time: August 17, 2018.

Giersch, Patterson, 2006, *Asian Borderlands: The Transformation of Qing China's Yunnan Frontier*, USA: Harvard University Press.

Glassman, Jim, 2010, *Bounding the Mekong: The Asian Development Bank, Chinaand Thailand*, USA: University of Hawaii Press.

Glauert, Rik, "China's Myanmar Policy: Peace, Conflict-Whatever Works", https://www.scmp.com/week-asia/geopolitics/article/2155221/chinas-myanmar-policy-peace-conflict-whatever-works, Access time: March 26, 2019.

Goh, Evelyn, 2017, "China in the Mekong River Basin: The Regional Security Implications of Resource Development on the Lancang Jiang", in Ralf Emmers, *Non-Traditional Securityin Asia: Dilemmasin Securitization*, UK: Routledge.

Goldstein, Avery, 2003, "An Emerging China's Emerging Grand Strategy", in y John Ikenberry et al., *International Relations Theory and the Asia-Pacific*, USA: Columbia University Press.

Goodman, David and Feng Chongyi, 1994, "Guangdong: Greater Hong Kong and the New Regionalist Future", in David Goodmanand Gerald Segal, *China Deconstructs: Politics, Trade and Regionalism*, UK: Routledge.

Gowa, Joanne, 2011, *Ballotsand Bullets: The Elusive Democratic Peace*, USA: Princeton University Press.

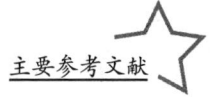

Grugel, Jean, 2004, "New Regionalism and Modes of Governance: Comparing US and EU Strategiesin Latin America", *European Journal of International Relations*, Vol. 10, No. 4.

Hameiri, Shahar, and Lee Jones, 2016, "Global Governance as State Transformation", *Political Studies*, Vol. 64, No. 6, 2016.

Hameiri, Shahar; Jones, Lee and Heathershaw, John, 2019 "Reframing the Rising Powers Debate: State Transformation and Foreign Policy", *Third World Quarterly*, Vol. 40, No. 8.

Hameiri, Shaharand Lee Jones, 2016, "Rising Powers and State Transformation: The Case of China", *European Journal of International Relations*, Vol. 22, No. 1.

He, Baogang, 2007, "Democratization and Federalization in Asia", in He Baogang, Brian Galligan and Takashi Inoguchi, *Federalismin Asia*, UK: Edward Elgar Publishing.

He, Shengda and Sheng Lijun, 2005, "Yunnan's Greater Mekong Sub-Region Strategy", in Saw Swee-Hock, Sheng Lijunand Chin Kin Wah, *ASEAN-China Relations: Realities and Prospects*, Singapore: Institute of Southeast Asian Studies.

Held, Davidet al., 1999, *Global Transformations*, USA: Stanford University Press.

Hocking, Brian and Michael Smith, 1990, *World Politics: An Introduction of International Relations*, Australia: Pearson Education Limited.

Hocking, Brian, 1993, *Localizing Foreign Policy: Non-Central Governments and Multilayered Diplomacy*, USA: St. Martin's Press.

Hocking, Brian, 1993, "Introduction", in *Foreign Relationsand Federal State*, edited by Brian Hocking, UK: Leicester University Press.

Hocking, Brian, 1999, "Catalytic Diplomacy: beyond 'Newness' and 'Decline'", in Jan Melissen, *Innovation in Diplomatic Practice*, UK:

Macmillan Press Ltd.

Hocking, Brian, 1999, "Patrolling the 'Frontier': Globalization, Localizationand the 'Actorness' of Non-Central Governments", in Francisco Aldecoa and Michael Keating, *Paradiplomacyin Action: The Foreign Relations of Subnational Governments*.

Holbig, Heike, 2004, "The Emergence of the Campaign to Open up the West: Ideological Formation, Central Decision-Making and the Role of the Provinces", *The China Quarterly*, Vol. 178.

Hooghe, Liesbet, Gary Marks and Arjan Schakel, 2010, *The Rise of Regional Authority: A Comparative Study of 42 Democracies*, UK: Routledge.

Huntington, Samuel, 1973, "Transnational Organizationsin World Politics", *World Politics*, Vol. 25, No. 3.

Huntington, Samuel, 1996, *The Clashof Civilizations and the Remaking of World Order*, UK: Penguin Books.

Hurrell, Andrew, 1995, "Regionalism in Theoretical Perspective", *Regionalismin World Politics: Regional Organization and International Order*.

Jacob, Jabin, 2016, "China's Provinces and Foreign Policy: Lessons and Implications for India and Its States", in Subir Bhaumik, *The Agartala Doctrine: A Proactive Northeastin Indian Foreign Policy*, UK: Oxford University Press.

Jain, Purnendra, 2006, *Japan's Subnational Governments in International Affairs*, USA: Mc Graw Hill Professional.

Jeffery, Charlie, 2010, "Scotland's European and International Policy", in Ferran Requejo, *Foreign Policyof Constituents Unitsatthe Beginning of 21st Century*, Spain: Institut d'Estudis Autonòmics.

Jha, Prakash, 2014, "Federalism, Regionalism and States Paradiplomacy in India", in Lancy Lobo and Jayesh Shah, *Federalismin India: Towards A Fresh Balance of Power*, India: Rawat Publicatio.

Ji, You, 2014, "The PLA and Diplomacy: Unravelling Myths about the Military Rolein Foreign Policy Making", *Journal of Contemporary China*, Vol. 23, No. 86.

Joenniemi, Perttiand Alexander Sergunin, 2014, "Paradiplomacy as a Capability-Building Strategy: The Case of Russia's Northwestern Subnational Actors", *Problems of Post-Communism*, Vol. 61, No. 6.

Joffe, Ellis, 1994, "Regionalism in China: The Role of the PLA", in Richard Yanget al., *Chinese Regionalism: The Security Dimension*, USA: Westview Press.

Johannson, Roff, 1978, "Provincial International Activities", *International Journal*, Vol. 33, No. 2.

Kanwal, Gurmeet, 1999, "China's Long March to World Power Status: Strategic Challenge for India", *Strategic Analysis*, Vol. 22, No. 11.

Keating, Michael, 1999, "Regions and International Affairs: Motives, Opportunitiesand Strategies", *Regional & Federal Studies*, Vol. 9, No. 1.

Keating, Michael, "Paradiplomacyand Regional Networking", http://www.forumfed.org/libdocs/ForRelCU01/924- FRCU0105-eu-keating.pdf, Access time: August 20, 2016.

Keohane, Robert and Joseph Nye, 1974, "Transgovernmental Relations and International Organizations", *World Politics*, Vol. 27, No. 1.

Keohane, Robertand Joseph Nye, 1973, *Transnational Relations and World Politics*, USA: Harvard University Press.

Keohane, Robertand Joseph Nye, 1974, "Introduction: The Complex Politics of Canadian- American Interdependence", *International Organization*, Vol. 28, No. 4.

Kewalram, Ravi, 2004, "WTO Dispute Settlement and Sub-National Entities in China", in Deborah Cassetal., *China and the World Trading System: Entering the New Millennium*, UK: Cambridge University Press.

Kim, Nam Kyu, 2017, "Anti- Regime Uprisings and the Emergence of Electoral Authoritarianism", *Political Research Quarterly*, Vol. 70, No. 11.

Kim, Samuel, 2007, "The Two Koreas: Making Grand Strategyamid Changing Domestic Politics", in Ashley Tellisand Michael Wills, *Domestic Political Change and Grand Strategy*, USA: The National Bureau of Asian Research.

Kincaid, John, 1990, "Constituent Diplomacy in Federal Polities and the Nation-State: Conflict and Co-operation", in Hans Michelmann and Panayotis Soldatos, *Federalism and International Relations: The Role of Subnational Units*, UK: Oxford.

Kong, Bo, 2010, "The Geopolitics of the Myanmar-China Oiland Gas Pipelines", in Edward Chowetal, *Pipeline Politicsin Asia*, USA: National Bureau of Asian Research.

Krasner, Stephen, 1982, "Structural Causes and Regime Consequences: Regimeas Intervening Variable", *International Organization*, Vol. 36.

Kratochvíl, Petr, *The EU as a Political Actor: The Analysis of Four Dimensions of the EU's Actorness*, Germany: Nomos.

Kuznetsov, Alexander, 2014, *Theory and Practice of Paradiplomacy: Subnational Governments in International Affairs*, UK: Routledge.

Kvale, Steinar, 2007, *Doinginterviews*, USA: SAGE.

Lai, Hongyiand Su-Jeong Kang, 2014, "Domestic Bureaucratic Politics and Chinese Foreign Policy", *Journal of Contemporary China*, Vol. 23, No. 86.

Lalande, Gilles, 1973, "Quebec and International Affairs", in Thomson Dale, *Quebec Societyand Politics: Views from the Inside*, Canada: Mc Celland and Stewart Limited Publishers.

Lam, Willy, "The General's Growing Cloutin Diplomacy", https://jamestown.org/program/the-generals-growing-clout-in-diplomacy/, Access time: September 27, 2017.

Lampton, David, 2001, "China's Foreign and National Security Policy-Making Process: Is It Changing, and Does It Matter?", in David Lampton, *The Making of China Foreign and Security Policy in the Era of Reform, 1978 - 2000*, USA: Stanford University Press.

Landry, Pierre, 2008, *Decentralized Authoritarianism in China*, UK: Cambridge University Press.

Lanteigne, Marc, 2005, *China and International Institutions*, UK: Routledge.

Latouche, Daniel, 1998, "State Building and Foreign Policy at the Subnational Level", in Ivo Duchaceketal., *Perforated Sovereignties and International Relations*, USA: Greenwood Press.

Leach, Richard, Donald Walkerand Thomas Levy, 1973, "Province-State Trans-Border Relations: A Preliminary Assessment", *Canadian Public Administration*, Vol. 16, No. 3.

Lecours, André, 2010, "Canadian Federalism and Foreign Relations: Quebec and Alberta", in Ferran Requejo, *Foreign Policy of Constituents Units at the Beginning of 21st Century*, Spain: Institut d'Estudis Autonòmics.

Lecours, André and Luis Moreno, 2001, "Paradiplomacy and Stateless Nations: A Reference to the Basque Country", *Unidadde Politicas Comparad as (CSIS)*, Working Paper.

Lecours, André, 2002, "Paradiplomacy: Reflections on the Foreign Policy and International Relationsf of Regions", *International Negotiation* Vol. 71, No. 7.

Lees, Loretta, 2003, "Urban Geography: 'New' Urban Geographyandthe Ethnographic Void", *Progress in Human Geography*, Vol. 27, No. 1.

Lejeune, Yves, 1994, "Belgium", in Brown, Douglas, and James Groen, *Federalism and International Relations: The Role of Subnational Units*, UK: Clarendon Press.

Leung, Guy, 2011, "China's Energy Security: Perception and Reality", *Energy Security*, Vol. 39.

Li, Cheng, 2010, "Shaping China's Foreign Policy: The Paradoxical Role of Foreign-Educated Returnees", *Asia Policy*, Vol. 10, No. 1.

Li, Mingjiang, 2014, "Local Liberalism: China's Provincial Approaches to Relations with Southeast Asia", *Journal of Contemporary China*, Vol. 23, No. 86.

Li, Mingjiang, 2017, "Central-Local Interactions in Foreign Affairs", in John Donaldson, *Assessing the Balance of Powerin Central-Local Relations in China*, UK: Routledge.

Linklater, A., 1996, "Citizenship and Sovereignty in the Post-Westphalian State", *European Journal of International Relations*, Vol. 2, No. 1, 78.

Liu, Tianyang and Song, Yao, 2021, "Beyond the Hinterland: Exploring the International Actorness of China's Yunnan Province", *International Relations of the Asia-pacific*, Vol. 21, No. 3.

Loh, Francis, 2009, "Federation of Malaysia", in Hans Michelmann, *Foreign Relationsin Federal Countries*, Canada: Mc Gill-Queen's University Press.

Long, Simon, 1994, "Regionalism in Fujian", in David Goodman and

Gerald, *China Deconstructs: Politics, Tradeand Regionalism*, UK: Routledge.

Luard Evan, 1990, *The Globalization of Politics*, UK: Palgrave Macmillan.

Mackerras, Colin, 2015, "Xinjiangin China's Foreign Relations: Partofa New Silk Road or Central Asian Zoneof Conflict?" *East Asia*, Vol. 32, No. 1.

Makarychev, Andrei and Vasilii Valuev, "External Relations of Tatarstan: Neither inside, Noroutside, Butalongside Russia", http://www.isn.ethz.ch/Digital-Library/Publications/Detail/? ots591 = 0c54e3b3-1e9c-be1e-2c24-a6a8c7060233&lng = en&id = 450, Access time: December 18, 2015.

Malik, Preet, 2015, *My Myanmar Years: A Diplomat's Account of India's Relations With the Region*, USA: SAGE.

Mann Michael, 1984, "The Autonomous Power of the State: Its Origins, Mechanisms and Results", *European, Journal of Sociology*, Vol. 25, No. 2.

Mann, Michael, 1986, *The Sources of Social Power: A History of Power from the Beginning to A. D. 1760*, Cambridge: Cambridge University Press.

Manning, Bayless, 1997, "The Congress, the Executive and Intermestic Affairs: Three Proposals", *Foreign Affairs*, Vol. 55, No. 2.

Masaki, Hisane, "Japan Vieswith Chinafor Dominancein Indochinaand ASEAN", https://apjjf.org/-Hisane-MASAKI/2429/article.html, Access time: October 22, 2018.

Masviriyakul, Siriluk, 2004, "Sino-Thai Strategic Economic Development in the Greater Mekong Subregion (1992 – 2003)", *Contemporary Southeast Asia*, Vol. 26, No. 2.

Mattoo, Amitabhand Happymon Jacob, 2009, "The Republicof India", in Hans Michelmann, *Foreign Relationsin Federal Countries*, Canada: Mc Gill-Queen's University Press.

Mc Millan, Samuel, 2012, *The Involvement of State Governments in US Foreign Relations*, USA: Springer.

Mearsheimer, John, 2018, "Back to the Future: Instability in Europe after the Cold War", in *National and International Security*, Routledge.

Medhi Krongkaew, 2004, "The Development of the Greater Mekong Subregion: Real Hopeor False Promise?" *Journal of Asian Economics*, Vol. 15, No. 5.

Megoran, Nick, 2006, "For Ethnography in Political Geography: Experiencing and Re-Imagining Ferghana Valley Boundary Closures", *Political Geography*, Vol. 25, No. 6.

Mekong Institue, "About Mekong Institute", http://www.mekonginstitute.org/who-we-are/about-mi/, Access time: March 2, 2018.

Mekong Institue, "Structure", http://www.mekonginstitute.org/who-we-are/structure/, Access time: March 2, 2018.

Michelmann, Hans, 2009, "Conclusion", in Hans Michelmann, *Foreign Relations in Federal Countries*, Canada: Mc Gill-Queen's University Press.

Michelmann, Hans, 2009, "Introduction", in Hans Michelmann, *Foreign Relations in Federal Countries*, Canada: Mc Gill-Queen's University Press.

Milner, Helen, 1997, *Interests, Institutions, and Information: Domestic Politicsand International Relations*, USA: Princeton University Press.

Ministry of Foreign Affairs of Japan, "The Fifth Meeting of the Japan-China Policy Dialogueonthe Mekong Region", https://www.mofa.go.jp/press/release/press4e_000540.html, Access time: August 23, 2018.

Ministry of Foreign Affairs of Japan, "The First Meeting of the Japan-China

Policy Dialogue on the Mekong Region", https://www.mofa.go.jp/announce/event/2008/4/1179410_932.html, Access time: August 24, 2018.

Ministry of Foreign Affairs of Japan, "The Second Meeting of the Japan-China Policy Dialogueonthe Mekong Region", https://www.mofa.go.jp/announce/event/2009/6/1193207_1160.html, Access time: August 24, 2018.

Ministry of Foreign Affairs of Japan, "The Third Meeting of the Japan-China Policy Dialogue on the Mekong Region", https://www.mofa.go.jp/announce/announce/2010/4/0416_03.html, Access time: August 24, 2018.

Mochizuki, Mike, 2007, "The Politics of Recalibrating Grand Strategy", in Ashley Tellis and Michael Wills, *Domestic Political Change and Grand Strategy*, USA: The National Bureauof Asian Research.

Mohammed, Khaliand Francis Owtram, 2014, "Paradiplomacy of Regional Governmentsin International Relations: The Foreign Relations of the Kurdistan Regional Government (2003 – 2010)", *Iran and the Caucasus*, Vol. 18, No. 1.

Mukerji C., 2020, "The Territorial State as a Figured World of Power: Strategics, Logistics, and Impersonal Rule", *Sociological Theory*, Vol. 28, No. 4.

Murphy, Ann, 2017, "ASEAN's External Policy", in David Denoon, *China, the United States, and the Future of Southeast Asia: U.S.-China Relations*, USA: New York University Press.

Nachemson, Andrew, "Japan Plays China's Game in Cambodia. Hun Sen Wins", https://www.scmp.com/week-asia/geopolitics/article/2149397/japan-plays-chinas-game-cambodia-hun-sen-wins, Access time: August 25, 2018.

Nagel, Klaus-Jürgen, 2010, "Foreign Policy: The Case of the Germany Lander", in Ferran Requejo, *Foreign Policy of Constituents Units at the Beginning of 21st Century*, Spain: Institut d'Estudis Autonòmics.

Nathan, Richard, 1975, "The New Federalism versus the Emerging New Structuralism", *Publius*, Vol. 5, No. 3.

NDRC, MOFA, MOC, "Visionand Actionson Jointly Building Silk Road Economic Belt and 21st-Century Maritime Silk Road", http://en.ndrc.gov.cn/newsrelease/201503/t20150330_669367.html, Access time: November 3, 2015.

Nganje, Fritz, 2014, "Paradiplomacy and the Democratisation of Foreign Policy in South Africa", *South African Journal of International Affairs*, Vol. 21, No. 1.

Noureddine, Dakhaneand Zerrouga Ismail, 2017, "The Role of Civil Society in Foreign Policy, a Study in the Liberal Democracy-Practical Policies", *Noble International Journal of Social Sciences Research*, Vol. 2, No. 1.

Oehlers, Alfred, 2006, "A Critique of ADB Policies towards the Greater Mekong Sub-Region", *Journal of Contemporary Asia*, Vol. 36, No. 4.

Osiander, A. Sovereignty, 2001, "International Relations, and the Westphalian Myth", *International Organisation*, Vol. 55, No. 2.

Ott, Marvinand Hao Yilin, "Chinese Strategic Assessments of Southeast Asia", https://www.wilsoncenter.org/sites/default/files/ott_hao-chinese_strategic_assessments_of_southeast_asia.pdf, Access time: October 22, 2018。

Palmer, Norman, 1991, *The New Regionalism in Asia and the Pacific*, USA: Lexington Books.

Paquin, Stephane, 2010, "Federalism and Compliance with International Agreements: Belgium and Canada Compared", in David Criekemans,

Regional Sub-State Diplomacy Today, The United States: Martinus Nijhoff Publishers.

Parameswaran, Prashanth, "China Conducts Joint Patrol with ASEAN-Mekong State", https://thediplomat.com/2017/10/china-conducts-joint-patrol-with-asean-mekong-states/, Access time: April 22, 2018.

Paul, Darel, 2002, "Re-Scaling IPE: Subnational States and the Regulation of the Global Political Economy", *Review of International Political Economy*, Vol. 9, No. 3.

Pehrson, Christopher, 2006, *String of Pearls: Meeting the Challenge of China's Rising Power across the Asian Littoral*, USA: Strategic Studies Institute of U. S. Army War College.

Pelinka, Anton, 1990, "Austria", in Brown, Douglas, and James Groen, *Federalism and International Relations: The Role of Subnational Units*, UK: Clarendon Press.

Peterson, Susan, 1995, "How Democracies Differ: Public Opinion, State Structure, and the Lessons of the Fashoda Crisis", *Security Studies*, Vol. 5, No. 1.

Philip Nel, 2010, "Redistribution and Recognition: What Emerging Regional Powers Want", *Review of International Studies*, Vol. 36, No. 4.

Posen, Barry, 1986, *The Sources of Military Doctrine: France, Britain, and Germanybetweenthe World Wars*, USA: Cornell University Press.

Putnam, Robert, 1988, "Diplomacy and Domestic Politics: The Logic of Two-level Games", *International Organization*, Vol. 42, No. 3.

Pye, Lucian, 1990, "China: Erratic State, Frustrated Society", *Foreign Affairs*, Vol. 69, No. 4.

Ravenhill, John, 1999, "Federal-State Relationsin Australian External Affairs: A New Co-operative Era?", *Regional & Federal Studies*, Vol. 9, No. 1.

Reeves, Jeffrey, 2013, "China's Unravelling Engagement Strategy", *Washington Quarterly*, Vol. 36, No. 4.

Reilly, James, 2013, "China and Japan in Myanmar: Aid, Natural Resources and Influence", *Asian Studies Review*, Vol. 37, No. 2.

Reisen, Helmut, 2015, "Will the AIIB and the NDB Help Reform Multilateral Development Banking?", *Global Policy*, Vol. 6, No. 3.

Requejo, Ferran, 2010, "Foreign Policy of Constituents Units in a Globalization World", in Ferran Requejo, *Foreign Policy of Constituents Units at the Beginning of 21st Century*, Spain: Institut d'Estudis Autonòmics.

Ritzer, George, 2016, *The Blackwell Companion to Globalization*, USA: Blackwell Publisher.

Robertson, R. Glocalisation, 1995, "Time Space and Homogeneity Heterogeneity", in M. Featherstone, S. Lash & R. Robertson (eds), *Global Maternities*. London: SAGE Publications.

Roger, Hayterand Sun Shenghan, 1998, "Reflections on China's Open Policytoward Foreign Direct Investment", *Regional Studies*, Vol. 31, No. 1.

Rosenau, James, 1990, *Turbulence in World Politics: A Theory of Change and Continuity*, USA: Princeton University Press.

Rosenau, James, 1997, *Along the Domestic-Foreign Frontier: Exploring Governanceina Turbulent World*, UK: Cambridge University Press.

Ross, Robert, 2013, "US Grand Strategy, the Rise of China, and US National Security Strategy for East Asia", *Strategic Studies Quarterly*, Vol. 7, No. 2.

Ruggie, John, 1986, "Continuity and Transformation in the World Polity: toward a Neorealist Synthesis", in Robert Keohane, *Neorealism and Its Critics*, USA: Columbia University Press.

Rutan, Gerard, 1988, "Micro-diplomatic relations in the Pacific Northwest: Washington state-British Columbiainteractions", in Ivo Duchacek, et al. , *Perforated Sovereignties and International Relations*, USA: Greenwood Press.

Sachs, Jeffrey and Andrew Warner, 1995, "Globalization and Economic Reform in Developing Countries", *Brooking Paperson Economic Activity*, No. 1.

Sarychev, Sergei, "Regionalization of Russian Foreign and Security Policy: The Case of Kursk Oblast", http://www.isn.ethz.ch/Digital-Library/Publications/Detail/? ots591 = 0c54e3b3-1e9c- be1e-2c24-a6a8c7060233&lng = en&id = 367, Access time: Delember 8, 2015.

Schiavon J. , 2019, *Comparative Paradiplomacy*, Routledge.

Schirm, Stefan, 2002, *Globalization and the New Regionalism: Global Markets, Domestic Politicsand Regional Cooperation*, UK: Polity Press.

Schurmann, Franz, 1971, *Ideology and Organization in Communist China*, USA: California University Press.

Segal, Gerald, 1994, "Deconstructing Foreign Relations", in David Goodmanand Gerald Segal, *China Deconstructs: Politics, Tradeand Regionalism*, UK: Routledge.

Segal, Gerald, 1994, "Introduction: A Changing China and Asian-Pacific Security", in Richard Yangetal, *Chinese Regionalism: The Security Dimension*, USA: Westview Press.

Setzer, Joana, "Environmental Paradiplomacy: The Engagement of the Brazilian State of São Pauloin International Environmental Relations", http://etheses.lse.ac.uk/839/, Access time: April 6, 2017.

Shambaugh, David, 2016, *China's Future*, UK: Polity Press.

Shee, Poon Kim, 1997, "The Political Economy of China-Myanmar Relations: Strategic and Economic Dimensions", *Southeast Asia*, Vol. 19, No. 1.

Shen, Simon, 2007, *Redefining Nationalism in Modern China: Sino-American Relations and the Emergence of Chinese Public Opinion in the 21st Century, USA: Springer.

Siemiatycki, Jack, 1979, "A Comparison of Mail, Telephone, and Home Interview Strategies for Household Health Surveys", *American Journal of Public Health*, Vol. 69, No. 3.

Sjöstedt, Gunnar, 1977, *The External Role of the European Community*, UK: Saxon House.

Snyder, Jack, 1991, *Myths of Empire: Domestic Politics and International Ambition*, USA: Cornell University Press.

Sodupe, Kepa, 1999, "The European Union and Inter-Regional Co-Operation", *Regional & Federal Studies*, Vol. 91, No. 9.

Soldatos, Panayotis, 1990, "An Explanatory Framework for the Study of Federated States as Foreign-policy Actors", in Hans Michelmann and Panayotis Soldatos, *Federalism and International Relations: The Role of Subnational Units*, UK: Oxford.

Songwanich, Suwatchai, "China Tackles the Issues of Greater Mekong Subergion", http://www.nationmultimedia.com/opinion/China-tackles-the-issues-of-Greater-Mekong-Subregi-30288555.html, Access time: August 27, 2018.

Sotharith, Chap, 2010, "Trade, FDI, and ODA between Cambodia and China/Japan/Korea", in Mitsuhiro Kagami, *Economic Relations of China, Japan and Korea with the Mekong River Basin Countries*, Thailand: Bangkok Research Center.

Spence, Jonathan, 1999, *The Search for Modern China*, USA: W. W. Norton.

Spiro, David, 1994, "The Insignificance of the Liberal Peace", *International Security*, Vol. 19, No. 2.

Stern, Eve, 1994, "Moscow Meltdown: Can Russia Survive?", Interna-

tional Security, Vol. 14, No. 4.

Strand, Jonathan, 1999, "State Power in a Multilateral Context: Voting Strength in the Asian Development Bank", *International Interactions*, Vol. 25, No. 3.

Strange, Susan, 1996, *The Retreat of the State: The Diffusion of Power in the World Economy*, UK: Cambridge University Press.

Su, Xiaobo, 2012, "Rescaling the Chinese State and Regionalization in the Greater Mekong Subregion", *Review of International Political Economy*, Vol. 19, No. 2.

Su, Xiaobo, 2013, "From Frontier to Bridgehead: Cross-Border Regions and the Experience of Yunnan, China", *International Journal of Urban and Regional Research*, Vol. 37, No. 4.

Su, Xiaobo, 2014, "Multi-Scalar Regionalization, Network Connections and the Development of Yunnan Province, China", *Regional Studies*, Vol. 48, No. 1.

Su, Xiaobo, 2015, "Nontraditional Security and China's Transnational Narcotics Control in Northern Laos and Myanmar", *Political Geography*, No. 48.

Sudo, Sueo, 2009, "Japan's ASEAN Policy: Reactive or Proactive in the Face of a Rising China in East Asia?" *Asian Perspective*, Vol. 33, No. 1.

Suehiro, Akira, 2017, "China's Offensive in Southeast Asia: Regional Architecture and the Process of Sinicization", *Journal of Contemporary East Asia Studies*, Vol. 6, No. 2.

Summers, Tim, 2008, "China and the Mekong Region", *China Perspectives*, Vol. 75, No. 3.

Summers, Tim, 2013, *Yunnan-A Chinese Bridgeheadto Asia: A Case Study of China's Political and Economic Relations with Its Neighbours*, UK: Chandos Publishing.

Sun, Yun, 2012, "China's Strategic Misjudgment on Myanmar", *Journal of Current Southeast Asian Affairs*, Vol. 31, No. 1.

Sun, Yun, "China's Interventioninthe Myanmar- Kachin Peace Talks", https://scholarspace.manoa.hawaii.edu/bitstream/10125/25997/1/APB%20no.200.pdf, Access time: March 26, 2019.

Sung, Hsing-chou, 2015, "China's Economic Strategy: Toward the Riparian States of the Mekong Region", in Yos Santasombat, *Impact of China's Rise on the Mekong Region*, UK: Palgrave Macmillan.

Swain, Margaret, 2002, "Looking South: Local Identities and Transnational Linkages in Yunnan", in John Fitzgerald, *Rethinking China's Provinces*, UK: Routledge.

Tan, Danielle, 2014, "The Greater Mekong Subregion Programme: Reflections for a Renewed Paradigm of Regionalism", *Asia Europe Journal*, Vol. 12, No. 4.

The Strait Times, "Myanmar Negotiated with Chinese Consortium on Deep-Sea Port Projectin Rakhine State", https://www.straitstimes.com/asia/se-asia/myanmar-negotiating-with-chinese-consortium-on-deep-sea-port-project-in-rakhine-state, Access time: March 22, 2019.

Tubilewicz, Czeslaw and Kanishka Jayasuriya, 2015, "Internationalisation of the Chinese Subnational Stateand Capital: The Case of Yunnan and the Greater Mekong Subregion", *Australian Journal of International Affairs*, Vol. 69, No. 2.

Tubilewicz, Czeslaw, 2016, "Paradiplomacy as a Provincial State-Building Project: The Case of Yunnan's Relations with the Greater Mekong Subregion", *Foreign Policy Analysis*, Vol. 13, No. 4.

UNDP, 2002, "Economic Cooperation among Developing Countries in the Lancang-Mekong Subregion: An Introduction", Paper presented in the seminar on Lancang-Mekong Subregional Free Trade Experiment & Demonstrationzone, Kunming, Yunnan China, April 5.

Vogel, Ezra, 2011, *Deng Xiaoping and the Transformation of China*, USA: Harvard University Press.

Wade, Geoffrey, "Wade Could ASEAN Drift Apart?" https://yaleglobal.yale.edu/content/could-asean-drift-apart, Access time: September 8, 2018.

Wallander, Celeste, 2007, "Russia: The Domestic Sources of a Less-than-grand Strategy", in Ashley Tellis and Michael Wills, *Domestic Political Change and Grand Strategy*, USA: The National Bureau of Asian Research.

Wan, Ming, 1995, "Japan and the Asian Development Bank", *Pacific Affairs*, Vol. 68, No. 4.

Wildhaber, Luzius, 1990, "Switzerland", in *Federalism and International Relations: The Role of Subnational Units*, UK: Clarendon Press.

Womack, Brantly and Zhao Guangzhi, 1994, "The Many World of China's Provinces: Foreign Tradeand Diversification", in David Goodman and Gerald Segal, *China Deconstructs: Politics, Trade and Regionalism*, UK: Routledge.

Wong, Audrye, 2018, "Morethan Peripheral: How Provinces Influence China's Foreign Policy", *The China Quarterly*, No. 235.

Wunderlich, Uwe, "The EU-APost-Westphalian Actorina Neo-Westphalian World?" https://www.uaces.org/documents/papers/0801/2008_JU-Wunderlich.pdf, Access time: April 5, 2017.

Xinhuanet, "Lancang-Mekong Countriesto Deepen Water Resources Cooperation", http://www.xinhuanet.com/english/2018-11/03/c_137577584.htm, Access time: September 9, 2019.

Xinhuanet.com, "China Provides Agricultural Engines Cambodiafor Post-Flood Rehabiliatation", http://www.globaltimes.cn/content/829248.

shtml, Access time: June 27, 2017.

Yahuda, Michael, 1994, "North China and Russia", in David Goodman and Gerald Segal, *China Deconstructs: Politics, Tradeand Regionalism*, UK: Routledge.

Yang, Dali, 1991, "China Adjusts to the World Economy: The Political Economy of China's Coastal Development Strategy", *Pacific Affairs*, Vol. 64, No. 1.

Yang, Dali, 1994, "Reform and the Restructuring of Central-Local Relations", in Avid Goodman and Gerald Segal, *China Deconstructs: Politics, Tradeand Regionalism*, UK: Routledge.

Yang, George, 1995, "Mechanisms of Foreign Policy-Making and Implementation in the Ministry of Foreign Affairs", in Carol Lee Hamrinetal., *Decision-Makingin Deng's China Perspective from Insiders*, UK: Taylor&Francis Group.

Yang, Guangbin, 2014, "Decentralization and Central-Local Relationsin Reform-Era China", in Kenneth Lieberthaland Cheng Li, *China's Political Development: Chinese and American Perspectives*, USA: Brookings Institution Press.

Yoshimatsu, Hidetaka, 2010, "The Mekong Region, Regional Integration, and Political Rivalry among ASEAN, China and Japan", *Asian Perspective*, Vol. 24, No. 3.

Yu, Hong, 2017, "Motivation behind China's 'One Belt, One Road' Initiatives and Establishment of the Asian Infrastructure Investment Bank", *Journal of Contemporary China*, Vol. 26, No. 105.

Zhao, Hong, 2008, "China and India: Competing for Good Relations with Myanmar", *The Journal of East Asian Affairs*.

Zhao, L., et al., 2018, "Evaluation of Consolidation Center Cargo Capacity and Locations for China Railway Express", *Transportation Research*

Part E: *Logistics and Transportation Review*, Vol. 117.

Zhao, Suisheng, 2018, "China's Global Search for Energy Security: Cooperationand Competitionin Asia-Pacific", *Journal of Contemporary China*, Vol. 17, No. 55.

Zheng Yongnian, 1999, *Discovering Chinese Nationalismin China: Modernization, Identity, and International Relations*, UK: Cambridge University Press.

Zheng, Yongnian, 1994, "Perforated Sovereignty: Provincial Dynamism and China's Foreign Trade", *The Pacific Review*, Vol. 7, No. 3.

Zheng, Yongnian, 2007, *De Facto Federalism in China: Reforms and Dynamics of Central-local Relations*, Singapore: World Scientific Publishing.

Zhu, Zhiqun, 2005, "Regional Influencein China's U. S. Policy Making: The Roles of Shanghai and Wang Daohan", in Yufan Haoand Lin Su, *China's Foreign Policy Making: Societal Forceand Chinese American Policy*, USA: Ashgate Publishing Limited.

Zinberg, Yakov, 1995, "Subnational Diplomacy: Japan and Sakhalin", *Journal of Borderlands Studies*, Vol. 10, No. 2.

后　记

就在本书完成之前，我与宋瑶博士刚刚完成了另一本研究中国地方政府对外角色的专著 Chinese Paradiplomacy at the Peripheries（后文简称《平行外交》）。这本英文著作可以视为本书的姊妹篇。读者不妨将两本书结合起来阅读，因为这两本书的研究内容虽有视角与观念的差异，但也有诸多对话、争鸣与互补之处。合而读之，虽中国外交不获尽睹，但或可借地方政府的中观视角而窥豹一斑。

《平行外交》一书主要向国际读者阐释了中国边境省份开展对外活动的方式与特点，希望借此帮助世界认识中国的"非传统"外交，让作为一门知识与一套规范的中国地方外事研究"走出去"。虽然中国的外交并不寻求将其政治经验与范式进行普世性的价值扩张，但通过发掘一种关于中国地方外事的普遍性知识，我们向西方读者阐释，中国政治不是一种特殊存在，不是世外之物，它具有自身的鲜明个性，但又是因循普遍法则、遵循人类价值的。

与《平行外交》不同，在大量的前期调研基础上，本书主要关注中国地方外事的现代性内涵。本书是基于对《平行外交》的反思而成。在此，笔者质疑"平行外交"或"次国家政府外交"等西方概念对中国地方外事的适用性。虽然这些现有概念对中国外交的局部或片层都具有一定的阐释力，但是，本书的重点是发展一套关于中国地方外事的自主性知识体系，从而帮助我们外交学专业的学生、学者与实务界的同仁更好地认识我们自身的体系。相比于"远洋出海"，本书更关注"自我认识"与"自我建构"。更确切地说，《平行外交》与本书代表了两种认知路径：前者将西方理论与中国的外交实践相结合，从而改进原有的认知论，拓宽现有的认识范畴；后者从中国外交的内生经验出发，反思与挑战西方的理论范式，从而勾勒出中国外交的方略特色。笔者既反对简单地用西方理论框定中国外交，也不主张建立一种"中国外交例外论"，而是希望通过构建中国地方外事的自主知识体系，来促进中国外交的知识自觉。缺少外交认知的自主与自觉，就难以形成中国特色大国外交的规范与思想。

需要说明的是，本书的出版除了受到武汉大学政治与公共管理学院丛书项目的支持外，还得到了国家社会科学基金青年项目（20CZZ014）的资助。本书的形成还需要感谢我的"师门"对我一直以来的无条件的支持，感谢我的家庭对我这个经常缺席的成员的无私接纳与默默支持。当然，最需要感谢的是中国社会科学出版社以及责任编辑郭曼曼在整个出版过程中对我的帮助与鼓励。没有他们的支撑与支持，本书可能仍仅仅是残存于电脑文档中的只言碎语而已。他们好像给我撑起了"小橘灯"，照亮了我的学术之路。我还要感谢我的几位学生对部分英文文本的翻译与中文材料的整理。

最后，言归正传，本书在试图寻求一种关于中国外交的真知论。我们知道，在目前的西方外交学界，主流研究往往呈现出一种国家与非国家或次国家行为体的交叉对立之势。在对外关系上，地方角色经常挑战、甚至对抗国家政治，从而走向一种二元自立、对立而生的认识论。我们可以将之归纳为一种非此即彼、二元交叉的模式。与此同时，我们也看到，在当今世界上，一些国家政府并不能有效规制地方政府的对外关系，一些"失败的国家"更无暇顾及、无力治理地方政府的外部关系。这些国家的外交既难以反映国家的主权意志，也无法充分实现次国家行为体的对外意愿，从而导致一种"双泯"的困境。面对这些国家的无力与无奈，外交变成了一种负资产，变成了一种上下之间内部争斗、州府之间相互挑战的工具。虽然中国外交也包含了复杂丰富的地方元素，但地方外事是由国家协调，听从中央统筹，从而极大地降低了央地之间、省府之间竞争失序的可能。在外交主体的光谱上，中国外交体系与西方联邦制国家的外交系统并非截然对立的体制结构。这些不同体系的运行实际都是国际行为体在彻底的国家统治与彻底的（次/非国家）自由竞争的两极之间不断审时度势、迂回游定的过程。

中国外交中的国家性与地方性实际上是主次互补，而非对立而生。中国的外交逻辑实际上不同于一般辩证法的对立统一，它不是对立逻辑，不是范畴逻辑，而是结对而生，是在意义发生论上的充分互补。甚而，中国外交学的出发点先于主体。研究中国外交更应当关注外交中的生成性关系与关系的生成过程。就是说，不同于西方外交学，我们对中国外交的分析与理解更应当强调中国外交的"生生之谓易"，强调那互补交生的元结构。

更深一步讲，我们用以剖析中国外交的认识论应当从几何终极观走向发生终极观。我们需要投入更多的努力去反思外交的发生源头与过程本身，而非静态的结构与其中的机械界分；我们需要用更多的精力去深思外交价值的生成与外交行为的发生，而非外交主体的归属。由此，或许我们可以超越用西方的几何数学结构去机械地分析中国外交，而发展一种自身饱含着变化能力的极为可塑的象数结构，去体验中国外交中的"音律"之变，以及这些音律如何把人带到一个非对象化的领会之中。对中国外交的认识不可被机械切分。机械切分拆不出中国外交的"真相"。面向未来，研究者需着力于揭开那些遮蔽之所：那些隐匿于国家之中的地方印痕，和那些沉降于国家之下的国家印痕。

2023 年 9 月 4 日